# Recetas para
# DORMIR BIEN

Dr. Eduard Estivill
Dra. Mirta Averbuch

# Recetas para
# DORMIR BIEN

Ideas prácticas para que nada le quite el sueño

PLAZA JANÉS

Primera edición en U.S.A.: mayo, 2006

© 2006, Eduard Estivill, con la colaboración de Mirta Averbuch y Francesc Miralles
© 2006, Random House Mondadori, S.A.
Travessera de Gràcia, 47-49. 08021 Barcelona

Printed in Spain – Impreso en España

ISBN: 0-307-37640-0

Distributed by Random House, Inc.

BD 7 6 4 0 0

*A usted, que no puede (o no le dejan) dormir*

# Índice

*Introducción.* LA COCINA DEL SUEÑO . . . . . . . . . . . . . . . . . . . . .   13
    Un don de cuatro privilegiados . . . . . . . . . . . . . . . . . .   16
    Las recetas de sus noches . . . . . . . . . . . . . . . . . . . . . . .   17

ANTES DE EMPEZAR... RECETA PARA LEER ESTE LIBRO . . . . . . . .   21

1. TODO LO QUE QUERÍA SABER SOBRE EL SUEÑO...
   Y AHORA VA A AVERIGUAR . . . . . . . . . . . . . . . . . . . . . . . . .   23

2. UN DORMITORIO QUE DÉ SUEÑO . . . . . . . . . . . . . . . . . . . .   41
    El entorno apropiado para dormir bien . . . . . . . . . . . . . .   42
    El santuario del sueño . . . . . . . . . . . . . . . . . . . . . . . . . .   43
    *Receta para crear un dormitorio que invite a dormir* . . . .   45
    El ruido no me deja dormir . . . . . . . . . . . . . . . . . . . . . .   49
    *Receta para mitigar el ruido* . . . . . . . . . . . . . . . . . . . .   50
    La cama ideal . . . . . . . . . . . . . . . . . . . . . . . . . . . . . . . .   52
    *Receta para elegir la cama de sus sueños* . . . . . . . . . . . . .   54
    El calor no me deja dormir . . . . . . . . . . . . . . . . . . . . . .   57
    *Receta para dormir mejor en verano* . . . . . . . . . . . . . . .   58

3. DORMIR PARA ESTAR BIEN DESPIERTOS . . . . . . . . . . . . . . .   61
    Escuchar a nuestro cuerpo . . . . . . . . . . . . . . . . . . . . . . .   63
    Los saboteadores del sueño . . . . . . . . . . . . . . . . . . . . . .   66
    Los amigos del sueño . . . . . . . . . . . . . . . . . . . . . . . . . .   71
    Una cuestión de hábitos . . . . . . . . . . . . . . . . . . . . . . . .   74
    *Receta para «despertar» el sueño* . . . . . . . . . . . . . . . . .   76
    La mañana siguiente . . . . . . . . . . . . . . . . . . . . . . . . . .   83
    *Receta para empezar el día tan fresco* . . . . . . . . . . . . . .   84

Una jornada que favorezca el sueño . . . . . . . . . . . . . . . . . . 87
*Receta para estar bien despierto de día... pero no a costa
de un mal sueño* . . . . . . . . . . . . . . . . . . . . . . . . . . . . . . . 88

4. PROBLEMAS DE SUEÑO EN LOS ADULTOS . . . . . . . . . . . . . . . . 93
Algunas cuestiones sobre el insomnio . . . . . . . . . . . . . . . 93
Cómo evitar que el insomnio transitorio
se convierta en crónico . . . . . . . . . . . . . . . . . . . . . . . . . . 96
*Receta para prevenir el insomnio crónico* . . . . . . . . . . . . 97
Las preocupaciones no me dejan dormir . . . . . . . . . . . . . 101
*Receta para cuando las preocupaciones nos impiden dormir
o nos desvelan por la noche* . . . . . . . . . . . . . . . . . . . . . . 104
Sueño y estrés . . . . . . . . . . . . . . . . . . . . . . . . . . . . . . . . . 108
Prepararse para situaciones críticas o importantes . . . . . . . 112
*Receta para dormir bien antes de situaciones críticas
o acontecimientos importantes* . . . . . . . . . . . . . . . . . . . . 114
La somnolencia diurna . . . . . . . . . . . . . . . . . . . . . . . . . 116
*Receta para combatir la somnolencia* . . . . . . . . . . . . . . . 123
Algunas cuestiones sobre los ronquidos . . . . . . . . . . . . . . 125
El amor es ciego, pero no sordo . . . . . . . . . . . . . . . . . . . . 129
*Receta para atenuar o eliminar los ronquidos* . . . . . . . . . 131

5. EL SUEÑO EN LA MUJER . . . . . . . . . . . . . . . . . . . . . . . . . . . 135
Una vez por mes . . . . . . . . . . . . . . . . . . . . . . . . . . . . . . . 138
*Receta para dormir bien «esos días»* . . . . . . . . . . . . . . . . 139
El sueño en la mujer embarazada . . . . . . . . . . . . . . . . . . . 142
*Receta de día para dormir bien durante el embarazo* . . . . 144
Descansando por dos . . . . . . . . . . . . . . . . . . . . . . . . . . . 147
*Receta de noche para dormir bien durante el embarazo* . . . 148
Después del parto . . . . . . . . . . . . . . . . . . . . . . . . . . . . . . 152
*Receta para dormir bien después del parto* . . . . . . . . . . . 153
El sueño en la menopausia . . . . . . . . . . . . . . . . . . . . . . . . 156
Los sofocos nocturnos . . . . . . . . . . . . . . . . . . . . . . . . . . 162
*Receta para combatir los calores nocturnos* . . . . . . . . . . . 164

6. COMPARTIR CAMA . . . . . . . . . . . . . . . . . . . . . . . . . . . . . . . 167
Las delicias de la cama compartida . . . . . . . . . . . . . . . . . 167
Acuerdos y desacuerdos . . . . . . . . . . . . . . . . . . . . . . . . . 172
*Receta para un acuerdo antes de compartir la cama* . . . . . 175

Pareja explosiva: él ronca y ella tiene insomnio . . . . . . . . .    179
*Receta para la convivencia entre el roncador y la insomne*    183
«Tu insomnio no me deja dormir» . . . . . . . . . . . . . . . . .    185
*Receta para que el insomnio no se multiplique por dos* . . . .    187

7. EL SUEÑO DE NUESTROS HIJOS . . . . . . . . . . . . . . . . . . . .    189
El insomnio infantil . . . . . . . . . . . . . . . . . . . . . . . . . . .    191
*Receta para el sueño del recién nacido* . . . . . . . . . . . . . .    194
El sueño de los lactantes y niños de hasta 5 años . . . . . . . .    197
*Receta para el sueño de los lactantes y niños de hasta 5 años*    201
El sueño de los niños en edad escolar . . . . . . . . . . . . . . .    204
*Receta para enseñar a dormir a los niños en edad escolar* .    206
El sueño del adolescente y sus trastornos . . . . . . . . . . . . .    207
*Receta para enseñar a dormir a los adolescentes* . . . . . . . .    212
El sueño de toda la familia . . . . . . . . . . . . . . . . . . . . . . .    214
*Receta para que toda la familia duerma* . . . . . . . . . . . . .    216

8. EL SUEÑO DE LOS MAYORES . . . . . . . . . . . . . . . . . . . . . . .    219
Algunas cuestiones sobre el sueño en la madurez . . . . . . .    221
Las rutinas matinales . . . . . . . . . . . . . . . . . . . . . . . . . .    226
*Receta para la mañana* . . . . . . . . . . . . . . . . . . . . . . . .    227
Las rutinas de la tarde . . . . . . . . . . . . . . . . . . . . . . . . .    230
*Receta para la tarde* . . . . . . . . . . . . . . . . . . . . . . . . . .    231
La hora de acostarse . . . . . . . . . . . . . . . . . . . . . . . . . . .    233
*Receta para la hora de acostarse* . . . . . . . . . . . . . . . . . .    234

9. LA CARA MÁS OSCURA DEL SUEÑO: LAS PARASOMNIAS . . . . . . .    237
El bruxismo y la somniloquia . . . . . . . . . . . . . . . . . . . . .    238
Los terrores nocturnos . . . . . . . . . . . . . . . . . . . . . . . . .    238
*Receta para combatir los terrores nocturnos de niños y adultos*    240
Las pesadillas . . . . . . . . . . . . . . . . . . . . . . . . . . . . . . .    241
*Receta para combatir las pesadillas de los niños* . . . . . . . .    242
*Receta para combatir las pesadillas de los adultos* . . . . . . .    243
Otras experiencias nocturnas desagradables . . . . . . . . . . .    244
El sonambulismo . . . . . . . . . . . . . . . . . . . . . . . . . . . . .    246
Alguien camina de noche por la casa
(sonambulismo benigno) . . . . . . . . . . . . . . . . . . . . . . . .    247
*Receta para dar seguridad al sonámbulo y a su familia* . . . .    249

«Tengo miedo de hacer daño a alguien sin querer»
(sonambulismo agresivo) .......................... 251

10. DORMIR EN SITUACIONES ESPECIALES .................. 255
    Los turnos de noche ............................. 255
    «Trabajo mientras todos duermen y me acuesto
    cuando todos se levantan» ........................ 261
        *Receta para dormir de día si trabaja de noche* ........ 262
        *Receta para trabajar de noche (y mantenerse alerta y despierto)* 263
    Ponerse en hora: controlar el «jet-lag» ................ 265
        *Receta para minimizar los efectos del «jet-lag»* ........ 266
    «No logro levantarme antes del mediodía» ............ 268
        *Receta para adelantar la hora de acostarse* ........... 270
    «Me duermo demasiado temprano» ................. 272
        *Receta para retrasar la hora de acostarse* ............. 273

11. TRASTORNOS GRAVES DEL SUEÑO:
    CUÁNDO CONSULTAR AL ESPECIALISTA ................. 275
    «Ronca y detiene la respiración mientras duerme»:
    Síndrome de apnea del sueño ..................... 275
    «Donde se sienta, se queda dormido»: Narcolepsia ...... 280
    «Hace meses que no puede dormir bien»: Insomnio en
    el adulto ....................................... 285
    «Se duerme sin problemas, pero se despierta a las 3 de la
    mañana y ya no logra volver a conciliar el sueño»:
    Insomnio por enfermedades psiquiátricas ............. 296
    «Hace más de un año que toma pastillas para dormir.
    Sigue sin poder dormir, pero no las puede dejar»:
    Tratamiento farmacológico del insomnio ............. 297
    «Siente un "no sé qué en las piernas" cuando intenta
    dormir»: Insomnio por el síndrome de piernas inquietas . 299
    «Mueve las piernas durante toda la noche de manera rítmica»:
    Insomnio por movimientos periódicos de las extremidades . 300

ANTES DE TERMINAR... LA ANTIRRECETA .................. 301
SOBRE LOS AUTORES ................................. 303

# La cocina del sueño

Algunas personas despiertan nuestra envidia. Y es que nada, absolutamente nada, les quita el sueño. Pase lo que pase, se van felices a la cama, duermen a pierna suelta y por la mañana se levantan frescos y relajados. Seguramente tendrán sus problemas y preocupaciones, como todos nosotros, pero por alguna misteriosa razón no les afectan. Al menos, no a la hora de acostarse.

Es como si poseyeran el don de saber dormir bien, o como si alguien les hubiera explicado un truco, un remedio infalible, cuyo secreto sólo conocen unos cuantos privilegiados.

Sin duda, *Recetas para dormir bien* no está pensado para ellos. Entonces, ¿a quién puede interesarle este libro? Especialmente a aquellas muchas personas —cada vez son más— que tienen dificultades para dormir. Pero además, también a aquellas otras que, aun durmiendo bien, deseen mejorar la calidad de su sueño o estar prevenidos ante situaciones o etapas de la vida que pudieran «robárselo».

Lo primero que nos viene a todos a la cabeza cuando hablamos de desórdenes del sueño es el caso extremo: el insomne crónico. Ha probado todos los consejos de parientes y amigos: que si el baño relajante, que si el vasito de leche... ¡hasta ha contado ovejas! Pero nada ha funcionado, así que ahora teme el momento de acostarse y procura retrasarlo tanto como puede. Mañana tendrá que levantarse a la misma hora de siempre, pero no le importa: mejor dormir algo que nada. Está nervioso y cansado, pero espera a sentirse agotado para tumbarse en la cama. Entonces, si todo va bien, caerá rendido. En caso contrario, si vuelve a desvelarse en cuanto apoye la cabeza en la almohada, cortará por lo sano: esta noche dormirá otra vez con la ayuda de una pastilla y mañana será otro día.

Es un trastorno grave, más habitual de lo que nos gustaría, y por eso hablaremos de él en este libro. Sin embargo, los problemas de sueño no se reducen al insomnio. Vayamos al otro extremo, a ver si le suena lo que vamos a describirle.

Jamás en su vida le había costado dormirse. Es más, de joven, era de los que se le pegaban las sábanas (especialmente durante el fin de semana). Desde hace un tiempo, sin embargo, tarda bastante en conciliar el sueño. Está más sensible a los ruidos de la calle y de los vecinos. Tiene preocupaciones en la oficina y no puede evitar pensar en ellas cuando se echa en la cama. Por las mañanas, se levanta soñoliento. Sabe que ha descansado poco, pero como ha oído decir que a medida que nos hacemos mayores dormimos menos, lo acepta resignado.

La gran mayoría de los adultos se han visto en algún momento, si no en esta situación, en una parecida. Sea por causas personales (estrés, ansiedad, una época de cambios, un nuevo turno de trabajo) o por causas ajenas (el ruido de la calle, los ronquidos de la pareja, un bebé que se nos despierta cada tres horas), de repente nos encontramos con que hemos reducido nuestras horas de sueño y nos empezamos a levantar soñolientos, cansados y, en algunos casos, muy malhumorados.

Es una realidad que, como especialistas en medicina del sueño, constatamos a diario en la consulta: en nuestra sociedad, la gran mayoría de la gente descansa poco y mal. ¡Y esperamos que no nos afecte durante el día! Es un problema del cual se habla menos, pero que también existe. Lo importante es saber que podemos ponerle remedio. Cualquiera que sea nuestra edad, no hay motivo para renunciar al placer de dormir bien y disfrutar de un descanso profundo y reparador. Además, si lo solucionamos en su momento, podemos evitar que vuelva a producirse o, peor aún, que esas alteraciones del sueño acaben derivando en un mal crónico.

Hay infinidad de pequeños y grandes trastornos del sueño. Incluso los que presumen de dormir como marmotas los han padecido. ¿Quién no se ha pasado una noche sin pegar ojo? ¿Quién no se ha desvelado porque a la mañana siguiente tenía un examen, o una entrevista de trabajo importante, o bien se casaba? ¿A quién no le cuesta levantarse de nuevo temprano al regreso de las vacaciones? Otro caso muy sencillo: si ha tomado alguna vez un vuelo transoceánico, ya tendrá una idea de lo que es el *jet-lag* (si no, se lo explicamos en el libro… y también cómo reducir sus efectos).

Exceptuando los trastornos más graves, que siempre requieren la consulta con el especialista, podríamos resolver muchas de estas situaciones por nosotros mismos. O al menos eso es lo que deseamos que usted logre hacer después de leer este libro, porque nuestro objetivo es:

• Ayudarle a reconocer y solucionar, e incluso a prevenir, los problemas de sueño más habituales.

• Enseñarle a dormir bien otra vez para que usted controle su sueño y no sea el sueño —o mejor dicho, la falta de él— el que le controle a usted.

• Alargar su descanso nocturno para que pueda disfrutar más de sus días. Aunque no podemos resolver por usted sus preocupaciones, con unas horas más de sueño y la cabeza despierta por la mañana, las cosas se ven más claras y se encuentran soluciones a los problemas.

Sobre todo, queremos que recupere el placer de dormir, de gozar de un buen y merecido descanso. Algo que no tiene precio ni límite de edad.

## UN DON DE CUATRO PRIVILEGIADOS

Bien, ¿y cómo pensamos conseguir todo esto que le hemos prometido? Para empezar, derribando algunos mitos.

Al comienzo de esta introducción le hablábamos de esos cuatro «privilegiados» que tienen un «don» para dormir espléndidamente. ¡Va a caer el primer mito! Dormir bien no es ningún don. No es algo que un hada madrina le conceda o le niegue a uno. Tampoco es un maravilloso regalo del cielo (aunque a un insomne se lo pueda parecer).

Dormir es una necesidad vital, que nos reclaman nuestro cuerpo y nuestra mente. Eso lo sabemos todos. Lo que a veces olvidamos de adultos es que dormir bien es un hábito, el mismo que enseñamos a nuestros hijos. Son unas pautas y rutinas que también nos inculcaron a nosotros de pequeños. A fuerza de practicarlas y repetirlas, nuestro cerebro acabó incorporándolas de forma automática. Si empezamos a cambiar esas rutinas, o las abandonamos, a la larga perderemos ese hábito.

Todos, y no sólo esos cuatro «privilegiados» (¡cae el segundo mito!), podemos aprender o recuperar el hábito de dormir bien. Todos sin excepción tenemos la capacidad y las herramientas para conseguirlo. Hay quien las utiliza de manera automática, inconsciente, desde que se las enseñaron. Otros tendrán que recordarlas o aprenderlas de cero, y luego practicarlas hasta que su cerebro y su cuerpo las hayan asimilado. A unos les llevará poco tiempo y a otros les costará un poco más, pero al final el éxito está garantizado.

Es como montar en bicicleta. Cuando no se ha hecho en años, los primeros minutos cuestan y nos decimos: «¡Cómo se me pudo olvidar!». Al cabo de un rato, ya estaremos pedaleando y dispuestos a dar un pequeño paseo. Posiblemente, al cabo de unos días, estaremos preparados para emprender una excursión larga.

Es cuestión de ganas y de práctica. La capacidad, usted la tiene. No lo dude. Y las herramientas se las daremos nosotros. Son nuestras «recetas».

## LAS RECETAS DE SUS NOCHES

«Doctor, no puedo dormir» es la queja más habitual de los pacientes que acuden a nuestra consulta. Le escuchamos con atención, analizamos su caso, emitimos un diagnóstico y le damos unas instrucciones para solucionarlo. Tal vez no le extendamos una prescripción médica al uso —del estilo: «dos grageas de XXX cada ocho horas»—, pero sí que le estamos proporcionando nuestra «receta».

Aunque cada caso es único y diferente, después de haber tratado a miles de pacientes con trastornos de sueño y de haber hablado con otras personas que no los padecen, sabemos que hay ciertos «ingredientes» que le funcionan a todo el mundo. Luego cada uno adaptará ligeramente la receta según sus gustos y necesidades, pero los ingredientes básicos —son siempre los mismos— están allí.

Ahora alejémonos por un momento de la medicina y entremos en un terreno más suculento: el de otras recetas, las de cocina. Para ser un gran chef es necesario estudiar, practicar mucho, conocer y contar con los mejores ingredientes y —aquí sí, para qué engañarnos— tener un don. Sin embargo, no es necesario ser un chef galardonado con tres estrellas de la guía Michelin para elaborar un plato exquisito que sorprenda a nuestra familia o amistades si contamos con una buena receta y estamos dispuestos a seguirla.

Probablemente, la primera vez no salga bien. Incluso es posible que salga fatal, aunque hayamos seguido las instrucciones al pie de la letra y utilizado buenos ingredientes. Ahora tenemos dos posibilidades: o bien tiramos la receta y nos olvidamos de ella (y nos quedamos con las ganas de saborear en casa ese delicioso plato) o bien probamos a repetirla. ¡No nos desanimemos e intentémoslo de nuevo! Todos sabemos, y el mejor chef nos lo confirmaría, que la cocina es cosa de práctica.

A fuerza de repetirla, usando los ingredientes correctos, de calidad y en la justa proporción, la receta que se nos resistía nos irá saliendo cada vez mejor. Llegará un día que la tendremos dominada. Entonces podremos permitirnos variaciones para irla adaptando un poco más a nuestro gusto. De todos modos, no cambiaremos los ingredientes básicos. Sin ellos, no obtendríamos nuestro sabroso plato.

Como especialistas en medicina del sueño, los autores de este libro tenemos una sola meta: que nuestros pacientes logren un descanso óptimo. Sabemos cuáles son los ingredientes para que duerman bien y cómo guisarlos, y se los presentamos en unas recetas sencillas y prácticas, una para cada ocasión, para que aprendan a cocinarlas ellos solos. Somos algo así como los «chefs del sueño».

Se trata de «recetas», no de fórmulas mágicas ni infalibles. Como cuando se elabora un plato nuevo, a unos les saldrán bien de entrada y a otros les llevarán algo más de tiempo. Pero con constancia y paciencia, a fuerza de practicarlas y repetirlas, lograremos el efecto deseado. La experiencia —y la repetición— nos enseñará a agregar lo que falta y quitar lo que sobra para adaptarlas a nuestros gustos y necesidades particulares.

Al final cada uno acaba perfeccionando su receta, encuentra un método propio para dormirse, una rutina personal que le proporciona el mejor de los descansos. Pero los ingredientes básicos siguen formando parte de ella. Por poner un ejemplo muy simple: si usted padece insomnio y desea superarlo, entre los «ingredientes» de nuestra receta encontrará la reducción de bebidas estimulantes como el café. Si tiene por costumbre tomarse ocho tazas diarias y nos asegura que no le da problemas, nosotros sólo podremos responderle con otra pregunta: ¿se atrevería a hacer una paella… sin arroz?

Si a usted le cuesta conciliar el sueño, o se levanta cansado, o cree que no duerme las horas suficientes, o se ha pasado la noche sin pegar ojo, o su pareja ronca, o ha tenido un bebé, o trabaja en un turno de noche, o se despierta a las cuatro de la mañana y no puede volver a dormirse, o... siga adelante. En este libro descubrirá las recetas para estas y otras muchas situaciones: desde cómo organizar un dormitorio para que invite al sueño hasta cómo acabar con el incipiente insomnio que tanto le preocupa.

Encontrar soluciones a nuestros problemas para dormir nos puede cambiar la vida. Esperamos que este libro se las proporcione.

DR. EDUARD ESTIVILL y DRA. MIRTA AVERBUCH
*Barcelona y Buenos Aires, noviembre de 2005*

# Antes de empezar… receta para leer este libro

Nuestro deseo es que este libro sea un manual de consulta útil para toda la familia. Aunque principalmente ofrece soluciones a los trastornos del sueño de los adultos, también contiene «recetas» para el pequeño de la casa, la adolescente y el abuelo.

La primera vez, si lo prefiere, puede leerlo seguido de principio a fin para tener una visión general del tema. Aunque, por ejemplo, a lo mejor usted no tiene hijos, o están muy crecidos, así que las partes que tratan el sueño de bebés y adolescentes le interesarán ahora bien poco. ¡Sálteselas! Queremos que este libro le sea realmente útil, que le sirva para aprender algunas cosas sobre el sueño y, sobre todo, que le ayude a concentrarse en *sus* problemas.

Para decidir qué capítulos y «recetas» pueden interesarle, y cuáles no, lo mejor es repasar antes el índice general. Vuelva atrás y ojéelo. Verá que el primer capítulo responde a preguntas habituales que nos hacemos todos y el último trata los desórdenes de sueño más graves. Los restantes están organizados por temas y grupos de edad. Elija aquellos que le apetece leer a fondo ahora, y los que simplemente dará un vistazo rápido y «guardará en la nevera» por si algún día los necesitase.

Una advertencia: aunque no hay dos «recetas» iguales, sí es cierto que los «ingredientes» son casi siempre los mismos, adecuados a cada circunstancia. Si pretende leerlas todas de un tirón, tal vez acabe con sensación de empacho. Es más importante leer con detenimiento una receta, tomársela en serio y ponerla en práctica —si usted no pasa a la acción, ninguna receta surtirá efecto—, que conocerlas todas.

Éste es un libro para consultar y nos gustaría pensar que siempre lo tendrá bien cerca. ¿Podemos sugerirle la mesilla de noche?

# 1

# Todo lo que quería saber sobre el sueño… y ahora va a averiguar

Aunque es una actividad que realizamos cada día y que nos ocupa la tercera parte de nuestra vida, la mayoría de las personas albergan muchas dudas sobre lo que es el sueño y cómo funciona. En este capítulo respondemos a las preguntas más comunes que nos plantean los pacientes en nuestra consulta.

## 1. ¿Por qué dormimos?

El sueño es fundamental para preservar la salud y la vitalidad del cuerpo y la mente. El tiempo que pasamos durmiendo —una persona que viva 90 años habrá pasado el equivalente a 37,4 años en la cama— no es un paréntesis en el que no sucede nada. Todo lo contrario, éste es un periodo activo donde se producen cambios hormonales, bioquímicos, metabólicos y de temperatura corporal, imprescindibles para un buen sueño y un correcto funcionamiento diurno. Aunque pueda parecer obvio, dormir nos permite estar despiertos y estamos despiertos para poder dormir.

## 2. ¿Qué sucede con las personas que no logran descansar bien?

Está comprobado que a corto plazo se resiente su salud física, mental y emocional. Es indispensable dormir bien para gozar de una buena calidad de vida. Prueba de ello es que una mala noche hace que al día siguiente estemos fatigados, irritables y poco concentrados. Un buen descanso depende de la manera en que afrontemos tanto la vigilia como la hora de acostarnos. Si llegamos por la noche ansiosos o tensos, nos será más difícil conciliar el sueño y descansar bien. En este caso no podremos cumplir de manera óptima la acción reparadora que el organismo necesita.

3. Hay personas que aseguran que apenas necesitan dormir. ¿Es eso posible?

En absoluto. El sueño es una necesidad fisiológica tan esencial para la supervivencia como el hambre o la sed. Al igual que las aves o los peces, nadie puede vivir sin un mínimo de sueño. Está demostrado científicamente que si una persona no durmiera nada, moriría en un plazo no superior a los siete días. Por este mismo motivo, la escasez o la mala calidad del sueño pueden desencadenar graves trastornos para la salud corporal y psicológica.

4. ¿Cuáles son los síntomas de que no descansamos adecuadamente?

La somnolencia en momentos inapropiados es una señal evidente de que no gozamos de un sueño nocturno óptimo. Si tenemos sueño durante el día, lo más probable es que hayamos dormido pocas horas o que éstas hayan sido de sueño superficial. En ese sentido, la somnolencia diurna puede considerarse un trastorno patológico, ya que afecta a los estímulos externos que nos permiten mantenernos despiertos. Cuando la somnolencia es grave puede tratarse de un importante trastorno conocido como «somnolencia excesiva diurna». Éste puede ser un síntoma de afecciones más importantes como el «síndrome de apnea obstructiva del sueño», la narcolepsia, el insomnio o los cambios radicales en los horarios de sueño.

5. Además de tener dificultades en la vida laboral o familiar, ¿qué peligros comportan los trastornos del sueño?

Uno de los indicadores más alarmantes de los efectos de la somnolencia son los accidentes de tráfico. Se ha comprobado que en las horas de máxima somnolencia, entre las 2 y las 6 de la mañana y las 2 y 4 de la tarde, es cuando se producen más accidentes debido al cansancio o la fatiga. Por ejemplo, en el Reino Unido se constató que el 27 por ciento de los accidentes de tráfico eran debidos a la fatiga o al sueño excesivo. El 87 por ciento de estos casos fueron mortales. Lo mismo sucede con los accidentes laborales, ya que cuando disminuye la atención del trabajador, aumenta automáticamente el riesgo. Esta situación aparece normalmente en las personas que trabajan como «correturnos».

6. ¿Llegan muchas personas con este problema a su consulta?

Aproximadamente, una quinta parte de los pacientes que acuden a una Unidad del Sueño lo hacen por este problema, y casi la mitad de ellos ha padecido un accidente de circulación. En los pacientes más jóvenes, este trastorno ha demostrado tener una relación directa con los fracasos escolares o los problemas de conducta. Las consecuencias que tiene esta problemática sobre la salud pública son enormes, al igual que los gastos que se derivan del tratamiento incorrecto de estas patologías.

7. ¿Cómo funciona el sueño?

El descanso nocturno se compone de cinco fases que en conjunto forman un ciclo que es el mismo para todas las personas. A lo largo de una noche podemos realizar hasta cuatro o cinco ciclos completos.

Durante el día nuestro cuerpo produce adrenalina, lo que nos mantiene despiertos y dispuestos a realizar esfuerzos físicos e intelectuales. Cuando el día se acaba, el cerebro genera entonces la hormona del sueño: la melatonina. El caudal sanguíneo de la musculatura disminuye, se reducen los reflejos, los músculos se relajan y baja la temperatura del cuerpo.

A medida que la adrenalina y otras sustancias que nos ayudan a estar despiertos disminuyen, vamos perdiendo progresivamente lucidez. Esto no quiere decir que el cerebro se paralice. Justamente en este momento es cuando el cerebro produce más glucosa, que es como el combustible que lo hace funcionar. Esto quiere decir que el cerebro está en su máximo rendimiento aunque su trabajo no se traduzca en actividad física. Es cuando empezamos la primera fase del sueño que se denomina *estado de somnolencia*. Los ojos se cierran por el cansancio, los músculos se distienden y la respiración se vuelve uniforme. La actividad del cerebro se hace más lenta que durante la vigilia. Esta primera fase es breve y dura entre treinta segundos y unos minutos.

## 8. ¿Y qué ocurre después?

Luego pasamos a una segunda fase donde el sueño ya no es superficial y las ondas del cerebro se hacen cada vez más lentas. Avanzamos de este modo al tercer nivel, que se denomina *sueño profundo* o *sueño delta* y que comprende las fases 3 y 4. En este estadio, el sueño se hace lento porque las ondas cerebrales son cada vez más pausadas. Si alguien quisiera despertarnos, tendría que usar fuertes estímulos acústicos o táctiles para conseguirlo. El tiempo transcurrido entre el segundo y el cuarto nivel del sueño puede prolongarse entre 60 o 70 minutos.

Cuando lo superamos, se llega a la última fase del sueño que se conoce como REM, que son las siglas en inglés de *Rapid Eye Movement* y significan «movimiento rápido de ojos». Este signo, perceptible para el que está despierto, evidencia el máximo nivel de profundidad del sueño.

## 9. ¿Qué sucede en esta última fase?

Es justamente en este momento cuando soñamos. En diferentes experimentos se ha comprobado que si a una persona se la despierta en la fase REM, podrá recordar lo que estaba soñando, cosa que no se da en las otras fases. Cuando llegamos a este punto hemos completado un ciclo de sueño que en total puede durar entre 90 y 120 minutos. Estos ciclos pueden repetirse cuatro o cinco veces. La duración de cada fase varía a lo largo de la noche. En el primer ciclo, la fase REM puede durar sólo 5 minutos, mientras que en el último puede extenderse durante 30 o 60 minutos.

**10. Algunas personas afirman que no sueñan nunca. ¿Puede ser cierto?**

Todo el mundo sueña cuatro o cinco veces por noche, lo que sucede es que no todas las personas logran recordar sus sueños. Necesitamos despertarnos en el momento oportuno para recordarlos. A medida que nos hacemos mayores, el número de despertares aumenta. Por eso la gente mayor recuerda bastantes sueños, mientras que jóvenes y adultos sólo son conscientes del último sueño que han tenido antes de que sonara el despertador. También existen casos particulares de pacientes que toman determinados medicamentos —como antidepresivos o fármacos contra el Parkinson— que suprimen el sueño REM.

Hay personas que se ejercitan en la psicoterapia para recordar mejor sus episodios oníricos. Los sueños se olvidan rápidamente al despertar; por lo tanto, si desea recordarlos, deje lápiz y papel en su mesilla de noche y escriba nada más despertar todo lo que recuerde.

**11. Muchas personas tienen grandes dificultades para conciliar el sueño. ¿Cómo pueden remediar este problema?**

Como cualquier actividad que se realiza a diario, dormir es un hábito que exige determinadas rutinas y rituales. Repetir cada día determinadas acciones nos prepara para pasar de la vigilia al estado de somnolencia sin que nos demos cuenta. ¿Ha pensado en las acciones que realiza habitualmente antes de acostarse? Es muy posible que si no realiza alguna de estas actividades, como lavarse los dientes o preparar la ropa para el día siguiente, sienta cierta incomodidad o malestar que le dificulte dormir. Nuestro cuerpo está habituado a estas acciones, que son los pasos previos a entrar en el sueño. Hay personas que se duermen normalmente con la radio o la tele encendida, lo cual es desaconsejable. A otras les gusta leer un poco antes de cerrar los ojos. Todos estos actos son rituales fijos que pueden compartirse con otra persona si se vive en pareja. Por ejemplo, ¿no es habitual que cada uno ocupe siempre el mismo lugar en la cama o que se coloquen de una determinada manera?

## 12. ¿En qué consiste la rutina que promueve el sueño?

Cuando hablamos de los mecanismos que ayudan a conciliar el sueño, podemos resumir estas acciones en dos pasos imprescindibles: la relajación física, hasta lograr una total inmovilidad del cuerpo, y la relajación psíquica o desconexión mental. Es cuando las neuronas dejan de transmitirse información para permitir que el sueño originado en las estructuras profundas del cerebro pueda aflorar.

## 13. Existe la opinión de que tener relaciones sexuales antes de dormir ayuda a conciliar el sueño. ¿Es eso cierto?

No se puede generalizar, porque depende de muchos factores y de cada persona. En la mayoría de los casos, el hombre se queda dormido inmediatamente después del orgasmo, mientras que la mujer suele permanecer un tiempo despierta. Para ciertas personas el sexo es demasiado estimulante y se desvelan. A otras, en cambio, les sucede todo lo contrario. Cada pareja debe saber lo que más le conviene para propiciar el sueño.

## 14. A la hora de dormir, ¿hay posturas más recomendables que otras para gozar de un buen descanso?

Saber cuál es la postura más adecuada para conciliar el sueño es una de las cuestiones fundamentales para un descanso de calidad. A menudo probamos diferentes posturas y combinaciones que hemos ido ensayando con sus respectivas variantes hasta quedar dormidos. Sin embargo, cada persona suele saber en qué postura se duerme más rápido, lo que suele variar en función del peso corporal de la persona. A una persona delgada le costará menos hallar su posición, mientras que las personas obesas se encuentran más limitadas a la hora de escoger.

15. ¿Influye la edad en la postura escogida para dormir?

Sin duda. Mientras los recién nacidos y los lactantes pueden dormir boca arriba, para las personas adultas esta posición es incómoda, ya que dificulta la respiración. Esto se debe a que cuando dormimos boca arriba, los músculos de la garganta y la lengua se relajan, con lo que el paso del aire se hace más difícil. ¡El escenario más propicio para una sinfonía de ronquidos!

En cualquier caso, sí hay posturas más convenientes que otras. Ya hemos visto que boca arriba es una posición sólo recomendable para los bebés. Hay personas que dicen dormir boca abajo, aunque en realidad lo hacen un poco recostadas sobre un lado y, normalmente, con el brazo bajo la almohada. No es una mala postura, aunque sí un poco incómoda para las personas mayores.

16. ¿Lo más común es dormir de lado?

Sí; por ejemplo, podemos dormir recostados sobre el lado izquierdo, donde está el corazón. Hay personas que nunca adoptan esta posición por miedo a perjudicar su corazón, pero es un temor infundado. El corazón no sufre debido a nuestro peso. En realidad, la caja torácica puede aguantar tres veces el peso de nuestro cuerpo, por lo que no hay ningún peligro en dormir sobre el lado del corazón. Sólo debe evitar esta posición si le molesta oír su latido.

La otra posibilidad es dormir recostado sobre el lado derecho. Estas dos posiciones son las más recomendables tanto para adultos como para bebés. Sin embargo, no debemos preocuparnos demasiado sobre esta cuestión. Nuestro cuerpo es muy sabio y se acomoda naturalmente a la posición más adecuada en el transcurso de la noche. Gracias a los ligeros despertares inconscientes que se producen a lo largo de la noche podemos cambiar de posición. Eso impide que nos levantemos con dolores o contracturas, que es lo que sucedería si durmiéramos en una misma posición.

17. ¿Cuántos de estos despertares tenemos cada noche?

En las diferentes fases de cada ciclo del sueño tenemos entre seis y ocho despertares muy breves. En el caso de los niños y adultos, estos estados no suelen durar más de 30 segundos. En cambio, en las personas mayores la duración puede extenderse entre 2 y 5 minutos. En todo caso, se trata de una situación normal en la que adoptamos una posición más adecuada o nos tapamos si tenemos frío.

18. En el momento de dormirnos, a veces experimentamos la sensación de caer en un pozo. ¿A qué es debido?

A los pocos minutos de comenzar a dormir, es bastante común que sintamos repentinamente una descarga eléctrica que interrumpe momentáneamente el sueño. Pasamos de un momento de máxima relajación a uno de tensión imprevista. Esta sacudida suele ir acompañada de algún movimiento brusco de nuestro cuerpo. Y no sólo despierta a quien la sufre, sino que incluso puede despertar a la pareja en caso de dormir acompañado.

La mayoría de la gente describe este fenómeno como la sensación de tropezar, dar un brinco o caer en un pozo. Los especialistas denominamos este movimiento «mioclonía del adormecimiento». Se trata de fenómenos fisiológicos muy normales que no deben preocupar. Tienen lugar cuando nos encontramos en la fase de somnolencia, que es la que dará paso a posteriores fases de sueño superficial, profundo y fase REM, que se repiten cíclicamente a lo largo de la noche y tienen su final en el despertar.

19. Algunas personas dicen: ¿cómo voy a estar roncando si aún no me he dormido? ¿Por qué tienen esta percepción?

La explicación es muy sencilla: a las personas que roncan, en cuanto cierran los párpados y se adormecen, también se les cierra la orofaringe, es decir, la garganta. Esto hace que empiecen a roncar de inmediato. No se dan cuenta de que se han dormido porque se hallan en la etapa de transición de la vigilia al sueño, que es muy superficial. En cualquier caso, una cosa está clara: nadie ronca despierto.

**20. ¿Por qué hay gente que hace ruido con los dientes mientras duerme? ¿Qué medidas se pueden tomar para paliar este trastorno?**

El rechinar de dientes durante el sueño se conoce como *bruxismo*. Existen muchas teorías para explicar este fenómeno: algunas lo achacan a un mal implante dental, otras al estrés excesivo, también se habla de factores genéticos. Aunque no se conocen con precisión los factores que lo desencadenan, las últimas teorías relacionan el bruxismo con problemas del sistema nervioso central. Para paliarlo o reducirlo, pueden ser útiles las placas de descarga que recetan los odontólogos, así como los ejercicios de relajación mandibular antes de dormir. Se trata de mantener los labios juntos, pero con los maxilares abiertos y relajados, y visualizar esta posición bucal mientras se duerme.

**21. Hay personas a las que entran ataques de hambre en plena noche. ¿A qué es debido? ¿Hay alguna manera de prevenir los «atracones nocturnos»?**

La causa más frecuente de este problema suele ser una cena insuficiente en personas que están realizando dietas hipocalóricas. En este caso, es aconsejable comer un bocadillo antes de dormir para evitar lo que se conoce como «hipoglucemia nocturna». Estos episodios se vuelven más frecuentes en épocas de estrés, por lo que conviene guardar en la nevera alimentos dietéticos, de modo que se puedan paliar los ataques de hambre y evitar el aumento de peso.

No obstante, si los asaltos a la nevera son reiterados y compulsivos, puede haber de fondo un trastorno de tipo psicológico, por lo que se debe consultar al especialista.

## 22. ¿Es un trastorno hablar en sueños?

Algunas personas hablan en ciertos momentos mientras duermen. Este fenómeno se conoce con el nombre científico de *somniloquia*. La situación puede resultar graciosa o provocar un susto a quien oye a mitad de la noche una frase absurda de su compañero de habitación. Pero hablar dormidos es algo normal que se da en prácticamente todas las personas, especialmente en los niños. Mientras dormimos podemos decir palabras o frases sueltas que normalmente son incoherentes. La mayoría de las personas son incapaces de mantener un diálogo mientras están dormidas. Esto se debe a que las funciones cerebrales necesarias para responder no están en funcionamiento. Sin embargo, algunos son capaces de contestar a alguna pregunta o de entablar un diálogo absurdo que provoca la diversión del interlocutor que está despierto.

## 23. ¿En qué fase del sueño sucede este fenómeno?

En la fase onírica, es decir, en el periodo REM. De ahí que las palabras que pronunciamos mientras dormimos tengan relación con lo que estamos soñando. Puesto que la fase REM es más prolongada en la segunda mitad de la noche, es habitual que los conversadores nocturnos empiecen sus soliloquios antes del amanecer.

## 24. ¿Cuánto tiempo es necesario dormir cada noche?

No existe un parámetro fijo para todas las personas. Las horas que cada uno necesita dormir dependen de cada caso particular. Entre muchos otros factores, influye desde la edad hasta los genes. Aunque se desconoce con exactitud qué exigencia de sueño tiene el organismo, los límites oscilan entre las 5 o 6 horas y las 9 o 10 horas. Normalmente, un lactante necesita de 11 a 12 horas de sueño; un niño, de 9 a 10 horas; un adolescente, de 8 a 9 horas; un adulto, de 7 a 8 horas; y las personas mayores de setenta años, de 5 a 6 horas cada noche.

25. Entonces, ¿cómo podemos determinar cuál es nuestra exigencia individual de sueño?

Para determinarlo con precisión, durante una semana podríamos dormir un número de horas diferentes cada día y ver cómo nos sentimos al día siguiente. Si queremos obtener datos fiables, al día siguiente deberemos registrar cuántos cafés hemos tenido que tomar para estar despiertos, cuántas páginas de nuestro libro de cabecera hemos logrado acabar, o cuánto tiempo hemos aguantado delante del televisor después de comer.

Otro ejercicio más sencillo es sumar las horas que dormimos durante los días laborables de una semana y dividir el resultado por 5. Luego sumar las horas que hemos dormido los últimos tres fines de semana, y dividir el resultado por 6. Cuando comparemos ambas cifras, podremos ver si hay diferencias. Si la primera cifra da, por ejemplo, 6 horas y la segunda 9 horas, está claro que durante la semana no dormimos las horas suficientes que nuestro cuerpo necesita. Deberíamos equilibrar el resultado de ambas cifras.

Si uno va en autobús o metro y se pasa de parada, o si a lo largo del día le asaltan constantes deseos de acostarse, es señal de que la noche anterior no ha dormido suficiente. Puede tratarse de un déficit de horas o de la calidad del sueño. En cualquier caso, indica que no ha gozado de un sueño reparador.

26. ¿Es cierto que dormimos menos de lo que deberíamos?

La mayoría de los adultos necesitan más sueño del que se procuran habitualmente para poder funcionar bien durante el día. En cinco países europeos se ha realizado un estudio paralelo sobre el número de horas que duerme la población. Los resultados han demostrado que los españoles dormimos un promedio de 40 minutos menos que el resto de europeos. Nuestras costumbres socioculturales tienen mucho que ver con ello: solemos terminar tarde de trabajar, cenamos aún más tarde y nos acostamos entre las 12 de la noche y la 1 de la madrugada, por término medio. Sin embargo, al día siguiente nos levantamos a la misma hora que el resto de europeos. Estas costumbres noctámbulas son compartidas tanto en Argentina como en otros países de Latinoamérica.

### 27. Las personas mayores duermen menos horas por la noche. ¿A qué es debido?

Como hemos dicho antes, la edad es uno de los factores que más inciden en el sueño. Cuando envejecemos, dormimos menos de noche o lo hacemos de una manera discontinua. Pero esta reducción del tiempo la compensamos con pequeñas siestas durante el día. Por lo tanto, si sumamos el tiempo que una persona mayor dedica a dormir, veremos que en conjunto es similar al de un adulto. Es normal que una persona de setenta años duerma entre 5 y 6 horas cada noche, y haga un par de siestas de entre 10 y 20 minutos durante el día. Esto no quiere decir que no haya personas mayores que puedan dormir 7 u 8 horas seguidas por la noche.

### 28. ¿Qué dificultades pueden acarrear estos cambios en el ritmo de sueño?

Básicamente, se trata de desajustes con la rutina del resto de la familia. Si una persona mayor se levanta en el momento en que termina su sueño, pongamos a las 5 o las 6 de la mañana, puede ser demasiado pronto para preparar el desayuno para el resto de la familia. Además, correría el riesgo de despertar a los que aún duermen, ya sea por las luces del pasillo y el ruido de la cisterna si va al lavabo, o por si se tropieza con algún mueble. Muchos familiares piensan que esta dificultad para prolongar el sueño nocturno se debe a las siestas que realizan durante el día.

### 29. ¿Y es eso cierto? ¿Deberían privarse las personas mayores de la siesta para no entorpecer el descanso nocturno?

En las personas mayores el descanso diurno es una necesidad diferente al sueño nocturno. Digamos que uno complementa al otro. Es un error tratar de evitar las siestas creyendo que así la persona estará más cansada y prolongará el sueño durante la noche. En realidad, los ancianos suelen pasar más tiempo en la cama descansando que durmiendo. Tienen poca necesidad de sueño y, en cambio, muchas horas para estar en la cama. Todo lo contrario de cuando se es más joven: se tiene mucho sueño y poco tiempo para estar en la cama.

### 30. ¿Dormir la siesta es saludable para otras edades?

Aunque suele estar condicionada por las circunstancias laborales, para los adultos es muy saludable esta pequeña desconexión diaria. Sin embargo, no debería prolongarse más allá de los 20 minutos. Con eso bastará para afrontar la tarde con un poco más de energía natural. Si dormimos más, puede que profundicemos demasiado en el sueño y nuestro despertar sea confuso. Por eso hay gente que asegura que la siesta no le sienta bien: es porque duermen demasiado. A excepción de la tercera edad, la siesta nunca debe servir para compensar las pocas horas de sueño nocturno. Su única misión es afrontar mejor el resto del día, ya que cumple las pequeñas necesidades de sueño que tiene nuestro cerebro entre las 2 y las 4 de la tarde.

### 31. Muchos jóvenes llevan un ritmo de sueño caótico. Entre semana pueden dormir muy poco y luego «recuperan» el fin de semana. ¿Es eso perjudicial?

El sueño perdido no se recupera, esto es un hecho. Los especialistas sabemos que la pérdida de horas de sueño es acumulativa. Imaginemos que una persona necesita dormir ocho horas diarias para levantarse descansada. Si durante la semana duerme una hora menos cada día, no será simplemente una hora la que pierde; al final de la semana habrá robado a su sueño cinco preciosas horas. Si el sexto día (suele ser el sábado) pretende «recuperar» durmiendo ocho horas seguidas, en realidad la sensación que tendrá cuando se levante es como si sólo hubiera dormido tres. Saldrá de la cama con sensación de cansancio.

**32. Otra creencia es que cuanto más dormimos, más sueño tenemos.**

Se trata de otra creencia errónea. A muchas personas no les importa perder horas de sueño, ya que creen que así van a rendir más en el trabajo. ¡Como si el sueño fuera un chicle que se estira y se encoge en función de lo que nos convenga ese día! Nada de esto es cierto. Nunca se duerme más de lo que se necesita. Pensemos sólo en las nefastas consecuencias de la falta de sueño. Las personas que duermen menos de lo que necesitan tienen un 40 por ciento más de posibilidades de sufrir accidentes de circulación, además de padecer un déficit de concentración y trastornos como la ansiedad y la depresión.

**33. Los días que no debemos poner el despertador, ¿qué es lo que nos despierta?**

Tenemos un reloj interno que se pone en funcionamiento cada día para que nos despertemos. Esto se debe a que en nuestro cuerpo existen sustancias químicas relacionadas con el sueño y la vigilia. El cortisol es una de ellas: se acumula en la sangre justo cuando empieza a brotar la luz solar, es decir, de madrugada. Es entonces cuando la temperatura de nuestro cuerpo aumenta unas décimas y otra hormona, la melatonina, empieza a desaparecer de la sangre. Por consiguiente, el despertar fisiológico y espontáneo no es casual, sino que se trata de la respuesta final a un proceso donde intervienen hormonas, la temperatura corporal y la luz.

**34. ¿Cuándo tenemos un despertar de este tipo?**

Para saber si hemos tenido un despertar espontáneo y fisiológico, debemos prestar atención a la sensación que nos embarga en ese momento. Si sentimos el bienestar de haber dormido bien, de haber gozado de un sueño reparador, no hay duda de que nuestro despertar ha sido completamente fisiológico. Si no experimentamos la sensación de haber dormido bien, será porque hemos tenido un despertar espontáneo precoz. No hemos dormido lo suficiente y, sin embargo, nuestro propio cuerpo nos ha hecho abrir los ojos. Muchas personas que atraviesan una etapa de decaimiento físico, o un estado de depresión leve, tienen un despertar espontáneo precoz. Se despiertan sólo dos o tres horas después de haberse quedado dormidas, y ya no pueden volver a conciliar el sueño.

### 35. ¿Y el despertar provocado?
Si existe un elemento extraño que interrumpe el sueño, estamos hablando de un despertar provocado. Éste puede deberse a diversos estímulos. El auditivo, como el provocado por el despertador, es el más frecuente de los estímulos externos del que nos valemos. El timbre, zumbido o música que emite es una ayuda que utilizamos para salir del sueño y entrar en la vigilia. Pero el estímulo externo también puede ser de tipo táctil e incluso olfativo, como el aroma del café recién hecho.

### 36. Es curioso que, una vez dormidos, quedamos aislados de los estímulos externos. ¿Es que dejamos de oír?
Durante la noche nuestra capacidad auditiva permanece activa, aunque con menor intensidad. Por ejemplo, si hablamos flojito junto al oído de alguien que duerme, probablemente sólo se dará la vuelta y seguirá durmiendo. Ese movimiento puede ser del todo inconsciente. Ahora bien, si frunce el ceño o entreabre los ojos, quiere decir que le hemos molestado en una fase más superficial de su sueño. Más aún: si continuamos hablando en el mismo tono sin variar la intensidad, el cerebro de la persona que duerme termina habituándose y no se inmutará. Ahora bien, si intensificamos el estímulo —en este caso, alzando la voz—, terminaremos despertando a esa persona. Dependiendo de la fase del sueño en la que se encuentre nos costará más o menos, pero terminaremos por hacerle recuperar el estado de vigilia. A más profundidad de sueño, más intenso e insistente tendrá que ser el estímulo.

Es curioso comprobar cómo, en el caso de los estímulos auditivos, el cerebro humano es altamente selectivo. Tomemos como ejemplo una madre y su recién nacido. Ella es capaz de dormir pese al estruendo de una fuerte tormenta y, sin embargo, ante el mínimo gemido de su bebé abrirá los ojos inmediatamente.

### 37. ¿Por qué algunas personas nunca oyen el despertador? ¿Cómo se puede remediar?

Generalmente, las personas que van cortas de sueño tienen muchas dificultades para despertarse. No oyen el despertador porque se hallan en un sueño muy profundo y tratan de compensar lo que no han dormido otras noches. Este problema se remedia sencillamente durmiendo las horas necesarias cada día. Es la única solución.

### 38. En un célebre anuncio televisivo, alguien dice a su pareja: «No hay quien te aguante por las mañanas». ¿Por qué algunas personas se despiertan de mal humor?

Hay personas que se despiertan rápidamente. Apenas abren los ojos, ya se ponen en acción. Hablan alto, se mueven a toda velocidad y programan su día mientras se lavan los dientes o desayunan. De un brinco se hallan en un estado de plena vigilia. Otras, en cambio, necesitan un tiempo de adaptación, porque su despertar es mucho más lento. Hacer estiramientos para desperezarse es de las pocas cosas que les permite su motor, todavía frío. Por eso permanecen algunos minutos aturdidos sobre la cama. Exagerando un poco, éstos son los que, cuando logran un rendimiento óptimo en su jornada... ¡ya es mediodía!

Está demostrado que estas diferencias tienen una explicación genética. Prueba de ello es que, en los bebés, a partir de los seis o siete meses ya se puede ver cuál tiene un despertar rápido o lento. Los primeros abren los ojos sin apenas hacer ruido y sonríen enseguida a la voz que les da los buenos días. Los del despertar lento, en cambio, necesitan un tiempo para entrar plenamente en el nuevo día. Hasta entonces suelen estar de mal humor. Es común que los niños de despertar rápido no tengan problemas para asistir a la escuela. Son puntuales tanto al acostarse como a la hora de entrar en clase. Nada que ver con los de despertar lento, que siempre llegan justos de tiempo al cole y nunca se quieren ir a dormir.

### 39. ¿Y esa tendencia se mantiene toda la vida?

Por lo general, sí. Las personas que tienen un despertar rápido prefieren acostarse pronto y madrugar. No son como las de despertar lento, para quienes parece que nunca llegue el momento de acostarse.

Pero aquí hay algo curioso: como es bien sabido, los polos de energía opuesta se atraen. Pues bien, lo mismo sucede a menudo entre cónyuges por lo que respecta a su modo de despertarse. El azar, ese misterioso brazo del destino, empareja muchas veces a una persona de despertar rápido con otra que tiene el despertar lento. A los buenos días del rápido le sigue la lista de recados a cumplir durante la jornada, las propias y las del otro. O sea, que la frenética actividad se ha puesto en pie mientras, a su lado, la persona de despertar lento apenas abre los ojos y trata de concentrarse en otra tarea más ardua y prioritaria: despertarse.

Cuando ambos se vuelven a encontrar en casa por la noche, es muy probable que el cónyuge de despertar rápido compruebe que nada o casi nada de lo que predijo ha surtido efecto. ¿Olvido? ¡En absoluto! La otra persona no se olvidó, sino que no se había enterado. ¡Bastante tenía con activar su maquinaria para lograr despertarse!

### 40. ¿Qué debe hacer una persona que tiene repetidamente dificultades para descansar bien?

Si tiene problemas relativos al sueño lo primero que debe hacer es visitar a su médico de cabecera. Algunos trastornos del sueño pueden solucionarse en su misma consulta. Los problemas más graves, en cambio, deben ser diagnosticados y tratados por las Clínicas o Unidades del Sueño. Estos centros son servicios médicos especializados en tratar todas las alteraciones del sueño. Hoy en día, los hospitales más importantes cuentan con estos servicios y además existen prestigiosos centros privados con esta especialidad.

---

### Las Unidades del Sueño

Se iniciaron en Estados Unidos y llegaron a España y Argentina a finales de los años ochenta. Son servicios médicos multidisciplinares, normalmente integrados por neurofisiólogos, psiquiatras, otorrinolaringólogos, neurólogos, psicólogos, neumólogos y pediatras, coordinados por un responsable con amplios conocimientos sobre todas las alteraciones del sueño. Estas unidades tienen capacidad para diagnosticar —mediante la clínica y los estudios del sueño nocturno (polisomnografías)— y tratar a aquellos pacientes con una patología relacionada con el sueño. Pueden atender tanto a niños con problemas de insomnio relacionados con sus hábitos de sueño, como a una persona mayor con un «síndrome de piernas inquietas», pasando por trastornos como el insomnio, la narcolepsia y el «síndrome de apnea obstructiva del sueño».

---

# 2

# Un dormitorio que dé sueño

La elección del lugar donde dormir es específico de cada especie. Algunos mamíferos duermen en madrigueras, en cuevas o incluso en árboles que les proporcionan seguridad; otros prefieren hacerlo en campo abierto. Unos descansan en el mismo sitio todas las noches, mientras que otros, como por ejemplo los grandes simios, preparan cada atardecer un nido en un lugar distinto. Asimismo, cada especie propicia el sueño con una serie de rituales propios. Cualquiera que haya tenido un perro le habrá visto dar vueltas sobre sí mismo en el que será su lecho antes de tumbarse.

Los humanos presentamos características homologables al resto de los mamíferos, lo que nos indica que muchos elementos vinculados con el sueño son adquisiciones evolutivas:

- Necesitamos un área específica para dormir en nuestro hogar, el dormitorio, y nos gusta que siempre sea la misma.
- Practicamos ciertos rituales antes de acostarnos: nos ponemos el pijama, nos lavamos los dientes, tomamos un vaso de agua o de leche, leemos unas páginas de un libro…
- Dormimos siempre en el mismo lado de la cama y generalmente en la misma posición.

En este capítulo nos centraremos en el primero de estos tres puntos: el dormitorio. Porque no siempre le damos la importancia que se merece.

## EL ENTORNO APROPIADO PARA DORMIR BIEN

Siempre hay lugares donde uno duerme mejor que en otros. Cuando regresamos de un viaje, solemos hablar de los hermosos parajes que hemos visitado, de los platos nuevos que hemos probado, de la gente que hemos conocido... y recordamos los apartamentos o los hoteles por lo bien o mal que hemos dormido en ellos.

Algunas personas se adaptan fácilmente a un nuevo dormitorio, mientras que a otras cualquier ligero cambio —sea de luz, temperatura, ruido ambiental o simplemente de colchón y almohada— les altera el sueño.

Son muchos los factores que influyen en nuestro descanso nocturno, pero el entorno —el lugar donde dormimos— es fundamental a la hora de disfrutar de un buen reposo.

En este libro les hablaremos de cómo crear rutinas para «despertar» el sueño. Aunque no siempre sean conscientes de ello, las personas que duermen bien tienden a realizar una serie de acciones que les ayudan mental y físicamente a prepararse para ir a la cama. No damos vueltas sobre el lecho antes de tumbarnos, pero sí nos aseamos, preparamos la ropa para el día siguiente, nos ponemos el pijama, etcétera.

Sin embargo, estas rutinas que acompañan todo buen hábito nos serán menos útiles si luego, en la habitación, no podemos asegurar a nuestro cuerpo un descanso de calidad.

Conseguir un dormitorio que dé sueño y que garantice un buen descanso no es cuestión de dinero, o al menos éste no es el único factor. Existen dormitorios de gran lujo que resultan fríos y poco acogedores. En otros, reina tal caos que no parece un lugar reservado a dormir. Por último, están los que, por su sencilla calidez, invitan a acostarse. Después de todo, una cama confortable y una habitación silenciosa y a oscuras son el mejor entorno para una noche de descanso reparador.

Las recetas que siguen están pensadas para que usted valore si su dormitorio es un entorno confortable, seguro y tranquilo que propicie su sueño. Y si no lo es, para que consiga crearlo.

## EL SANTUARIO DEL SUEÑO

En una de las charlas que hacemos con frecuencia, solicitamos una vez al auditorio —cargos medios y ejecutivos de empresas— que respondieran a una pequeña encuesta:

1. *Nombre los muebles y objetos que tiene en su dormitorio.*

2. *Nombre las actividades que realiza en su dormitorio.*

Los resultados fueron:

1. *Muebles y objetos*
Cama, mesilla de noche, lámparas, armario, banqueta, sillón, despertador, revistas, libros, cuadros, teléfono fijo, teléfono móvil, agenda electrónica, radio o aparato de música, televisor y reproductor de DVD, aparatos de gimnasia…

2. *Actividades (todas ellas desde la cama)*
Llamar por teléfono, zapear canales en la tele, ver películas en DVD, preparar la agenda del día siguiente, repasar la próxima presentación, estudiar, leer y responder SMS o correos electrónicos (los que

tenían BlackBerry), comer, ojear el periódico, discutir con la pareja, hacer el amor... Ah, también dormir.

Al verlo escrito en la pizarra, todos se echaron a reír.

———◆———

Debemos admitir que el mundo ha cambiado y los dormitorios actuales no tienen mucho que ver con los que tenían nuestros abuelos. Para ellos, la alcoba era simplemente el santuario del sueño. Con una cama, una mesilla de noche, una banqueta, silla o sillón, y poco más. «Ir a la cama» significaba sencillamente dormir.

El avance de la tecnología —que ha llenado los hogares de electrodomésticos—, unos pisos cada vez más pequeños y nuestra propia tendencia al desorden pueden acabar convirtiendo el dormitorio en un espacio multifuncional. En muchos casos, ha pasado a ser una minisala donde ver la tele y charlar por teléfono, una minioficina donde resolver lo que nos quedó pendiente del trabajo, un minigimnasio donde ponernos en forma y, en última instancia, lo utilizamos también para dormir.

Los especialistas del sueño sabemos por experiencia lo importantes que son el entorno y las rutinas para la calidad de nuestro sueño. Nuestro cerebro necesita asociar el dormitorio y la cama a la actividad de dormir. Cuando en ese lugar hacemos tantas otras cosas, el cerebro recibe un doble mensaje y se confunde: ya no sabe si, cuando se entra en la habitación, debe prepararse para dormir o bien permanecer despierto. Esta confusión es una de las principales razones por las cuales a algunas personas les cuesta conciliar el sueño.

La receta que sigue le ayudará a que el dormitorio sea ante todo el «lugar para dormir», de modo que se propicie un descanso de calidad y se prevenga el insomnio.

# Receta
## para crear un dormitorio que invite a dormir

Ingredientes:
- Sólo los muebles necesarios
- Mucho orden
- Colores suaves
- Completa oscuridad
- Máximo silencio
- Temperatura media

Cómo se cocinan, paso a paso:

- Haga como nuestros ejecutivos: tome papel y lápiz para anotar todos los muebles y objetos que tiene en su dormitorio. Luego empiece a tachar aquellos que no son estrictamente necesarios para un buen descanso.

El mobiliario básico es la cama, la mesilla de noche, una lamparita, una banqueta (o silla, o sillón), la cómoda y el armario ropero (que no necesitará si dispone de un vestidor aparte). Lleve a otra habitación de la casa el televisor, el equipo de música, los aparatos de gimnasia (si los tuviera) y todos los objetos que le atan a la oficina o que le distraen.

Es importante que nosotros —y nuestro cerebro— nos acostumbremos a que el dormitorio y la cama son únicamente para dormir (y también hacer el amor).

- Un dormitorio armónico ha de tener «un lugar para cada cosa y cada cosa en su lugar». Si usted es una persona ordenada, puede saltarse este paso e ir al siguiente. Si no, ponga en práctica este sencillo truco. Cuando haya retirado los muebles que sobran, sitúese en la puerta y recorra de nuevo la habitación con la mirada mientras trata de detectar todo aquello que no pertenece de forma natural a un dormitorio.

¿Le sorprende descubrir que todavía hay unos cuantos trastos de más? Revistas y libros que se apilan en la mesilla y, a veces, en el suelo. Discos compactos y DVD. Libretas con anotaciones. Ropa suelta. Mil y un adornos. Etcétera.

Al llenar la habitación de objetos, aumentamos el polvo, dificultamos la ventilación y creamos un ambiente opresivo, de desorden, que no beneficia en nada el descanso. Por otra parte, en un espacio atiborrado de obstáculos hay más posibilidades de que tropecemos si nos levantamos de noche para ir al lavabo.

Ha llegado el momento de guardar, reubicar, regalar o deshacerse de todo aquello que no sea indispensable en un dormitorio. Se sorprenderá de cuánto se agranda su habitación.

---

### El método St. James

En su libro *Simplifica tu vida*, Elaine St. James propone un método radical para librarnos de trastos innecesarios: poner en una caja todo aquello que no utilicemos habitualmente y pegar una etiqueta con la fecha. Si al cabo de un año no hemos necesitado abrirla, podemos deshacernos de todas esas cosas sin problemas de conciencia.

---

■ Ahora que su habitación ha ganado en espacio y orden, si quiere puede cambiar la disposición de los muebles hasta encontrar el lugar idóneo donde situar la cama. Busque el sitio y la orientación donde sienta que duerme mejor.

Aunque no existen reglas fijas a este respecto —cada persona debe descubrir dónde y cómo duerme mejor—, hay que evitar colocar la cabecera de la cama debajo de una ventana, ni tampoco es conveniente que esté junto al aparato de aire acondicionado.

■ Fíjese ahora en el color de las paredes entre las que duerme, así como en los pósters o cuadros que las adornan. Tal vez una habitación pintada de rojo le parezca muy original, pero no le ayudará a relajarse. La cromoterapia ha demostrado que los colores afectan al estado de ánimo. Mientras que los tonos intensos —como el rojo— son excitantes, las tonalidades claras o pastel producen un efecto relajante, lo que contribuye a que podamos conciliar mejor el sueño.

Unas paredes forradas de pósters o llenas de cuadros también multiplican los estímulos visuales y empequeñecen nuestro santuario del sueño. Haga un poco de limpieza.

■ Para dormir siempre es recomendable que haya completa oscuridad. Una cortina gruesa o una persiana mitigan la claridad que pueda llegar del exterior. Las personas muy sensibles a la luz pueden recurrir también a un antifaz.

Si le gusta leer antes de dormir, elija una lamparita de luz puntual. Permitirá dormir a su pareja y tampoco usted se deslumbrará cuando la encienda al despertarse.

Muchos niños tienen miedo a la oscuridad. En este caso, en vez de dejar una lamparilla encendida en la habitación, es mejor prender una luz fuera del cuarto y que la puerta quede entornada.

■ La ausencia de ruido ayuda a conciliar y mantener un sueño reparador. Es importante, pues, que reine el mayor silencio en nuestro dormitorio. Aunque algunas personas escuchan música suave para conciliar el sueño y les funciona muy bien, no significa que todos debamos hacerlo: nuestro cerebro está perfectamente preparado para dormir sin la necesidad de estímulos sonoros de ningún tipo.

Claro que, en nuestra sociedad, soñamos con el silencio y el ruido es nuestro calvario. Si ése es su caso, consulte la «Receta para mitigar el ruido» (p. 50).

■ Sólo nos queda verificar el termostato de la habitación. Para este punto preferimos que consulte, en este mismo capítulo, el apartado «El calor no me deja dormir» (p. 57).

Los chefs recomiendan:

■ Del mismo modo que nunca pondríamos una nevera en el lavabo, el televisor no es un mueble que deba estar en el dormitorio. Su lugar es el comedor o el salón. Si no dispone de otro espacio para él (su piso es de un solo ambiente, por ejemplo), asegúrese al menos de apagar la tele antes de acostarse. Algunas personas utilizan el televisor para inducir el sueño —como un «chupete» electrónico—, pero en realidad el ruido, la luz y la radiación que emite perturba y fragmenta nuestro sueño. Debe prescindir de la tele para dormirse, aunque le lleve un tiempo acostumbrarse.

■ Tampoco el despacho o el lugar de estudio deberían estar en el dormitorio. En el caso de los niños y adolescentes, si no disponen de otra habitación, hay que enseñarles a recogerlo todo cada día al terminar sus deberes y tareas. A la hora de acostarse no debe quedar nada sobre la mesa.

■ Ver pasar los minutos y las horas cuando no se puede dormir produce mucha ansiedad, que a su vez nos impide conciliar el sueño. El dormitorio debería ser un lugar sin tiempo. ¿Qué hacemos, entonces, con el despertador? Si, como la mayoría de la gente, necesita despertador para levantarse, programe la alarma y póngalo de cara a la pared, como si estuviera castigado. ¡No necesita verlo, sino oírlo cuando suene por la mañana!

## EL RUIDO NO ME DEJA DORMIR

Los que por voluntad o por obligación vivimos en una gran ciudad, tenemos que lidiar a menudo con el molesto ruido nocturno, que favorece el estrés y entorpece el descanso nocturno.

Los «ataques sonoros» no sólo nos llegan del exterior, sino que también a veces tenemos el enemigo en casa o bastante cerca. Veamos algunos ejemplos, tanto exteriores como interiores, que pueden perturbar nuestro sueño e impedir un descanso de calidad:

- *Desde la calle*: tráfico, bocinas, motocicletas, sirenas, frenadas, alarmas que se disparan, el camión de la basura, trenes, aviones, timbres, cantos, las conversaciones de la gente cuando sale del bar o la discoteca…
- *Dentro del edificio o en casa*: bebés llorando, música o tele con el volumen alto, teléfonos, ascensores, parejas discutiendo, corrimiento de muebles en el piso de arriba, lavavajillas, timbres, perros que ladran, ronquidos de nuestra pareja, los vecinos que hacen el amor escandalosamente…

La lista podría no tener fin. Estudios científicos han demostrado que el ruido es una de las causas más importantes del insomnio. Además, si bien el sonido se percibe principalmente a través de los oídos, sus vibraciones también sacuden el pecho y despiertan el cerebro.

Durante las vacaciones, si vamos a descansar con la familia a un lugar tranquilo de playa o montaña, seguramente nos costará habituarnos a «tanto silencio». A veces, los primeros días, lo que nos despierta es justamente la ausencia de ruido: ¡imagínese el grado de contaminación sonora en el que se ha habituado a dormir! Luego su sueño se vuelve placentero y reparador, lo que es uno de los mayores deleites del veraneo.

---

### Sueño vigilante

La hipersensibilidad a los ruidos es un síntoma frecuente de quienes padecen insomnio. Los especialistas lo denominamos «sueño vigilante o atento» porque la persona, aun dormida, sigue vigilando o controlando lo que sucede a su alrededor. Con un tratamiento adecuado, este problema puede resolverse.

---

No podemos prometerle que interrumpiremos el tráfico nocturno o que convenceremos al vecino de arriba para que baje el volumen de la tele, pero con la receta que sigue intentaremos que los oiga menos o, incluso, que dejen de molestarle del todo.

### Receta
### para mitigar el ruido

Ingredientes:
- Tapones para los oídos
- Cortinas gruesas
- Alfombras o moqueta
- Doble vidrio en las ventanas
- Corcho o placas antirruido

*Aclaración importante*: no es necesario utilizar todos los ingredientes al mismo tiempo. Vaya probándolos y, cuando el problema esté solucionado, guarde «en la nevera» los que no ha usado por si los necesita en el futuro.

Cómo se cocinan, paso a paso:

■ Recurra en primer lugar a lo más sencillo y económico: vaya a la farmacia más cercana y pida un par de tapones de gomaespuma para los oídos (los que utilizan los nadadores también pueden servir). Si los tapones no bastan o le molesta utilizarlos, estudie su dormitorio y vaya introduciendo los cambios que le sugerimos a continuación para aislarlo más del ruido.

■ Adquiera una tela pesada y gruesa (mejor si es de color oscuro) para las cortinas de las ventanas. Un género como el terciopelo o la pana amortigua los ruidos —y también la claridad— que vienen del exterior. Si por fines decorativos le gustan los visillos o una tela ligera y de estampado claro, utilice doble cortinado, como se hace en la mayoría de los hoteles. Durante el día tiene echadas las decorativas y, cuando llega la noche, como un rito preparatorio al sueño, baja las persianas y corre las cortinas gruesas para impedir la entrada de luz y ruido del exterior.

■ Las alfombras gruesas o una moqueta también son un buen aliado contra el ruido. Sin embargo, deberá evitarlas si padece alergia al polvo o a los ácaros.

■ Coloque vidrios dobles o de seguridad en las ventanas. Actualmente ya no son tan costosos y resultan muy efectivos como aislantes termoacústicos.

■ También puede forrar las paredes de corcho o poner placas antirruido. Aunque le advertimos que no debería hacerlo si duerme con alguien que ronca, porque este tipo de aislamiento también amplifica los sonidos. Consulte con un decorador la mejor solución posible.

Los chefs recomiendan:

■ Tal vez no se había parado a pensarlo antes, pero es posible que su dormitorio sea la habitación más «ruidosa» de la casa.

Haga una pequeña excursión por el piso: a lo mejor puede utilizar otro cuarto menos bonito pero mucho más silencioso.

■ Si el ruido procede de sus vecinos, converse amistosamente con ellos. Comente con la mayor amabilidad su sensibilidad a los ruidos e intente llegar a un acuerdo razonable para todas las partes.

■ Si vive con adolescentes ruidosos, mantenga una charla —amable pero firme— con ellos. Explíqueles la importancia de un buen sueño para rendir al día siguiente y enséñeles a respetar el descanso de los demás. A partir de las once o máximo las doce de la noche hay que procurar no hacer ruido innecesario: no se pone la música o la tele con el volumen alto, se baja el tono de las conversaciones, no se dan portazos, etcétera.

■ Si el problema es los ronquidos de su pareja, consulte la «Receta para atenuar o eliminar los ronquidos» (p. 131).

■ Escuchar música muy suave —una pieza clásica o una grabación con sonidos de la naturaleza— ayuda a algunas personas a conciliar el sueño. Les sirve para desconectar de los problemas, relajarse y adormecerse.

## LA CAMA IDEAL

Pedro está en la oficina frente a su ordenador. Son las siete de la tarde pasadas y ha tenido un día complicado. Su pensamiento vuela. Se imagina entrando en su casa. «Ojalá se hayan ido todos al cine», piensa, y como está soñando despierto, así sucede. Deja el maletín y, sin siquiera quitarse los zapatos (en los sueños no se ensucia la colcha), se arroja en la cama como quien salta a una piscina. El colchón se hunde ligeramente bajo su cuerpo, igual que si flotara en una nube. ¡Qué placer, es una cama espléndida! Pedro abre los ojos sobresaltado, ha estado a punto de dormirse, algo que le resulta más difícil en casa.

Veamos ahora la situación real de Pedro. Hace quince años que se casó con Ana y desde entonces no han cambiado los muebles del dormitorio. Ni siquiera la cama: siguen durmiendo en el mismo somier y colchón que se compraron entonces. La mayoría de los días se levantan cansados y con dolores en todo el cuerpo. «Deben de ser los años», piensan. Como han ganado algo de peso, ahora la cama les resulta estrecha y apenas pueden moverse. El colchón se ha llenado de elevaciones y cráteres, y al menor desplazamiento el somier cruje.

Con el paso de los años, tanto Pedro como Ana se han acostumbrado a su cama, así que ni piensan en cambiarla. Toman estos pequeños «trastornos» como algo por lo que seguramente pasan todas las parejas. Después de todo, sus padres, que llevan cincuenta años casados, siempre han dormido en el mismo lecho.

———◆———

Deberíamos aprender a escuchar nuestros sueños y nuestro cuerpo. Si usted sueña con una cama más grande y confortable, si se levanta cansado, con dolores en todo el cuerpo, le cuesta erguirse, siente contracturas en el cuello o la espalda, o le duele la cabeza... es hora de revisar el somier, el colchón y la almohada. ¡Tal vez haya llegado el momento de hacer un cambio!

Nadie puede dormir bien en una cama estrecha, dura, irregular y que cruje a cada momento. Un somier y un colchón no son para siempre: transcurridos diez años, deberíamos pensar en comprar otros nuevos. Pasamos un tercio de nuestras vidas en la cama. En ella dormimos, soñamos, amamos... Por consiguiente, ¡vale la pena ocuparse de que sea cómoda! La siguiente receta le ayudará a elegir una cama como la que sueña Pedro.

# Receta
## para elegir la cama de sus sueños

Ingredientes:

- Informarse bien
- Tiempo para tomar la decisión correcta
- Estudiar las ventajas e inconvenientes de los diferentes modelos de colchón, somier y almohadas disponibles en el mercado
- Probar hasta dar con el modelo adecuado

Cómo se cocinan, paso a paso:

- Cuando se decida a comprar la cama de sus sueños, planifíquelo con antelación. Investigue marcas, modelos y las características de cada uno. Visite los comercios especializados y solicite información. Compare calidades y precios.
- Llega el día elegido para hacer la compra. Primero de todo, si usted duerme en pareja, es imprescindible que vayan juntos. El «elige tú la que más te guste» puede servir para comprar una mesa, pero no para un somier y un colchón.

Ésta no puede ser una compra compulsiva. Como tomar una buena decisión lleva tiempo, vaya sin prisas a la tienda: resérvese un par de horas. Es preferible que escoja una tarde que no tenga otra cosa que hacer o un sábado por la mañana. Si va a comprar la cama tras una larga jornada laboral, cuando está a punto de cerrar la tienda, cualquier cosa le parecerá bien y se precipitará al elegir. Póngase ropa cómoda y unos zapatos que pueda sacarse con facilidad, porque antes de decidirse tiene que probar.

- Empiece por el colchón. Hay de varios tipos: de látex, de muelles, de espuma. Infórmese de las ventajas e inconvenientes de cada uno. Por ejemplo, los de látex son los más duraderos, se adaptan a los movimientos sin perder la firmeza, pero también son los más caros. Los de muelles tienen un precio más económico, ofrecen distintos grados de firmeza, pero duran algo menos. Los de espuma son los más baratos, pero no transpiran tan bien como los anteriores, dan calor y se deforman mucho antes.

Además del material del colchón, hay otros aspectos que deberá tomar en consideración: la firmeza, el grosor, el tamaño, la solidez, el forro. Lo mejor es preguntar y probar para encontrar el que más se adapte a sus gustos y necesidades.

Elegir una buena base para su colchón también es fundamental. Existen somieres de láminas, articulados, canapés. Asesórese sobre cuál se adapta mejor al colchón que le gusta.

## Cómo probar una cama

No tenga complejos, avise al vendedor de que desea probar el somier y el colchón. Si no se lo permitiera, vaya a otro comercio. Siéntese en la cama, sáquese los zapatos y acuéstese cómodamente, primero boca arriba y luego en la posición en que suele dormir, y compruebe:

**Firmeza.** Cierre los ojos y pregúntese: ¿se hunden las partes más pesadas del cuerpo, como los hombros y las caderas? Si la respuesta es afirmativa, deséchelo porque el colchón es demasiado blando. Si, por el contrario, tiene la impresión de estar sobre una tabla de madera, significa que es demasiado duro. Tampoco le interesa. Lo ideal es que permita apoyar bien la columna, pero deje que las caderas y los hombros sigan su curvatura normal. Como no hay un colchón perfecto, sino que se tiene que adaptar a su peso y talla, haga más pruebas: si intenta rodar y se hunde, es que es demasiado blando para usted. Si se tiende de espaldas y puede meter la mano bajo la cintura, significa que es demasiado duro. Pruebe varios modelos hasta que encuentre aquel en que se sienta más cómodo y que mejor se adecua a su constitución.

**Solidez.** Siéntese en una esquina del colchón. El lado opuesto no debe levantarse. Si eso ocurre, deséchelo.

**Anchura.** Mientras dormimos, solemos movernos y dar vueltas. Tiéndase y pruebe a dar una vuelta completa sin caerse. Si ha venido con su pareja, túmbense los dos y comprueben que tienen espacio para cada uno. Si elegimos una cama demasiado estrecha, inconscientemente trataremos de controlar nuestros movimientos para no caernos o no molestar a nuestra pareja, y esto perturba nuestro sueño.

Si su pareja se mueve mucho o le despierta el menor movimiento suyo, opten por colchones individuales con soporte unido.

**Longitud.** Vigile que los pies no queden fuera de la cama. Si duerme solo, elija una cama que además de ancha sea lo suficientemente larga. Para dormir en pareja, no dude en adquirir un modelo de 1,90 × 2 metros o incluso mayor. En principio, escoja la cama lo más grande posible… ¡siempre que quepa en su dormitorio!

**Grosor y altura.** Lo ideal es que el colchón tenga como mínimo 15 centímetros de grosor. La cama debería estar situada a más de 30 centímetros del suelo, para asegurar una ventilación adecuada.

**Ruido.** Un somier y un colchón nuevos no tienen que hacer ruido. Túmbese y ruede en la cama para comprobar que eso no sucede.

**Forro.** Infórmese sobre su calidad y cualidades. Busque los de tejidos naturales, ya que son más frescos y transpiran mejor, y exija que sea desenfundable.

---

■ **No se olvide de la almohada.** Hay diferentes modelos en el mercado, así que nuevamente vuelva a informarse de sus ventajas e inconvenientes para poder elegir la más adecuada para usted.

En principio, es preferible que se eleve ligeramente de la cabecera de la cama y le permita tener el cuello estirado. Si duerme en pareja, cada uno deberá utilizar el tipo de almohada que más cómoda le resulte.

- Después de tantas probaturas llega el momento de la compra. Cuando es para uno solo, si se ha encontrado la cama ideal ya se ha solucionado el problema. En cambio, si tenemos pareja, a veces llega el momento más difícil: ponerse de acuerdo sobre el modelo elegido. Si no coinciden en lo que les conviene, es aconsejable hacer una pausa. No compren compulsivamente ni se dejen convencer por el vendedor. Pueden ir a dar una vuelta para analizar con calma los pros y contras de cada modelo hasta llegar a un compromiso que satisfaga a ambos. ¡No hay que olvidar que van a pasar en esa cama los próximos diez años!

## EL CALOR NO ME DEJA DORMIR

Ésta suele ser la queja habitual de todos. Lo cierto es que nos cuesta conciliar el sueño y no descansamos bien cuando hace demasiado calor. Sin embargo, también nos despertamos con frecuencia si pasamos frío. Tanto un extremo como el otro perjudican nuestro sueño porque pueden fragmentarlo.

Es una cuestión meramente física. Durante la noche nuestra temperatura corporal desciende ligeramente, entre medio grado y un grado. La temperatura externa de la habitación no puede modificar este ritmo natural de nuestro cuerpo. Cuando nos acostamos, la temperatura corporal empieza a descender y nos resulta más fácil adormecernos. Por eso dormimos mejor cuando tenemos un poco de frío (para un buen sueño siempre es mejor tener algo de frío que sudar la gota gorda). Si la temperatura exterior está muy por debajo o supera mucho la corporal, nos cuesta conciliar el sueño.

Para que nuestro cuerpo esté bien y el sueño aparezca con toda normalidad, es necesaria una temperatura ambiente ideal, que está entre los 18 y los 22 °C. Es la que deberíamos tener en la habitación, tanto en invierno como en verano.

En invierno, hay que evitar la tentación de subir más la calefacción. Los frioleros pueden dormir con un pijama de franela y unos buenos calcetines (los pies fríos son uno de los motivos por los que a veces nos cuesta conciliar el sueño).

Respecto a los días más calurosos, tal vez sea mejor que lea la refrescante receta que le proponemos a continuación para bajar un poco esos grados que le sobran en verano.

## Receta
### para dormir mejor en verano

Ingredientes:
- Una habitación ventilada
- Aire acondicionado o ventilador
- Ropa de cama ligera
- Evitar beber alcohol por la noche y las cenas copiosas

Cómo se cocinan, paso a paso:
- Hay que comenzar a preparar el descanso durante la vigilia. Airee el dormitorio por la mañana y, a partir del mediodía, mantenga las ventanas abiertas pero las persianas bajadas para que el cuarto esté ventilado sin caldearse el ambiente.
- Para muchas personas, el aire acondicionado en verano es la solución ideal. Si lo tiene, aprenda a sacarle mayor partido. Poco antes de acostarse, regule la temperatura entre 20 y 22 °C. Siempre resulta tentador ponerlo al máximo cuando estamos sofoca-

dos de calor, pero recuerde que durante la noche disminuye la temperatura corporal y acabará sintiendo frío. Acuérdese también de apagarlo durante el día y ventilar bien la habitación para eliminar el aire viciado.

Para quienes no tienen aire acondicionado o no les gusta, un ventilador es una estupenda solución en las noches más calurosas. Puede instalar un ventilador de aspas sólo si el techo del dormitorio es alto, porque si le queda justo encima de la cabeza, inconscientemente lo sentiría como una guillotina amenazadora. Con encenderlo media hora antes de acostarse es suficiente para que remueva el aire y se refresque el cuarto.

■ En verano, elija sábanas y ropa de dormir —pijama, camisón, camiseta— de tejidos naturales, como el algodón, que son frescos y absorben la transpiración. Los materiales sintéticos pueden ser bonitos, pero le darán calor. A muchas personas les gusta dormir desnudas en verano, sin embargo es mejor acostumbrarse a llevar ni que sea una camiseta. No es una cuestión de pudor. Como en verano se suda más, la ropa absorbe la transpiración e impide que se empapen las sábanas.

■ Algunos modelos de colchón tienen dos posiciones: una para invierno y otra para verano. Asegúrese de que el suyo está en la posición correcta.

■ En verano nos deshidratamos fácilmente y tenemos más sed. Como los días son más largos y tenemos más tiempo para estar de sobremesa con los amigos, es tentador tomarse un par de cervezas o una sangría bien fría por la noche. No queremos ser aguafiestas, pero el alcohol eleva la temperatura corporal y eso lo convierte en un enemigo del sueño. Es preferible consumirlo a mediodía o por la tarde, lejos de la hora de acostarse.

También una cena fuerte y copiosa —más aún en verano— es una mala aliada del sueño. Como el alcohol, genera más energía y eleva la temperatura del cuerpo, así que aumentará la sensación de calor. Es mejor optar por una cena ligera, refrescante y de fácil digestión.

Los chefs recomiendan:

■ Un truco para días de calor extremo: ponga la funda de la almohada unos minutos en la nevera antes de acostarse.

# 3

# Dormir para estar bien despiertos

Hay pocas cosas en la vida tan placenteras como una buena noche de sueño reparador. Pero la realidad es que no siempre descansamos todo lo que desearíamos, ni tampoco lo que nos pide el cuerpo. El exceso de trabajo y las preocupaciones hacen que el 40 por ciento de la población, según estadísticas actuales, padezca problemas de sueño. Por término medio, en las grandes ciudades la gente duerme los días laborales dos horas menos de las que necesita para reponerse. Esto supone 10 horas menos a la semana y 40 menos al mes. Al cabo de un año, se habrán dejado en el camino 480 horas de su preciado descanso.

La privación de sueño es la epidemia silenciosa más grande de nuestro tiempo. Vivimos en un mundo que funciona las veinticuatro horas del día. Las diferencias horarias han dejado de existir gracias a Internet y los canales de televisión. Nos gustaría estar pendientes de todo lo que sucede, y el tiempo que invertimos en conseguirlo nos resta horas de descanso.

Existen numerosos factores que influyen directa o indirectamente en la calidad y la cantidad de nuestro descanso nocturno. Forman parte de nuestra vida cotidiana, convivimos con ellos, pero el sueño continúa siendo un gran desconocido para la mayoría, y la atención que se les presta es escasa o nula. La mayoría de los factores externos e internos que perturban nuestro sueño pueden modificarse de forma rápida y sencilla si los conocemos.

¡Es mucho más sencillo que adelgazar!

## ¿Cuántas horas necesita dormir un adulto?

Depende de cada persona, pero las suficientes para despertarse sin sueño y rendir bien durante todo el día. En un adulto suele bastar con 7,5 horas. En todo caso, el abanico normal oscila entre las 5 y las 10 horas por noche.

Para saber si está durmiendo diariamente lo necesario, puede hacer un sencillo ejercicio: contar cuántas horas descansa durante los días laborales y compararlo con las que dedica al sueño en los fines de semana y las vacaciones. Si durante la semana duerme 6 horas de promedio y el sábado y el domingo 10, es porque ha necesitado recuperar sueño. Le «debe» sueño a su cerebro y necesita devolvérselo urgentemente. Tendría que aumentar el promedio de horas que duerme durante la semana. Si no lo hace, puede ser que el cuerpo se lo cobre en el momento menos pensado, con el consiguiente riesgo para usted y para los demás. La causa de muchos accidentes de tráfico y laborales está relacionada con la falta de sueño.

A la hora de autoevaluar las horas de sueño, también debemos tener presente las personas que se sitúan en los extremos: hay quien necesita 9 horas o más de sueño para sentirse bien despierto durante el día, y hay quien con 5 o 6 horas ya tiene más que suficiente. Estas características «vienen de fábrica», es decir, están determinadas casi con toda seguridad por factores genéticos que marcan nuestras necesidades.

## ESCUCHAR A NUESTRO CUERPO

Al caer la noche, nuestro organismo se pone en sintonía para dormir. Pero en nuestra carrera contra el tiempo, queremos aprovechar cada minuto de las horas que nos quedan entre que salimos del trabajo y nos acostamos. Sólo entonces «tenemos tiempo» para ir de compras, hacer gimnasia, jugar al tenis, quedar con amigos o ir al cine, entre muchísimas otras actividades. Por la noche hacemos vida social o miramos la tele, estudiamos, contestamos el correo electrónico, chateamos... Y hacemos todo esto a expensas del sueño.

Tal vez haya pensado: «¡Pues claro que sí, es lógico!». ¿Qué sería de nuestra vida si no lo hiciéramos? ¿Sólo trabajar, comer y dormir?

No es esto lo que proponemos. La diversión y el contacto social son necesarios para la salud del cuerpo y la mente. No hay que renunciar a nada —o a casi nada— siempre que lo hagamos con un poco de orden. Del mismo modo que uno no se pone todos los trajes, camisas, zapatos y corbatas que tiene en el armario un mismo día, tampoco hay que hacer todas las actividades de golpe.

La mayoría de la gente llegamos a casa con un grado de tensión, estrés y ansiedad muy elevados. El termostato está al rojo vivo. Necesitamos descansar, relajarnos y desconectar de todo. Sin embargo... terminamos aquel trabajo pendiente de la oficina, tras la cena miramos la tele, luego leemos el correo electrónico y, si encontramos algún amigo en el ciberespacio, chateamos un rato. Van pasando las horas hasta que al fin, agotados, decidimos acostarnos.

A la mañana siguiente no entendemos por qué nos hemos despertado cansados y con ganas de seguir durmiendo.

La respuesta está clara: todo lo sacamos del tiempo destinado al sueño. Hemos olvidado la importancia que tiene dormir para nuestro organismo.

## ¿Por qué es tan importante que nos preocupemos por el sueño?

Porque mientras dormimos:

- *Se restauran y recuperan los músculos*, disminuyendo así la fatiga y las tensiones del día. Esto se logra gracias a unas sustancias que fabrica el cerebro mientras dormimos profundamente: los péptidos restauradores. Nos sentiremos como nuevos al despertar siempre y cuando podamos gozar de este tipo de sueño.
- *Crecemos y maduramos*. La secreción de la hormona de crecimiento, así como de otras sustancias que necesitan los niños para desarrollarse, se sintetizan durante el sueño. Es un proceso casi imperceptible, pero de vital importancia.
- *Archivamos y consolidamos la memoria*. Durante el sueño, el cerebro selecciona para guardar —como el disco duro de un ordenador— lo que considera útil y desecha lo que le sobra. De esta forma queda espacio libre para incorporar nuevos conocimientos. La selección y consolidación de la memoria es una de las razones por las que es tan importante dormir bien.
- *Aprendemos*. No nos referimos a los cursos para aprender un idioma mientras dormimos. Esto es un engaño. Lo que sí sabemos actualmente es que, mientras estamos despiertos, nuestro cerebro recoge información y, durante el sueño, la procesa, consolida y guarda. Esto hace que durante la vigilia podamos evocar o recordar lo aprendido. Muchos fracasos escolares y problemas de aprendizaje se deben a un sueño insuficiente o de mala calidad.
- *Mejora nuestro humor*. El cortisol y las catecolaminas son sustancias indispensables para mantener nuestras «baterías» a pleno rendimiento durante el día. Por la noche, su nivel desciende para volver a aumentar a la mañana siguiente. Este descenso nocturno

nos permite rebajar la tensión, la ansiedad y el mal humor acumulados durante la jornada. Pero ¿qué ocurre si nuestro sueño es insuficiente y no logramos que disminuyan estas sustancias? En este caso nos levantaremos tensos, de mal humor, irritables y, si esto persiste varias noches, sufriremos el llamado «estrés malo» o «distrés», que es el peor enemigo del sueño.

- *Se regenera la piel.* Las mujeres lo saben, ya que existen unas cremas faciales para el día y otras para la noche. Las que se aplican antes de acostarse actúan durante el sueño mientras se reponen las células muertas.

También se vacían los lagrimales, por eso cuando no dormimos se nos nota inmediatamente en la cara porque tenemos los párpados hinchados.

Si el sueño es insuficiente o de mala calidad, estas funciones no se pueden realizar o se realizan de manera incompleta. Es entonces cuando nos levantamos cansados y de mal humor. Discutiremos con nuestro jefe y compañeros de trabajo, nos fallará la memoria y nos costará más aprender. Nuestro organismo también acusará la falta de sueño: aceleraremos el envejecimiento, disminuirá la libido y hasta nos resultará más difícil bajar de peso.

## ¿Tanta «ciencia» para dormir?

Si usted es de las personas que se duermen sólo poner la cabeza en la almohada, considérese afortunado. Es como aquellos que preparan un plato por primera vez y les sale de maravilla. Pero no es lo común. Tenemos más de mil pacientes al año que acuden a nuestra consulta porque no pueden dormir bien. Y la mayoría de las veces el trastorno tiene su origen en hábitos incorrectos a lo largo de la jornada.

Para conciliar el sueño sin problemas y de forma saludable, hay que prepararlo desde la mañana. Dormimos para estar despiertos y estamos despiertos para poder dormir por la noche. Nuestros hábitos diurnos repercuten directamente en el sueño nocturno.

Pero antes de mostrarle en tres recetas cómo poner en práctica el hábito de dormir bien repartido en las veinticuatro horas del día, queremos hablarle de algunas sustancias que consumimos durante el día. Mientras que unas ayudan a conciliar mejor el sueño, otras van a «sabotearlo». A menudo tienen apariencia amistosa, pero los especialistas sabemos bien hasta qué punto pueden interferir en su descanso.

## LOS SABOTEADORES DEL SUEÑO

Entre los principales enemigos del sueño figuran el *estrés*, la *obesidad* y el *sedentarismo*. Por eso los especialistas en medicina del sueño no dudamos en recomendar un cambio de hábitos radical al iniciar el tratamiento.

Rebajar la tensión de la jornada —tomarnos la vida con más calma—, apostar por una dieta equilibrada y un poco de ejercicio suave es un buen punto de partida para atacar los trastornos del sueño. Y no se trata sólo de evitar la fatiga y la somnolencia diurna. ¡No pegar ojo en toda la noche también afecta a la libido!

La lista de los enemigos «legales» del sueño incluye estimulantes como el café, el té, el mate en Sudamérica y los refrescos de cola, que —junto con el tabaco y el alcohol— son un trampolín hacia el insomnio, la gastritis y otros problemas digestivos.

Muchas personas con trastornos del sueño recurren durante el día a estos estimulantes, que bloquean el cansancio por acción de la adrenalina y los glucocorticoides, cuya secreción excesiva puede desestabilizar el organismo y provocar diabetes.

## El mejor uso de la cafeína

Cualquier enfermedad relacionada con el estrés se verá agravada con el consumo de cafeína, por lo que hay que evitarla en estos casos.

El mejor momento para tomar café, té o mate es en el desayuno. Es una excelente manera de empezar el día despierto. Después del mediodía, deberá aprender a eliminar la cafeína de su dieta.

Las personas que consumen demasiada cafeína pueden experimentar un incremento de la presión sanguínea. Eso hará que segreguen más hormonas del estrés.

Los efectos de la cafeína perduran entre dos y siete horas en la sangre, según cada persona. Sin embargo, investigaciones recientes han demostrado que a veces pueden persistir hasta el momento de acostarse, incluso cuando se ha consumido antes de la 1 de la tarde. Esto significa que sigue presente en el organismo hasta muchas horas después de su consumo.

La cafeína bloquea los receptores de adenosina (ATP), una sustancia somnógena que se acumula en el organismo durante el día y nos prepara para dormir. Si esta sustancia se bloquea a causa de la cafeína, además de perjudicar el sueño, puede agravarse cualquier enfermedad relacionada con el estrés.

En todo caso, un consumo elevado de este excitante incrementa el riesgo de padecer palpitaciones, dolores en el pecho y enfermedades coronarias, sin contar con los efectos que produce la abstinencia de cafeína, que es típica de los fines de semana.

Es bien sabido que los grandes cafeteros en días laborales, cuando llega el fin de semana sufren fuertes dolores de cabeza, temblores, palpitaciones y otros síntomas, debido a la reducción del nivel de cafeína. Esto se denomina *síndrome de abstinencia de la cafeína* y es típico entre quienes trabajan en oficinas, que buscan estar despiertos y vencer el cansancio acumulado.

Hay que notar que la cafeína no sólo se encuentra en el café, sino que también está en el té, el mate, el chocolate, los refrescos de cola y en algunos medicamentos analgésicos.

El chocolate y los refrescos de cola producen un «pseudobienestar» y son adictivos por dos razones: su alto contenido en cafeína y azúcar.

---

### ¿Tiene usted adicción a la cafeína?

Examine si padece usted los siguientes síntomas:

1. Necesita tomar sustancias con cafeína —café, té, mate, colas— sólo despertarse por la mañana.

2. Después de ingerirlas se siente bien, incluso eufórico.

3. Al cabo de pocas horas, sufre un bajón y siente deseos de tomarlas nuevamente. Entonces vuelve a sentirse bien.

---

La solución para superar esta adicción no es difícil. Consiste en sustituir progresivamente —nunca de golpe— la cafeína por bebidas descafeinadas, zumos de fruta, leche de soja, infusiones de hierbas, soda o aguas minerales con sabor.

¿Por qué no hacerlo de golpe? Para evitar sentirse mal. A medida que reduzca el consumo de cafeína, si los síntomas del síndrome de abstinencia son muy fuertes, mezcle una mitad de café normal con otra mitad de descafeinado. Y no se preocupe: este malestar durará sólo una o dos semanas.

No ingiera nada que contenga cafeína a partir del mediodía. Al cabo de un mes será capaz de suspender su consumo o limitarlo sólo a la mañana.

Hay dos motivos para hacer lo que sugerimos: uno es la reducción del estrés, el otro es simplemente dormir bien, imprescindible para su salud física y mental.

## El alcohol

Muchas personas tienen la falsa creencia de que el alcohol ayuda a dormir bien, cuando sucede justamente lo contrario, independientemente de la resaca —con dolor de cabeza y mareo— que se presenta por la mañana y nos dificulta las tareas del día.

Sin duda, el alcohol favorece el adormecimiento por su acción relajante, pero estudios recientes han demostrado que impide llegar a las fases profundas del sueño. Dicho de otra forma, si usted se toma tres o cuatro copas antes de acostarse, se dormirá en el acto pero su sueño será breve y superficial. Lo más probable es que se desvele tres o cuatro horas después de haberse dormido, o que se levante con la sensación de no haber descansado bien.

El alcohol provoca un sueño inestable y con frecuentes despertares porque disminuye el sueño REM, esencial para gozar de un descanso reparador.

Si además tiene tendencia a roncar, la bebida agravará su problema notablemente, porque al relajar los músculos respiratorios los ronquidos cobrarán más intensidad. También es absolutamente desaconsejable para las mujeres embarazadas, puesto que favorece la retención de líquidos, entorpece el descanso y perjudica al bebé.

Por consiguiente, evite totalmente el alcohol en las tres o cuatro horas previas al sueño. Sustitúyalo por agua, zumos o infusiones. Si en una fiesta familiar o de amigos está obligado a «hacer un brindis», tome una sola copa y no beba más. Por la noche lo agradecerá, así como por la mañana, cuando tenga que afrontar el día con la mente fresca y despierta.

## Sueño y drogas

Además de la cafeína y el alcohol, enemigos número uno del buen sueño, la mayoría de las drogas —tanto las legales como las ilegales— perjudican nuestro descanso nocturno. Veamos cómo actúan algunas de ellas:

• *Nicotina.* Fumar puede provocar insomnio, ya que la nicotina es un estimulante como la cafeína. En general, a los fumadores les cuesta más conciliar el sueño y se despiertan más veces por la noche. El tabaco aumenta la presión arterial, provoca taquicardia y excita el cerebro; por consiguiente, es un saboteador del sueño.

• *Marihuana.* Entre sus componentes hay sustancias que alteran los neurotransmisores del cerebro implicados en el sueño. Los consumidores de marihuana necesitan más tiempo para dormirse y gozan de un menor porcentaje de sueño REM, que —además de los episodios oníricos— está implicado en la consolidación de la memoria y el aprendizaje. No es un buen amigo del sueño ni de la salud.

• *Cocaína.* Puesto que provoca estimulación y euforia seguida de depresión, es una pésima aliada del descanso. Esta droga interactúa con la dopamina, el neurotransmisor cerebral que interviene en el ciclo del sueño y la vigilia. Además de otros peligros de la cocaína —cuya adicción causa estragos—, los consumidores suelen padecer insomnio persistente, al verse reducido el sueño delta (profundo) y el sueño REM. En los periodos de abstinencia provoca somnolencia excesiva, por lo que el adicto reincide para «despejarse».

• *Anfetaminas.* Son estimulantes muy poderosos con mecanismos parecidos al de la cocaína. Provocan insomnio y somnolencia excesiva al suspender el consumo. También favorecen la aparición de pesadillas durante el sueño REM.

## Medicamentos que pueden provocar insomnio

- Antidepresivos
- Antihipertensivos
- Antiasmáticos
- Anticonceptivos orales
- Antiinflamatorios con corticosteroides
- ACTH: hormonas que estimulan las glándulas suprarrenales
- Gotas nasales con efedrina
- Pastillas para adelgazar
- Anfetaminas y derivados
- Hormonas tiroideas
- Medicamentos con cafeína

## LOS AMIGOS DEL SUEÑO

### Triptófano

El nutriente que ayuda a dormir mejor es el triptófano. Se trata de un aminoácido —los compuestos que forman las proteínas— precursor de la serotonina, un neurotransmisor que influye en el sueño y el estado de ánimo. Para desencadenar la producción de serotonina, incluya algún alimento rico en triptófano en la cena. Se encuentra principalmente, entre los alimentos de origen animal, en los huevos, el jamón, la carne de aves, el pescado azul, y la leche y sus derivados (la leche es un sedante natural, pero olvídela si tiene intolerancia a la lactosa). Entre los alimentos de origen vegetal, en el arroz, la cebada, el trigo, el pan, la pasta y la tapioca. También en las patatas, en hortalizas como la col y la calabaza, y en los frutos secos.

## Proteínas

La vitamina $B_6$ ayuda a convertir el triptófano en serotonina. Todas las carnes, el pescado y los huevos contienen esta vitamina, así que si los consumimos durante la cena estaremos predisponiendo al cerebro para el sueño.

Además, los carbohidratos complejos como las patatas, la calabaza, el arroz o la pasta también promueven el sueño. Mejor aún: se puede combinar la carne con alguno de estos alimentos altos en carbohidratos.

El mejor momento para consumir carne —preferiblemente pollo—, pescado, huevos y lácteos es durante la cena, ya que estos alimentos aportan los aminoácidos que precisa el organismo para la regeneración orgánica. Es conveniente que este proceso tenga lugar durante el sueño, cuando la lenta digestión no afecta a las tareas diarias.

Si es vegetariano, puede sustituir la carne por tofu o nueces. Notará los mismos efectos, ya que ambos alimentos tienen nutrientes y propiedades parecidos a los de la carne.

En cualquier manual completo de nutrición y dietética puede encontrar información amplia y variada sobre las necesidades de nuestro organismo y qué hemos de comer para cubrirlas.

## Infusiones

Una taza de tila, verbena, camomila, valeriana o pasiflora antes de acostarse —o durante el día para estar relajado— es un buen complemento para favorecer el sueño. Si no le gustan las infusiones, también puede tomar estas hierbas en forma de grageas, de venta en farmacias y tiendas de dietética.

Un baño aromatizado o un masaje con aceite esencial son otras alternativas para relajarse.

---

### Recomendaciones dietéticas para dormir bien

- Respetar los horarios de las comidas sin saltarse ninguna.

- Comenzar el día con un buen desayuno rico en carbohidratos para evitar la hipoglucemia —descenso de azúcar en sangre— que suele producirse a media mañana, lo que provoca nerviosismo e irritabilidad.

- El pan, los cereales y la fruta son ideales por la mañana y hasta la hora del almuerzo.

- Los dulces hay que consumirlos —con moderación— antes de las seis de la tarde, bien alejados de la hora de dormir. El azúcar —también el contenido en las frutas— es energizante y si se consume en la cena puede dificultar la llegada del sueño.

- Las cenas copiosas o ingerir grandes cantidades de líquido antes de acostarse puede alterar el sueño. Es aconsejable cenar —moderadamente— dos horas antes de ir a dormir. No conviene irse a la cama en ayunas porque el hambre le despertaría. Si ha cenado, pero le entra hambre antes de irse a dormir, es preferible que se tome un vaso de leche, un bocadillo pequeño o unas galletas. Así evitará la hipoglucemia nocturna.

- Ojo con las dietas pobres en hidratos de carbono, vitaminas y sales minerales, ya que son nutrientes esenciales para el buen funcionamiento del sistema nervioso.

- Las verduras se pueden comer *full time*: además de las de hojas verdes y las legumbres, las hortalizas son adecuadas a cualquier hora, puesto que son nuestra principal fuente de vitaminas y minerales.

## ¿Cómo cocinar y condimentar?

• En principio, hay que elegir las preparaciones menos grasas: planchas, parrillas, asados —horno, papillote—, microondas, cocciones en agua... Las frituras no son aconsejables. También hay que consumir moderadamente los rebozados, empanados, guisos y estofados.

• Los condimentos más recomendables son: albahaca, hinojo, comino, estragón, laurel, tomillo, orégano y perejil. Hay que evitar los picantes, ya que provocan irritación gástrica y acidez.

• El vinagre y el aceite pueden macerarse con hierbas aromáticas. Siempre es mejor utilizar aceites vegetales puros —sobre todo aceite de oliva virgen de primera presión— en la ensalada, ya que son muy saludables tanto en el almuerzo como en la cena.

---

## UNA CUESTIÓN DE HÁBITOS

María, una joven abogada, acudió a nuestra consulta después de pasar por la del psicólogo.

Su problema era que, desde hacía algunas semanas, se despertaba a las tres o las cuatro de la mañana y le costaba conciliar de nuevo el sueño. Apenas lo lograba, sonaba el despertador. Como cada vez se sentía peor —cansada, malhumorada y baja de ánimo todo el santo día— y, además, alguien le había dicho que no poder dormir era un síntoma de depresión, decidió acudir a un psicólogo. Para su sorpresa, aquél la envió a un especialista del sueño.

Cuando, en vez de recetarle directamente pastillas para dormir, le pedimos que nos explicase con detalle qué hacía en cuanto llegaba a casa y hasta que se iba a acostar, María se quedó más sorprendida pero nos lo contó:

Vivía sola y solía trabajar hasta tarde. Por lo general, cuando llegaba a casa, dejaba la cartera, se quitaba los zapatos y se iba directa a la cocina. Como estaba agotada y lo último que le apetecía era ponerse a preparar la cena, calentaba un plato preparado en el microondas, se servía un refresco de cola, lo ponía todo en una bandeja y se iba a su habitación preferida: el dormitorio.

Sentada en la cama, encendía el televisor y empezaba a cenar. A veces escuchaba los mensajes del contestador y luego devolvía las llamadas más urgentes a clientes, familiares y amigos. Después, entre bostezos, se ponía a leer el informe del caso que tuviera entre manos… y se despertaba a las tres o las cuatro. No sabía cuándo se había quedado dormida. Aunque lo recogía todo, se enfundaba el pijama y se acostaba de nuevo rápidamente, ya no podía conciliar el sueño.

María no tenía depresión. Su trastorno de sueño se debía a los malos hábitos que había ido adquiriendo, y a las asociaciones y decodificaciones erróneas que realizaba su cerebro a la hora de dormir. Sin necesidad de medicación, le enseñamos a dormir bien otra vez y, al cabo de un mes, el problema desapareció.

◆

Seguramente, mientras leían este caso, han reconocido algunos de los errores que cometía la paciente. En el capítulo anterior explicamos la importancia de no convertir la habitación donde dormimos en un espacio multifuncional: comedor, salón, oficina y dormitorio, ¡todo al mismo tiempo!

El cerebro de todos los animales asocia determinados elementos a acciones o funciones concretas. Si enseña la correa de paseo a su perro, éste moverá la cola de alegría porque sabe que ha llegado la hora de sacarlo a la calle. Para lograr nuestro objetivo de dormir bien, la mente y el cuerpo tienen que asociar exclusivamente el dormitorio y la cama con las actividades de dormir y hacer el amor. Si se come, mira la tele o trabaja desde la cama —hábito frecuente entre los insomnes—, el cerebro se confunde porque está recibiendo mensajes contradictorios: ya no sabe si en aquella habitación toca dormir o estar despierto.

El caso de María también nos interesa por otra razón. Demuestra lo fácil que es perder un hábito sin que nos demos cuenta de ello. Hasta el punto de pensar que la causa del trastorno de sueño es otra: por ejemplo, María creyó que estaba empezando a sufrir una depresión. Ni se le pasó por la cabeza que tuviera una explicación —y una solución— más sencilla.

Un hábito —y dormir bien lo es— «funciona» siempre y cuando lo pongamos en práctica a diario. Nos lo podemos saltar un día, pero si lo tomamos por costumbre, el cuerpo y el cerebro acaban respondiendo a los mensajes confusos y contradictorios que le enviamos, pagándonos con la misma moneda.

Un buen hábito se puede recuperar o aprender de nuevo. Las tres próximas recetas nos enseñan los pasos a seguir a lo largo de veinticuatro horas para que nuestro día no nos cueste el sueño.

## Receta para «despertar» el sueño
### (usar desde las 6 de la tarde hasta la hora de acostarse)

Ingredientes:
- Desconectar del trabajo
- Ejercicio moderado
- Cena ligera y consumo de sustancias «amigas del sueño»
- Horarios regulares
- Rituales inductores del sueño
- Técnicas o actividades de relajación

Cómo se cocinan, paso a paso:

■ *Al llegar a casa.* Sólo entrar en su hogar, desconecte psicológicamente del trabajo. Deje la cartera, libérese de los zapatos y póngase ropa cómoda. Es una forma sencilla de trazar una línea divisoria entre el ámbito profesional y el ámbito familiar, no es bueno mezclarlos.

Si se ha traído algo pendiente y muy importante de la oficina, hágalo de inmediato y antes decida un tiempo lógico de finalización de esa tarea. Si cuando da la hora no la ha terminado, ¡déjela estar! Ya la hará mañana en la oficina. No convierta su casa en una prolongación del trabajo.

■ *En las tres horas previas a la cena.* Por la tarde, al llegar del trabajo, es el momento ideal para programar alguna actividad física suave, la que más le guste. Un poco de ejercicio ayuda a mitigar el estrés, libera las tensiones y le prepara para un buen sueño nocturno.

Programe primero los ejercicios que puedan ser más violentos, como un partido de tenis o fútbol. Si los deja para última hora, tendrán un efecto contraproducente: lo único que consiguen es elevar la temperatura corporal y retrasar el sueño. Son «excitantes».

Lo más recomendable es practicar un ejercicio moderado: dar un paseo de media hora, ir a una clase de yoga o cualquier otra actividad suave que no requiera excesivo esfuerzo físico.

Como el objetivo es irse relajando, a partir de las 5 o las 6 de la tarde evite también las sustancias que «sabotean» su sueño. Ni café, té o mate, ni bebidas o medicamentos que contengan cafeína. Cuando tenga sed, beba agua, zumos de frutas, leche de soja, bebidas sin alcohol, etcétera.

Los días en que se está especialmente cansado y nervioso es recomendable, antes de cenar, regalarse un baño de agua caliente. Tiene un estupendo efecto sedante.

■ *La hora de la cena*. Programe una cena ligera (véase la página 73) y, como mínimo, un par de horas antes de la hora de acostarse. No se vaya a la cama recién cenado. Dele tiempo a su estómago para hacer la digestión.

Establecer horarios regulares es una buena costumbre que ayuda a nuestro cerebro a asociar acciones con funciones concretas: es la hora de cenar, de dormir, de despertarse, de trabajar, de relajarse, etcétera.

Por ejemplo, si cena siempre a la misma hora, notará que aproximadamente media hora antes el estómago comienza a hacer ruidos y siente hambre. Es la primera señal que le está enviando el cerebro de que debe comer. Dentro de poco le enviará otra de que ha de empezar a elaborar jugos gástricos.

Si un día cenamos a las 8, otro a las 10, al siguiente no cenamos y otro lo hacemos a la 1, nuestro cerebro no sabrá cuándo ha de enviar las señales de hambre ni las de elaboración de los tan necesarios jugos gástricos. El desorden en los horarios contribuye a transmitirle mensajes confusos y le impide incorporar buenos hábitos.

A veces cuesta establecer un horario fijo para las comidas cuando hay diversos miembros de una familia, cada uno con sus actividades y tareas. Pero lo ideal sería establecer entre todos una hora para la reunión familiar en torno a la mesa. Si alguien falla, por cualquier motivo, que sea una excepción antes que la norma.

Cene con moderación. Si su organismo está muy ocupado en hacer la digestión, no podrá entregarse completamente al sueño. Es preferible que no beba alcohol y, si lo hace, que sea sólo una copa. Sustitúyalo por agua o zumos, aunque eso sí, modere la ingesta de líquidos. Si se acuesta con la vejiga llena, por la noche tendrá que levantarse para orinar.

No tome café después de cenar: no es una bebida digestiva y, aunque no se lo parezca, le despertará. Puede sustituirlo por alguna infusión digestiva, como la manzanilla o el boldo.

Por último, recuerde, ¡no cene en la cama!

■ *Después de cenar*. Dispone de un par de horas antes de acostarse. Es una etapa decisiva, porque la mente y el cuerpo ya están preparándose para dormir. Nosotros hemos de ayudarles para que no se crean lo contrario.

Siéntese cómodo en el sofá y mire la tele o escuche música suave. Si no lo ha hecho al llegar a casa, es un buen momento para revisar en la agenda las actividades del día siguiente. Eso sí, no le dedique más de diez o quince minutos. Se trata de revisar lo que hará mañana, no de ponerse a hacerlo ahora. Si algo le preocupa especialmente o si le ronda por la cabeza toda la lista de cosas pendientes por hacer, un buen truco es tomar lápiz y papel para apuntarlas. Y acto seguido guarde esa lista hasta mañana, cuando podrá resolver las cosas. No se engañe: ahora no va a solucionar nada y no es bueno llevarse los problemas a la cama.

Hay una serie de actividades a las que, a partir de ahora, deberíamos poner una señal de «stop». No es el momento de:

– Discutir con la pareja o con nuestros hijos. Déjelo para mañana.

– Engancharnos a una película que acabará dentro de tres horas o a un programa que ya empieza tarde y terminará de madrugada.

– Beber alcohol mientras mira la tele. Si le cuesta conciliar el sueño, tampoco se tome una taza de chocolate: ¡piense que el cacao tiene cafeína!

– Ponerse a navegar por la red ni chatear, porque nos podrían dar las tantas de la noche absolutamente enganchados al ordenador y, en vez de soñolientos, bastante despejados. Si se quiere hacer, hay que fijar previamente una hora para apagar, sin excusas, el ordenador.

■ *Media hora antes de acostarse.* Las rutinas y costumbres antes de irse a la cama son necesarias, porque mandan una señal al cerebro que, juntamente con la oscuridad, le confirman que felizmente ha terminado el día y ha llegado la hora de dormir.

Nuestro cerebro es sumamente ordenado y le agradan las rutinas, siempre las mismas, que le avisan que dentro de poco nos iremos a la cama. Cada uno decidirá cuáles son las suyas según su gusto y conveniencia. Le presentamos unas cuantas:

– apagar el televisor
– correr las cortinas de la habitación
– preparar la ropa para el día siguiente
– preparar la mesa para el desayuno
– bajar la basura, llevar a pasear el perro
– ir al baño, lavarse los dientes y enfundarse el pijama
– verificar que no haya ningún fogón de la cocina encendido
– beber un vaso de agua
– acercarse al cuarto de los niños y comprobar que están durmiendo
– apagar las luces del resto de la casa y entrar en el dormitorio

■ *Hora de acostarse.* Vaya a dormir cuando tenga sueño, pero es preferible que fije un horario regular para irse a la cama. Lo ideal es que sea siempre más o menos a la misma hora, preferiblemente entre las 11 de la noche y, como máximo, la 1 de la mañana. El cerebro de un adulto está preparado para iniciar el sueño a esas horas.

Fije horarios regulares tanto para acostarse como para levantarse. Esta regularidad ayuda a mantener el ritmo correcto del sueño y la vigilia. Hágalo incluso durante los fines de semana, así le ayudará a mantener su reloj biológico en hora y perfectamente sincronizado.

Si se acostumbra a ir a dormir siempre más o menos a la misma hora, notará que media hora antes el cerebro enviará señales a su cuerpo de que se está acercando el momento de acostarse. Esté atento y hágales caso. Si empiezan a cerrársele los ojos, si está bostezando todo el rato, ponga en práctica los rituales inductores del sueño y váyase a la cama.

■ *En la cama*. Llegó la hora 0. Hay quien se tumba en la cama, apaga la luz de la mesilla de noche, cierra los ojos y tiene la suerte de, cinco o diez minutos después, estar profundamente dormido.

Si no es su caso, puede relajarse un poco más con estas dos actividades: escuchar música o leer. Pero tenga presente que en ambos casos las está utilizando ahora, antes de dormirse, porque son buenas inductoras del sueño. No vaya a la cama a escuchar el nuevo CD que se ha comprado por la tarde o a leer la novela porque en el salón hay mucho jaleo. Si lo hiciera, estaría convirtiendo su cama y su dormitorio en lo que, como venimos insistiendo, no debe ser: un espacio multifuncional. Recuerde: estaría dando un mensaje equivocado a su cerebro. La cama debe ser sólo para dormir (y hacer el amor).

¿Cómo utilizar la música y la lectura como inductoras del sueño?

● *Música*: la música suave a volumen bajo ayuda a algunas personas a conciliar el sueño, porque aparta la mente de las preocupaciones y relaja el cuerpo. Pero hay que seguir unas cuantas recomendaciones:

– No conviene quedarse dormido y con la música sonando toda la noche, porque puede despertarle al cabo de un rato. Es mejor optar por un reproductor de CD o, si prefiere la radio, programarla para que al cabo de quince minutos se desconecte.

– Elija melodías suaves o sonidos de la naturaleza. Evite los tonos agudos o estridentes.

– Si duerme en pareja, tenga presente sus necesidades. Si el otro necesita el silencio absoluto para dormir, utilice auriculares.

• *Lectura*: leer unas páginas o un capítulo de un libro antes de dormir es un buen inductor al sueño. Como la música, nos permite olvidarnos de los problemas, desconectar de ellos. Aquí también hay que seguir unas cuantas recomendaciones:

– Escoja una novela o un libro ligero. No se ponga ahora a leer el artículo científico que le quedó pendiente, ni el balance que debe revisar, ni el periódico, ya que le despejarían en vez de propiciar el sueño.

– Utilice la lámpara de la mesilla de noche o, si duerme en pareja y al otro le molesta la luz, una lámpara de luz puntual.

– Si tiene más de cuarenta años, procure que el libro tenga un cuerpo de letra grande: la luz tenue acentúa la presbicia o vista cansada. Si nos cuesta leer, tampoco va a ayudarnos mucho a relajarnos.

– En cuanto aparezcan las señales de sueño, présteles atención: cierre el libro (aunque esté a punto de descubrir quién es el asesino) y apague la luz. No deje escapar la oportunidad de quedarse dormido.

¿Se ha dado cuenta de lo difícil que es precisar el momento exacto en que nos quedamos dormidos? Es casi imperceptible. En un instante pasamos de la vigilia al sueño y, cuando suena el despertador por la mañana, nos parece que hace unos minutos que cerramos los ojos.

El cuerpo emite una serie de señales poco antes. Se nos caen los párpados, vamos buscando una postura más cómoda. Es el momento de dejar el libro, apagar la música y la luz porque entramos ya en la fase de somnolencia. Cerramos los ojos, nos quedamos quietos en la postura que más nos gusta, los músculos se relajan, la respiración se hace más regular y la actividad del cerebro desciende. En unos segundos o escasos minutos estaremos durmiendo. ¡Felices sueños!

**Los chefs recomiendan:**

- Aprender el hábito de dormir bien lleva un tiempo. Requiere paciencia y tesón: no hay que dejarse vencer porque todavía nos cueste dormir los primeros días de ponerlo en práctica. Con voluntad, repitiendo siempre los mismos pasos, lograremos interiorizarlos. Y llegará un día en que ya los haremos automáticamente.

- Mucha gente se despierta y levanta al menos una vez por la noche. Si usted lo hace, recuerde: evite dejar muebles y objetos entre la cama y el baño (a las 3 o las 4 de la mañana uno se levanta medio dormido y podría tropezar). Procure no encender luces; a estas alturas, nuestros ojos ya están acostumbrados a la oscuridad. Si es fumador, no aproveche el momento para encender un cigarrillo: le desvelaría. Regrese a la cama inmediatamente, no mire la hora y siga durmiendo.

- Sea previsor. Como durante la noche la temperatura corporal desciende, a veces en invierno nos despertamos porque tenemos frío. Puede dejar una manta o la colcha a los pies de la cama, o unos calcetines en la mesilla de noche, para no tener que levantarse y empezar a buscar.

## LA MAÑANA SIGUIENTE

La alarma del despertador suena insistentemente y Juan salta de la cama. ¡Otra vez se ha quedado dormido! Seguro que lo apagó sin darse cuenta las tres veces anteriores que ha sonado, como le ocurre casi siempre. Ahora Juan pone las noticias. Luego se da una ducha rápida con la ilusión de despertarse, pero sigue estando adormilado. Se afeita y luego se toma un café de pie. Se viste con lo primero que encuentra, pero recuerda que hoy tiene reunión con la directiva, así que vuelve a desnudarse y se pone traje y corbata. Trata de recordar todo lo que tiene que llevarse al trabajo, pero la noche anterior dejó los papeles desparramados por el salón y no encuentra nada. Suena la agenda electrónica y lee: hoy es el día de visita a sus hijos (Juan está divorciado y Elisa es su segunda esposa). Le viene a la cabeza que hoy tenía cita con el dentista. ¿Dónde está el papel donde apuntó la hora? Seguro que Elisa lo ha tirado pensando que no tenía importancia. Busca las llaves de casa. ¿Dónde las puso? A ver, ¿qué llevaba puesto ayer? «¡Elisa!», grita furioso a las 7.45, «¿dónde están mis cosas?» Elisa está durmiendo y no entiende de qué rayos le está hablando. Si Elisa empieza la mañana irritada, Juan ya está absolutamente agotado ¡y ni siquiera ha salido de su casa!

◆

Seguro que Juan no ha leído la próxima receta. Le habría ahorrado un montón de tiempo, disgustos, malhumor y cansancio de buena mañana.

### Receta para empezar el día tan fresco
*(usar entre la noche y primera hora de la mañana)*

Ingredientes:
- Planificación
- Horarios regulares
- Algo de ejercicio
- Un buen desayuno

Cómo se cocinan, paso a paso:

■ Este «plato» se empieza a guisar la noche anterior. Como vimos en la «receta para "despertar" el sueño», antes de ir a dormir conviene dejar preparadas las cosas para el día siguiente. Después de cenar, consulte un momento la agenda para recordar cuáles serán las actividades del día siguiente y pensar cómo quiere organizarlas. Si tiene que buscar un papel, una nota, un número de teléfono o lo que sea, ahora puede hacerlo sin prisas. Antes de ir a la cama, prepare la ropa, guarde los papeles en la cartera y déjela en un lugar visible junto con las llaves de la casa, las del coche, el billetero y todo lo que haga falta. Así puede gestionar su tiempo y evitarse carreras angustiantes por la mañana.

También es útil dejar puesta la mesa del desayuno. Una cosa menos que tendrá que hacer por la mañana.

■ Igual que le recomendábamos en la receta anterior que sea regular en los horarios de irse a la cama, procure levantarse por las mañanas siempre sobre la misma hora. Aunque la noche anterior se haya acostado más tarde. Ya lo recuperará hoy yéndose a dormir un poco antes.

Es conveniente mantener este horario regular —el cuerpo y el cerebro se acostumbran a él y, si dormimos las horas necesarias, no nos costará tanto oír la alarma del despertador— incluso durante los fines de semana. Puede dormir una hora más el sábado y el domingo, pero no se despierte a las 12 si el resto de la semana tiene que levantarse a las 7.30.

■ Cuando suene la alarma del despertador y antes de saltar fuera de la cama, desperécese a gusto. ¿Se ha fijado en los animales? Si tiene un perro o un gato habrá podido comprobar que lo primero que hacen al despertar es estirarse a conciencia. Desentumecer los músculos procura una agradable sensación de ligereza.

■ Luego levántese con suavidad, sin brusquedades, y antes que nada vaya al baño: su cuerpo hace entre siete y ocho horas que espera este momento. Después, si le apetece, puede hacer algún ejercicio de estiramiento adicional.

---

### Estiramiento matinal

*Duración del ejercicio: 5 minutos*

Extienda los brazos hacia arriba, entrecruzando los dedos de la mano. Luego gire suavemente la cabeza para un lado y el otro; mírese un hombro, luego el otro, y ahora baje la barbilla hacia el esternón. Evite echar la cabeza hacia atrás, porque podría marearse.

Ahora tome el codo derecho con la mano izquierda, y llévelo por encima de su cabeza como si fuera a rascarse la espalda. Mantenga esta posición —sin forzarla, no vaya a hacerse daño— durante unos segundos. Repita el ejercicio con el otro codo.

A continuación, quédese quieto con los pies ligeramente separados y las rodillas apenas flexionadas. Comience a bajar el tronco y la cabeza hacia el suelo muy lentamente (y si nota que se marea, suspenda el ejercicio). Los brazos deben colgar al lado de las orejas. Cuando llegue al punto más bajo que pueda, quédese unos segundos en esa posición: sirve para estirar la columna.

Luego suba lentamente. Imagine que tiene un hilo en la espalda y están tirando de él. Suba primero la cintura, luego la espalda y por último el cuello. Finalmente levante la cabeza. Respire hondo y ¡fin del ejercicio!

---

■ Dúchese, aféitese, maquíllese, vístase (la ropa la tiene lista desde la noche pasada) y siéntese a disfrutar de un buen desayuno. Es la comida más importante del día y merece, por lo tanto, que le prestemos atención. Recuerde el viejo dicho: «Desayunar como un rey, almorzar como un príncipe y cenar como un mendigo». Piense que han pasado casi diez horas desde que comió por última vez y su cuerpo necesita energía para ponerse en marcha. La sensación de embotamiento y lentitud que tenemos por la mañana se elimina en cuanto proporcionamos alimento a nuestro organismo.

Para el desayuno, elija alimentos nutritivos pero sin demasiada grasa. No tome un café, un té o un mate sin comer nada, ya que le irritará el estómago.

■ Como ya lo dejó todo preparado la noche anterior y han sido innecesarias las carreras por todo el piso, tal vez descubra que le sobra algo de tiempo. Disfrútelo para hacer lo que le apetezca: charlar con los suyos, una llamada telefónica, repasar la agenda o simplemente ir a tomar el autobús una parada más lejos de la habitual para caminar un poco. Salga de casa con optimismo. Como dice la canción de Joan Manuel Serrat: «Hoy puede ser un gran día».

Los chefs recomiendan:

■ Si tiene niños en edad escolar, levántese antes que ellos. Así podrá disfrutar de unos minutos de paz y tranquilidad antes de que la familia se ponga en movimiento.

## UNA JORNADA QUE FAVOREZCA EL SUEÑO

Pablo acudió a nuestra consulta porque, desde hacía unos meses, tenía problemas para conciliar el sueño y se levantaba con la sensación de estar cansado.

Le pedimos que nos describiera un día típico de su vida. Era un ejecutivo de empresa, su jornada laboral empezaba a las 9 de la mañana y nunca se sabía cuándo terminaba. Al preguntarle cuánto café bebía, su respuesta fue: «Lo normal». Le pedimos que especificara —¿cuántas tazas desde que se levantaba hasta que se acostaba?— y empezó a echar cuentas: una antes de salir de casa, una o dos en la reunión de primera hora, una o dos más a media mañana, otra después de comer, una a media tarde, otra al llegar a casa y la última después de cenar. Entre siete y nueve tazas de café al día. Más preguntas destaparon también que bebía un par de copas de vino en cada comida y un licor antes de acostarse, que cenaba cualquier cosa en la cama mientras miraba la tele y que cada noche se dormía a una hora distinta.

◆

¡Esto no es tener problemas de sueño, es buscárselos! La receta que viene a continuación le servirá para estar bien despierto durante el día sin que ello le pase factura por la noche.

Receta para estar bien despierto de día…
pero no a costa de un mal sueño
*(usar durante toda la jornada laboral)*

Ingredientes:
- Controlar bebidas y sustancias «saboteadoras del sueño»
- Consumir bebidas y alimentos «amigos del sueño»
- Pausas antiestrés
- Siesta

Cómo se cocinan, paso a paso:
- En primer lugar, repase los apartados sobre los «saboteadores» y los «amigos» del sueño que hemos incluido en este capítulo (pp. 66-74).

■ Luego tome lápiz y papel y anote los «saboteadores» del sueño que consume y en qué cantidades. Después, ya que estamos puestos, haga otro ejercicio práctico. Con ayuda de la tabla en el recuadro adjunto, calcule cuánta cafeína consume al día.

---

### ¿Cuánta cafeína tomamos?

No sólo el café contiene cafeína. Este excitante está presente en otras bebidas tan cotidianas como el cacao, el té, el mate, los refrescos de cola, así como en algunos medicamentos. Muchos médicos opinan que el consumo de cafeína no debería superar los 200 mg diarios, aunque este índice puede variar según la tolerancia de cada persona y su mayor o menor dificultad para conciliar el sueño.

| Bebida | Miligramos de cafeína por taza o vaso |
|---|---|
| Café (de cafetera de filtro) | 115 |
| Café instantáneo | 80 |
| Café descafeinado | 3 |
| Té negro | 40 |
| Té verde | 15 |
| Mate | 31 |
| Refresco de cola | 20 |
| Solución de cacao | 4 |

---

La cafeína es una sustancia con propiedades estimulantes y, por lo tanto, despertadoras del cerebro. Evite que se acumule la cafeína durante el día en su organismo. Si usted es de las personas que aseguran: «¡A mí el café no me hace ningún daño!», sepa que existen sobrados estudios científicos que demuestran que la calidad del sueño empeora en los grandes consumidores de café: les cuesta dormirse, aumenta el número de despertares y el sueño profundo disminuye.

Estos síntomas se agudizan si toma cafeína después de las 6 de la tarde, ya que sus efectos perduran entre dos y siete horas en la sangre.

En general, una ingesta moderada durante el día —dos o tres tazas antes de las 5 de la tarde— no interfiere en el sueño, aunque hay personas que son más sensibles a la cafeína que otras, principalmente los insomnes. En ese caso, deseche por completo las bebidas con cafeína de su dieta. Y recuerde que los refrescos de cola *light* no contienen azúcar pero sí cafeína, salvo que indiquen claramente lo contrario.

■ Durante la jornada laboral, no coma en exceso y procure no beber alcohol. Ya sabemos que un vaso de vino o una cerveza no emborrachan a nadie, pero recordemos también que ralentizan y aletargan la actividad cerebral. Si disfruta de una comida opípara regada con un par de copas de vino, cuando vuelva al trabajo la curva de somnolencia estará en un nivel alto. Eso significa que, si se acostase, se dormiría rápidamente. Se sentirá lento, pesado y tendrá menos reflejos. Por esta razón, jamás hay que conducir después de tomar bebidas alcohólicas o de un almuerzo copioso.

■ Después de comer y antes de reincorporarse al trabajo es un buen momento para hacer una pausa y desactivar el estrés. Dé una vuelta a la manzana, mire escaparates, respire hondo. ¡Olvídese del trabajo por unos minutos!

■ Tal vez, aun después de un almuerzo ligero y el paseo posterior, sienta un poco de sueño o modorra. Es normal. Tiene que ver con los ritmos biológicos, pero es una somnolencia que podemos controlar si nos mantenemos activos.

De todos modos, cuando tenga la posibilidad de echarse una pequeña siesta de quince minutos, hágalo y se sentirá como nuevo. Está demostrado que estas pequeñas pausas nos ayudan a rendir mejor.

---

### La siesta bien entendida

Una breve siesta a mitad de la jornada resulta siempre beneficiosa. Es un momento de descanso y relajación que nos permite recuperar fuerzas y afrontar la tarde con energía, ya que aumenta de forma significativa nuestro rendimiento.

Tenemos pruebas suficientes de que una cabezadita a primera hora de la tarde —coincidiendo con la somnolencia que nos asalta después de comer— mejora el estado de ánimo y la concentración.

*Consejos para una siesta reparadora:*

1. Su duración debería ser de entre 15 y 30 minutos, ya que si se prolonga más nos levantaremos cansados y aturdidos.

2. Es conveniente realizarla inmediatamente después del almuerzo. Se ha estimado que el momento ideal para echar la siesta es ocho horas después de habernos levantado. Por consiguiente, si una persona se levanta a las 7.30, la hora más beneficiosa para la siesta será las 3.30 de la tarde.

3. Nunca hay que hacerla después de las 5 de la tarde, ya que alteraría el sueño nocturno.

4. Hay que evitarla si se padece de insomnio.

5. Al despertar, necesitará entre 5 y 10 minutos para vencer el aturdimiento. Luego se sentirá como nuevo.

---

■ A lo largo de la jornada, haga pequeñas pausas en el trabajo: por ejemplo, cada dos horas tómese cinco minutos de descanso. Son muy beneficiosas para rebajar el estrés y volver a la actividad con la mente despejada.

Puede levantarse de la silla para desentumecer los músculos y mirar por la ventana para descansar la vista de la pantalla del ordenador. Pruebe también a hacer cinco respiraciones profundas para oxigenar bien los pulmones, la sangre y el cerebro. Tome aire por la nariz, llene los pulmones y suelte el aire lentamente por la boca. ¿Verdad que es sencillo? Cuando estamos estresados, sin darnos cuenta respiramos de manera muy superficial y acelerada. Sólo de vez en cuando dejamos escapar un suspiro, una respiración más larga, que es cuando nuestro cuerpo se ha dado cuenta de que le falta oxígeno.

Los chefs recomiendan:

■ Nuestra vida no puede convertirse en una carrera contrarreloj. Aunque sea así en la mayoría de los casos, no le hace ningún bien a nuestro sueño. Cuando acabe la jornada laboral, olvídese de la oficina. No piense en lo que ha salido mal o el trabajo que queda por hacer. Céntrese en sus logros, en su familia, en sus amigos. Aprenda a levantar, poco a poco, el pie del acelerador para vivir la vida con alegría, más relajado y sin necesidad de tantas sustancias tóxicas, que sólo son perjudiciales para su salud. Así podrá gozar de un descanso más completo y reparador.

Ahora puede complementar esta receta con la de «despertar» el sueño que vimos antes (p. 76) para acabar bien el día.

# 4

# Problemas de sueño en los adultos

En este capítulo vamos a ocuparnos de los trastornos de sueño más frecuentes y que más nos inquietan en nuestra vida diaria. Aquellos que, *si se atajan a tiempo*, tienen solución sin pasar por la consulta del especialista.

Les hablaremos del insomnio transitorio y de cómo prevenir que se convierta en crónico; de cómo evitar que las preocupaciones no nos dejen dormir; de cómo impedir que el estrés nos afecte el sueño, y de cómo combatir la somnolencia diurna.

Por último, dedicaremos un apartado especial a un trastorno que perjudica no sólo al sueño del afectado sino también al de su pareja: los ronquidos.

## ALGUNAS CUESTIONES SOBRE EL INSOMNIO

Desde hace años recibimos en nuestras consultas a cientos de insomnes, tanto hombres como mujeres, aunque es un trastorno más frecuente en ellas, especialmente después de la menopausia. Se trata de personas que llevan diez, quince o veinte años padeciendo este problema y que, muchas veces, se han estado medicando sin tener un diagnóstico. No es justo que nadie sufra durante tanto tiempo, y menos aún habiendo solución.

## Factores que perpetúan el insomnio

Para el insomne, la llegada de la noche inicia una dura batalla entre las sábanas. Paradójicamente, cuanto mayor sea su deseo de dormir, más abiertos tendrá los ojos, porque su deseo y su cerebro no están bien sincronizados. El insomnio más frecuente tiene su origen en varios factores que interactúan y se refuerzan para perpetuarlo:

• *Hábitos inadecuados de sueño.* Se duerme a una hora distinta cada día o se utiliza la cama para mirar la tele, comer, hablar por teléfono, o preparar el trabajo del día siguiente. En estos casos ocurre que el cerebro se «confunde» y no recibe correctamente la orden de dormirse.

• *Asociaciones y pensamientos negativos hacia el sueño.* ¿Dormiré esta noche? ¿Me tomo media pastilla o una entera? Me estoy quedando dormido en el sofá, pero si voy a la cama seguro que me despejo. Mañana tengo un día importante y seguro que esta noche no podré pegar ojo. Estas creencias y asociaciones forman un circuito de retroalimentación negativa que provoca ansiedad, tensión corporal y más insomnio.

• *Tensión corporal y ansiedad acumuladas durante el día.* También se harán sentir al llegar a la cama e impiden que nos relajemos física y mentalmente. El insomnio no es un problema limitado a la noche: todo lo que haga, piense y sienta durante el día repercutirá indefectiblemente en su sueño nocturno.

## Tener un diagnóstico antes de tomar pastillas para dormir

No podemos —ni sería ético— darle una única receta para el insomnio. De lo que se trata es de encontrar las causas que lo provocan. El insomnio no es más que un síntoma, como el dolor. Imagine que siente un dolor molesto y persistente en el pecho. Ya ha probado con algún analgésico sin receta, pero no se le pasa. ¿Qué hace? Quizá su mejor amiga, para ayudarle a mitigar el dolor, le ofrece el comprimido que le ha recetado su cardiólogo para la angina de pecho. ¿Lo aceptaría? Seguro que no.

Probablemente irá al médico, que le examinará y hará las pruebas necesarias para descartar una isquemia cardiaca, un reflujo gástrico o bien una úlcera, aunque también podría tratarse de un dolor irradiado desde la columna por una hernia discal. No hay un único remedio que sirva para todos estos males.

Con el insomnio ocurre exactamente lo mismo: el insomnio crónico es *policausal* (responde a muchas causas) y *multifactorial* (influyen en él muchos factores). Y sin embargo, la mayoría de los insomnes toman todo lo que les ofrecen. Una paciente prueba lo que toma Silvia, y luego lo cambia por lo que le han dado a Juan, que parece más efectivo, y luego prueba la pastilla que le han recetado a su tía. Así transcurren los días sin atacar la raíz del problema.

No se puede medicar un síntoma —no dormir bien—, sino que se debe realizar primero el diagnóstico de la causa y descartar otros desórdenes del sueño que pueden estar incidiendo en su caso.

### ¿Sirven las pastillas para dormir?

En dosis bajas y sólo por unos días, las pastillas para dormir pueden ayudar. Son una herramienta efectiva cuando una persona está atravesando una situación especial y transitoria, en la que el insomnio aparece provocado por estrés o por una crisis aguda: muertes, separaciones, despidos, primeros síntomas de la menopausia, etcétera.

Sin embargo, cuando el problema del insomnio se prolonga mucho tiempo, los hipnóticos como único tratamiento no resuelven el problema. Los especialistas preferimos trabajar con el paciente para conseguir un sueño natural y fisiológico.

El tratamiento del insomnio crónico es algo tan serio como complejo, pero es efectivo en manos de un especialista en medicina del sueño. En nuestros centros trabajamos simultáneamente sobre las diferentes áreas alteradas:

- *Componente cognitivo*: modificación de los pensamientos, las emociones y los sentimientos disfuncionales que perpetúan el insomnio.
- *Componente conductual*: modificación de conductas incompatibles con el buen dormir.
- *Componente medicamentoso*: ajustar, modificar o retirar gradualmente la medicación cuando sea necesario.
- *Higiene del sueño*: aprender a adoptar medidas y conductas que favorezcan el sueño.
- *Técnicas de relajación*: sirven para rebajar el estrés e inducir el sueño.

En el capítulo 11 tratamos más a fondo este tema que preocupa a tanta gente, sobre todo a muchas mujeres. Aquí les proponemos una receta para cuando el problema aún no se ha agravado (es algo puntual, no dura desde hace meses). Así, usted mismo puede intentar reconducir su situación.

## CÓMO EVITAR QUE EL INSOMNIO TRANSITORIO SE CONVIERTA EN CRÓNICO

Marta da vueltas en la cama y cambia de posición. Se destapa y se vuelve a tapar. Mira la hora en el reloj. Da otra vuelta. Vuelve a mirar la hora. Intenta contar ovejas, no pensar en nada. Basta. Enciende el televisor y zapea por los mil y un canales de televisión. Apaga la tele. Se sienta en la cama, enciende la luz y busca el libro que está en la mesilla de noche. Lee, pero no se concentra. Mira nuevamente la hora. Se levanta con los nervios crispados. Va al baño y luego a la cocina a ver qué hay en la nevera. Vuelve a la cama, mira la hora y piensa que le queda poco tiempo para que el reloj marque las 8. Otra noche sin pegar ojo. Otra mañana que empezará cansada y soñolienta. Otro día esperando que llegue la noche, aunque con toda seguridad será igual a la anterior.

---

Ésta es una buena descripción de una noche de un insomne cualquiera. En la próxima receta le daremos algunos ingredientes especiales para evitar que ese insomnio que sufre desde hace algunos días, semanas o unos pocos meses no se vuelva crónico.

Pero atención: *ésta no es una receta para el insomnio de muchos años*, cuando usted ya lo ha probado todo sin resultados. *No existen recetas sencillas para el insomnio crónico, ya que ese tipo de insomnio debe tratarlo un especialista*: el cerebro se ha olvidado de cómo se duerme fisiológicamente y hay que enseñarle nuevamente a hacerlo.

### Receta para prevenir el insomnio crónico
### *(para usar durante la noche y el día)*

Ingredientes:

*Por la noche:*
- Horarios regulares
- Temperatura adecuada, oscuridad y silencio
- Asociación «cama = dormir»
- Aparcar los problemas

*Por el día:*
- Ningún saboteador del sueño
- Ninguna siesta
- Ejercicio moderado y relajación
- Una alimentación apropiada

Cómo se cocinan, paso a paso:

*Durante la noche:*

■ Primero de todo, establezca una hora fija para acostarse y levantarse. No importa cuándo se durmió finalmente la noche pasada: levántese a la hora que le toca y procure no dormirse. Seguramente le estamos diciendo algo que ya sabe, y si no se ha levantado a su hora es porque estaba cansado. Pero estar cansado no es lo mismo que tener sueño. Fijar horarios y no saltárselos le ayudará a poner nuevamente su reloj biológico en hora. Si lo confunde acostándose y levantándose cada día a una hora distinta, su organismo no sabrá cuándo tiene que prepararse para dormir ni cuándo debe despertarse.

■ Controle las condiciones de temperatura, luz y ruido de su dormitorio. La temperatura ideal debe estar entre los 18 y los 22 °C. Hay que mitigar la luz y el ruido tanto como sea posible. Consulte el capítulo 2, «Un dormitorio que dé sueño», para ver si el suyo cumple los requisitos.

■ Utilice la cama sólo para dormir. Procure acostarse a la hora que ha establecido aunque, si todavía no tiene ganas, no se meta en la cama con la esperanza de que así le «vendrá el sueño». Es mejor que espere un rato más en la sala, mirando la tele, escuchando música suave o leyendo una novela. Esperar el sueño en la cama mientras va pasando el tiempo sólo sirve para aumentar la ansiedad y desvelarse aún más.

■ Si va a la cama porque tiene ganas de dormir pero, en el momento en que se mete entre las sábanas, empieza a despejarse, no se preocupe. Espere diez, máximo quince minutos, y si no logra conciliar el sueño, no se quede tumbado dando vueltas: levántese y no insista. Vaya a otra parte de la casa y haga alguna actividad tranquila y monótona hasta que vuelva a entrarle sueño. Sólo entonces volverá a intentarlo: acuéstese, respire hondo para relajarse y, muy posiblemente, se quedará dormido. Pero recuerde que, si no es así, no debe permanecer en la cama sin dormir. Vuelva a repetir el proceso anterior.

▪ Si se quedó dormido pero se ha despertado de nuevo, es que el cerebro le ha enviado la señal de que no tiene más sueño por el momento. Si permanece en la cama, sería como seguir comiendo cuando ya estamos llenos. Podemos comer sin hambre, pero no dormir sin sueño. Y como queremos que el cerebro aprenda la asociación correcta «cama = dormir», una vez más le pediremos que se levante y vaya a otra habitación de la casa.

Es muy importante que el cerebro tenga clara esta asociación correcta entre el sueño y la cama. ¿Recuerda cuando no tenía insomnio? Seguramente al entrar en el dormitorio y ver la cama, su cerebro ya lo asociaba inmediatamente al acto de dormir.

Ahora que tiene dificultades para conciliar o mantener el sueño, es probable que al ver la cama se pregunte: ¿dormiré? Y este tipo de actitudes inconscientes —pensamientos automáticos— condicionan negativamente la relación entre uno y lo otro.

▪ Los pensamientos negativos y las preocupaciones aumentan —y alimentan— nuestras dificultades para conciliar el sueño. Por una cuestión de higiene mental, tiene que aparcarlos antes de acostarse. No encontrará solución a sus problemas cavilando antes de dormirse. Para más información, lea la «Receta para cuando las preocupaciones nos impiden dormir o nos desvelan por la noche» (p. 104).

*Durante el día:*
▪ Aunque es posible que antes de padecer este insomnio consumiera bebidas con cafeína y no le afectasen, ahora suprímalas de su dieta (para recordar cuáles son y sus efectos, véanse pp. 66- 68). Tampoco consuma alcohol por la noche para que le ayude a dormir. Puede ser inductor —produce sueño—, pero le despertará frecuentemente por la noche y por la mañana se

levantará cansado. Tampoco fume en la cama y, cuando se levante a medianoche, resista la tentación de encenderse un cigarrillo: le desvelaría todavía más.

Si está tomando medicamentos, lea los prospectos para saber si alguno de ellos contiene cafeína o puede causar insomnio. Si es así, consulte con su médico y pídale que se los recete en un horario lejos de la hora de acostarse.

■ Cuando se tiene insomnio, también hay que suprimir las siestas. No duerma de día hasta que no tenga resuelto el problema. Reserve todo el sueño acumulado hasta la noche. Si se levantó temprano y no hizo la siesta, lo más probable es que al finalizar el día tenga sueño, se acueste y se duerma.

Si durmió por la tarde porque le vencía el cansancio, se encontrará luego con que no puede cerrar los ojos.

■ Practicar algún ejercicio ayuda a rebajar la tensión y favorece el sueño nocturno. Es recomendable realizarlo al mediodía o por la tarde, pero nunca muy cerca de la hora de irse a dormir, porque eleva la temperatura corporal y retrasa la llegada del sueño. Si quiere jugar una partida de tenis o hacer aeróbic, que sea a las 5 o a las 6 de la tarde.

Pasear media hora es un ejercicio perfecto. El yoga, el taichi y la meditación enseñan técnicas para aprender a relajarse.

Otra forma sencilla de relajarse es, simplemente, escuchar música suave mientras se están haciendo las tareas de la casa. Tomar un baño por la noche también tiene un efecto sedante.

■ Organice las comidas de manera que le faciliten el sueño en vez de retrasarlo. Recuerde: un buen desayuno, un almuerzo moderado y una cena ligera. Sin embargo, no se vaya a la cama en ayunas o con sensación de hambre, porque se despertaría más tarde y empezarían los asaltos nocturnos a la nevera.

Incluya en su dieta alimentos que crean en su organismo las sustancias que ayudan a dormir, como la serotonina. Mantenga el consumo necesario para su organismo de proteínas y de hidratos de carbono, especialmente durante la noche (para más información, véase el apartado «Los amigos del sueño», p. 71).

Las infusiones sedantes, como la manzanilla, la melisa, la tila o la valeriana, también pueden ayudarle a dormir mejor. De una a tres tazas al día es más que suficiente.

Los chefs recomiendan:

- Ya lo hemos comentado antes, pero es un recurso especialmente apropiado para los insomnes: programe la alarma del despertador ¡y póngalo de cara a la pared! No hay nada que provoque mayor ansiedad que ir viendo cómo pasan las horas, contando los minutos y hasta los segundos, cuando no se puede dormir.

- Como los malos hábitos de sueño son uno de los factores que inciden en el insomnio, tal vez le resulte interesante repasar de nuevo las tres recetas para dormir y estar bien despiertos del capítulo 3.

- Si está pasando por una época crítica, lea también el apartado «Prevenir y afrontar el estrés» (pp. 110-112).

- Si a pesar de haber probado esta receta, el insomnio persiste, consulte sin más demora con su médico. Los hipnóticos pueden ser efectivos en estas situaciones transitorias, pero sólo bajo control médico.

## LAS PREOCUPACIONES NO ME DEJAN DORMIR

Teresa es una joven con dos hijos encantadores; un marido, Juan, del que no tiene queja y un buen trabajo. Suele levantarse muy temprano, se ducha rápido y prepara el desayuno de la familia. Mientras comen, ella no para de hacerles preguntas: ¿seguro que las décimas del pequeño ya han desaparecido, y si se quedara en casa? ¿Se acordará Juan de llamar a su madre, pues ayer no se encontraba bien? ¿Y si la tienen que ingresar, cómo se organizarán? ¿Se ha enterado de que robaron en el colmado de la esquina? Tal vez sería mejor que los niños no tomen el autobús hoy, mejor los acompaña ella en coche, suceden tantas cosas en la calle…

Mientras conduce de camino al trabajo, no puede dejar de pensar en las llamadas pendientes, en una reunión que ha de organizar para dentro de dos semanas, en el informe que tiene que completar para el gerente —¿y si no me han pasado esos datos que pedí ayer?—, en lo que necesita del supermercado —cuánto tráfico, llegaré tarde al trabajo—. Sintoniza la radio y escucha las noticias: inseguridad, una epidemia de gripe —¿y si el pequeño en realidad tenía fiebre?—, descenso de las temperaturas…

En el trabajo, mientras resuelve los problemas del día a día, no puede evitar preocuparse por sus hijos, su suegra, su marido, la inseguridad que hay en las calles, el informe que no va a poder presentar, las llamadas pendientes, la reunión que no estará preparada para dentro de dos semanas…

A la salida del trabajo, empieza el ajetreo de compras, deberes, baños, cenas hasta que acuesta a los niños. Cuando finalmente ella se va a la cama, le viene a la cabeza todo lo que no pudo hacer hoy y todas las cosas que podrían ocurrir «si»… y no puede conciliar el sueño. Se duerme tarde y, por la mañana, se levanta con sensación de cansancio.

Teresa presenta un cuadro de ansiedad anticipatoria. Su preocupación muchas veces precede a los hechos en sí. Esto es frecuente en pacientes que acuden a nuestras consultas por insomnio, ya que es un factor desencadenante del mismo.

Hay gente que vive —o malvive— preocupada por todo. Por problemas reales y por otros que todavía no existen. Por problemas cuya solución depende de ellos y por problemas tan universales que se les escapan de las manos. Basta con abrir un periódico o mirar las noticias para que a nuestras preocupaciones se sumen las desgracias del mundo. No es que no deban importarnos, pero hemos de preocuparnos sólo de aquello que podemos y queremos resolver. Preocuparse porque sí, sólo nos quita el sueño.

La mayoría de los pacientes insomnes que nos visitan sufren ansiedad, un trastorno que debemos afrontar y remediar. *Se trata, ante todo, de modificar los hábitos de la vigilia, ya que son los responsables de este tipo de insomnio.*

Las personas ansiosas suelen ser sumamente exigentes y no tienen paciencia. Necesitan resultados inmediatos, lo que tratándose del insomnio y la ansiedad es imposible. Para volver a dormir bien hay que pisar el freno y aprender a evitar los pensamientos negativos como: ¿y si no me entra sueño?, ¿y si no puedo pegar ojo en toda la noche?, ¿y si…?

La mejor manera de asegurarse una buena noche de descanso es no llevarse los problemas a la cama. En la siguiente receta vamos a proponerle algunos cambios en su actitud y su vida diaria. Se lo advertimos: no va a ser fácil y le llevará algún tiempo. Si se ha estado preocupando por todo durante años, no dejará de hacerlo de un día para otro. Pero si aprende a controlar la ansiedad, sus noches y sus días mejorarán sin dudarlo.

## Receta para cuando las preocupaciones
## nos impiden dormir o nos desvelan por la noche
### *(para usar durante el día)*

Ingredientes:

- Lápiz y papel
- Ejercicios prácticos para aprender a «despreocuparse» y empezar a «ocuparse»
- Técnicas de relajación
- Mucha disciplina
- Grandes dosis de paciencia

*Tiempo necesario de preparación:* este guiso es de cocción lenta y lleva tiempo.

Cómo se cocinan, paso a paso:

- Le proponemos unos ejercicios prácticos para no llevarse los problemas a la cama o, si se despierta de madrugada, evitar que la cabeza empiece a dar vueltas a todos esos temas y tareas pendientes, porque le impedirá volver a conciliar el sueño.

El objetivo es intentar pasar del «pre-ocuparse» a simplemente «ocuparse» de las cosas. *Ocúpese* activamente de hallar soluciones a los problemas del presente, en lugar de anticiparse a los problemas venideros o regodearse en los errores del pasado. Cada cosa a su debido tiempo.

Lo que pasó ya no tiene importancia. No lo vamos a cambiar. Por lo tanto, aprendamos de los errores; guardémoslos en la memoria para reconocer la situación la próxima vez que nos encontremos con ella y entonces podremos encararla de otra forma.

Es bueno anticipar las dificultades que puede presentar una tarea o un tema para prevenir los posibles fallos o errores y plantearse alternativas. Pero hay que aplicarlo a los problemas que exigen nuestra atención inmediata, no a lo que pasará dentro de unos días o semanas, y nunca a lo que no sabemos si va a ocurrir o no. En el caso de Teresa, no tiene sentido que empiece a preocuparse ahora por cómo se organizarán ella y su marido si algún día tienen que ingresar a su suegra en el hospital, cuando la buena señora simplemente le comentó que no se encontraba muy bien. A lo mejor quiso decirle que no estaba muy bien de ánimo, porque si realmente hubiera sido un problema de salud grave, Teresa ya habría ido a verla en ese momento y habría tomado las medidas necesarias.

En definitiva, ocupémonos sólo de los problemas reales e inmediatos que merecen nuestra atención.

■ Destine media hora cada día a intentar organizar y resolver los problemas actuales. Lo importante es que los desplace de la noche al día y que no se los lleve a la cama.

Escoja un momento que le vaya bien, pero aléjelo tanto como le sea posible de la hora de irse a acostar. Como muy tarde, inmediatamente después de cenar organice y planifique en su agenda las actividades prioritarias del día siguiente. Dedique entre diez y quince minutos como mucho y luego cierre la agenda. Disfrute y relájese la hora y media que le queda antes de irse a la cama.

■ No todo lo que preocupa tiene la misma importancia o urgencia, pero a veces cuesta verlo. Ponga en práctica el siguiente ejercicio para establecer las prioridades:

Tome lápiz y papel y marque dos columnas. En la de la izquierda escriba la lista de todo aquello que le preocupa. Acto seguido, lea punto por punto y traslade a la columna de la derecha lo que usted no puede resolver: la inseguridad ciudadana, por ejemplo. Táchelo de la columna de la izquierda. Después traslade lo que puede esperar algún tiempo: en el caso de Teresa, la reunión que debe organizar dentro de dos semanas. Repase la lista de nuevo y decida qué asuntos pueden esperar un día o dos; páselos también a la columna de la derecha. Si ha hecho bien el ejercicio, al final en la columna de la izquierda sólo le quedará aquello que, indefectiblemente, debe solucionar ya. Unas pocas cosas de las que, esta vez sí, debe ocuparse en vez de preocuparse.

■ Con estos problemas de los que sí debe ocuparse, puede hacer una nueva lista, esta vez con tres columnas. A la izquierda, anote el problema; en el centro, las posibles soluciones; a la derecha, las repercusiones. Anote lo que podría ocurrir en el mejor y en el peor de los casos, y las consecuencias que tendría para usted. Escríbalo todo: limpie su cabeza y trasládelo al papel. Luego, tome una decisión, y no mire atrás. ¿Y si no he tomado la decisión correcta? Pues ya se lo encontrará y lo corregirá a su debido tiempo. No se preocupe.

Trasladar los problemas de la cabeza a un papel es útil: centra en lo que se está haciendo, «limpia» la mente y aclara las ideas.

■ No se acueste enojado. Si ha tenido un problema con alguien, resuélvalo antes de irse a la cama. Háblelo personalmente, aunque sea por teléfono, o escriba un correo electrónico a esa persona. Las conversaciones y discusiones con uno mismo dan siempre los mismos resultados y las mismas respuestas: las suyas. Lo que queda dando vueltas en la cabeza aumenta la ansiedad, activa el estrés e impide el sueño. Si no puede hablarlo ya, guarde la polémica en el congelador antes de dormir. Ya la «descongelará» por la mañana y se ocupará de ella. No es fácil, pero su sueño se lo agradecerá.

■ Si se despierta durante la noche y, sin que pueda evitarlo, le vienen a la cabeza todos los problemas del día anterior o del día siguiente, levántese y vaya al salón. Escriba lo que le ha inquietado —esta vez dedíquele cinco minutos, no más— y deje a un lado el papel. Ya lo estudiará mañana. Tal vez, después de unas horas de sueño, encuentre la solución rápidamente.

Vuelva a la cama e intente relajarse con una respiración lenta y profunda. Si vuelve a asaltarle el flujo de pensamientos diga «stop» y haga un ejercicio de relajación.

---

### Ejercicio de «stop»

Cierre los ojos, busque una imagen o escena —real o imaginaria— que le resulte placentera y entre en ella. Imagine los colores, las texturas, los aromas. Déjese llevar por ella.

También puede imaginar que tiene en la mano un mando a distancia. Cuando aparezca una imagen, escena o personaje que le desagrada o que le inquieta y preocupa, oblíguese a cambiar de canal: busque otra que le agrade y relaje. Repítalo tantas veces como sea necesario hasta quedarse dormido.

---

■ Por último, haga todo lo posible por equilibrar su vida. Un poco de ejercicio, algo de diversión, otro poco de relajación. Elimine o reduzca las horas dedicadas al trabajo fuera del horario y el ámbito laboral. Busque alguna actividad que no tenga nada que ver con el trabajo y que le proporcione placer. Regálese tiempo para ir de tiendas, darse un masaje, ir al cine con los amigos…

Si durante el día se sorprende haciendo las cosas de manera acelerada, deténgase e intente hacerlo todo más lentamente. Si se sorprende apretando los dientes, afloje la mandíbula inferior sin despegar los labios. Practique unas cuantas respiraciones profundas. Pare cinco minutos. Su cuerpo y su mente se lo agradecerán.

Los chefs recomiendan:
■ Consulte con su médico o psicólogo si:
– siente preocupación excesiva durante más de seis meses;

– tiene dificultades serias para controlar las preocupaciones;
– padece de manera persistente de trastornos del sueño, fatiga,
falta de concentración o irritabilidad;
– se siente siempre estresado, aun sin motivos. Puede que padezca un trastorno de ansiedad generalizada (TAG).

## SUEÑO Y ESTRÉS

El estrés puede afectar a todas las personas: hombres, mujeres e incluso niños. El ritmo acelerado de vida, la autoexigencia, la acumulación de problemas, la ansiedad y la tensión son algunos de los elementos que nos pueden llevar a una situación de estrés. Es frecuente que entonces mucha gente experimente por primera vez alteraciones del sueño o vea agravadas las que ya tenía.

El estrés puede derivar en dificultades para dormirse, despertares frecuentes o desvelos en la noche. También es habitual el aumento de las pesadillas, el bruxismo (rechinar de dientes) y los episodios de sonambulismo.

Es interesante precisar que, aunque se tiende a culpar de la falta de sueño al estrés o a los nervios, eso depende de cada caso particular: hay personas que, ante las preocupaciones, duermen aún más. En realidad, es un círculo vicioso. No es que una cosa provoque la otra, sino que ambas se retroalimentan.

### ¿Por qué es necesario dormir bien para rebajar el estrés?

1. Porque mientras dormimos, entre otras cosas, mitigamos la tensión, la ansiedad y el mal humor acumulados durante el día.
2. Durante el sueño profundo fabricamos unos compuestos —los péptidos restauradores— que sirven para reponer fuerzas y re-

lajarnos. Eso sucederá siempre y cuando este tipo de sueño esté presente, cosa que puede no suceder en épocas de estrés o insomnio transitorio.

3. También disminuimos las catecolaminas y el cortisol, la hormona del estrés negativo o distrés. Estas hormonas necesitan las primeras fases del sueño profundo para poder descender y, con ello, rebajar el estrés. Si no han podido descender adecuadamente durante la noche, el sueño no será reparador. A consecuencia de ello, la persona comenzará el nuevo día tensa, irritable y estresada.

## ¿Cómo repercute en nuestro organismo el déficit o mala calidad del sueño?

En momentos críticos o de estrés agobiante la persona necesita más que nunca un buen descanso nocturno para recargar «baterías» y afrontar el nuevo día con claridad mental.

El sueño es una actividad absolutamente necesaria e irreemplazable, ya que es el único mecanismo de que dispone nuestro cerebro para recuperarse. Puesto que durante la noche no podrá resolver los problemas, actúe con inteligencia y utilícela para dormir y reponer fuerzas.

Éstas son algunas de las consecuencias en la jornada de un déficit de sueño a causa del estrés:

– somnolencia
– bajo rendimiento físico e intelectual
– fatiga y debilidad
– ansiedad y mayor vulnerabilidad a la depresión
– alteraciones del carácter: irritabilidad, tristeza, agresividad, aislamiento, llanto fácil
– trastornos del apetito

- disminución del deseo y la actividad sexual
- dolores musculares por aumento de la tensión

## Prevenir y afrontar el estrés

No existen fórmulas mágicas para prevenir y hacer frente al estrés, sobre todo el que afecta con más frecuencia: el laboral. Cada persona debe adoptar las estrategias y técnicas que se adecuen a sus necesidades particulares.

Las recomendaciones básicas para impedir que surjan situaciones de crisis y estrés, especialmente en el trabajo, son:

- *Programar con antelación las actividades.* Eso le ayudará a evitar la acumulación de tareas. La mayoría de las veces, sólo pensar en ellas es un factor estresante. Por ejemplo, en el trabajo: no todos los periodos son igual de exigentes, por lo que se pueden aprovechar los momentos de relativa calma para «ir adelantando» alguna tarea que tiene la certeza de que le tocará hacer dentro de un tiempo.
- *Fijar metas alcanzables.* Diferencie entre lo ideal y lo posible, lo inalcanzable y lo que es factible. Evite crearse expectativas tan altas que le resulte casi imposible realizarlas. Hay gente que pretende culminar metas faraónicas en tiempos tan reducidos que inexorablemente acaba fracasando. Piense en los recursos de que dispone y establezca un orden de prioridades de acuerdo con los objetivos que desea alcanzar.
- *Aprender a definir roles y a delegar.* Tanto en la familia como en la empresa, es muy efectivo repartir los roles y las responsabilidades de acuerdo con las capacidades de cada uno. No quiera cargar con todo. Aunque tenga las «espaldas anchas», la fatiga y el estrés acabarán haciendo mella, lo que repercutirá en su descanso nocturno.

• *Aprender a decir «no»*. Asuma los roles y las responsabilidades que usted sea capaz de cumplir, y rechace todo lo que por distintos motivos no pueda o no quiera realizar. Esto le ocasionará a veces caras largas de colegas, familiares y conocidos. Sin embargo, cuando logre decir «no» —«no puedo», «no dispongo de tiempo», «no me interesa» o simplemente «no quiero hacerlo»— reducirá unos cuantos kilos la mochila de preocupaciones que lleva en la espalda.

• *Mantener una higiene del sueño*. Dormir bien nos permite tomarnos la vida con más energía y tranquilidad. Evite los «saboteadores» e introduzca en su dieta a los «amigos» del sueño. Consulte las recetas para dormir y estar despierto que le hemos presentado en el capítulo 3. O vea más adelante la «Receta para dormir bien antes de situaciones críticas o acontecimientos importantes» (p. 114).

¿Y cuando ya se ha presentado la situación estresante? La mejor manera de afrontar una situación que nos está provocando estrés o ansiedad es tomar conciencia de lo que ocurre para diseñar las estrategias más adecuadas:

• *Reconocer su existencia*. No nos libraremos de una situación si negamos su existencia. Hay que admitir que se está pasando por un momento de crisis o de estrés y entonces podremos decidir las medidas para solucionarlo.

• *Evitar distorsionar la realidad y atenerse a las evidencias*. Para mitigar el estrés, es importante analizar en qué medida nuestra percepción de lo que ocurre no está distorsionada. Hay que interpretar y conjeturar menos, y atenerse a las evidencias. Si es necesario, pídale a un colega o a un familiar que le ayude a analizar la situación: desde fuera, las cosas pueden verse con mayor claridad.

• *Echar mano de la propia experiencia*. Muchas veces olvidamos que ya afrontamos dificultades similares en el pasado y logramos superarlas, o que las consecuencias no fueron tan graves. Pregúntese:

¿cómo me ha ido otras veces en circunstancias parecidas? ¿Qué hice para resolver el problema? ¿Hay algo más que pueda hacer ahora? ¿Cómo puedo aprovechar mi experiencia para esta nueva situación? ¿Qué es lo mejor y lo peor que puede ocurrir? Seguramente tendrá ahí la respuesta y las medidas para poner en práctica ahora.

• *Pensar en positivo.* Rescatar algunos pensamientos y diálogos internos puede ayudarnos a afrontar la situación. Dígase, por ejemplo: «Ya he estado en situaciones similares y he podido resolverlas» o «He pasado por situaciones peores y salí adelante». Cuando la situación de estrés haya terminado, puede decirse: «Me he demostrado que soy capaz de hacerlo; seguro que la próxima vez me las arreglaré todavía mejor».

• *Relativizar.* A veces concedemos demasiada importancia a lo que nos sucede. Tendemos a ser catastrofistas con circunstancias que no son tan terribles como nos pensamos. Seguro que ha pasado por situaciones peores y logró superarlas.

• *Usar técnicas de relajación.* Durante el trabajo, una pausa de cinco minutos para relajarse, respirar hondo y «vaciar» un momento la mente puede ayudarle a aliviar una punta de estrés. Practique yoga o taichi, son excelentes para aprender a rebajar la tensión acumulada en nuestro cuerpo.

• *Evitar automedicarse.* No tome pastillas para dormir o estimulantes para estar más despierto durante el día sin prescripción médica.

## PREPARARSE PARA SITUACIONES CRÍTICAS O IMPORTANTES

Lidia se examinará en dos semanas para el MIR, un durísimo examen que deben pasar todos los que aspiran a ejercer una especialidad de medicina en España. Ha seguido los cursos de manera óptima y ha estado estudiando mucho. Sin embargo, a medida que se acerca la fecha del examen, tarda cada vez más en conciliar el sueño. Tiene miedo de que los nervios la traicionen y no sea capaz de superar la prueba. ¡No quiere ni pensar lo que significaría encerrarse un año más a estudiar todo el temario! Como no descansa bien por la noche, durante el día le cuesta concentrarse en los apuntes y olvida fácilmente nombres y conceptos que tenía aprendidos. Esto aumenta su ansiedad por las noches, y no puede dejar de dar vueltas en la cama sin poder dormir. ¿Qué hacer?

---

Siempre podemos afrontar mejor una situación crítica o un acontecimiento importante tras una noche de buen descanso.

Si se acerca una punta de trabajo y sabe que necesitará todas sus energías al completo; si mañana es el «gran día» porque le espera una reunión de negocios muy importante, se casa, tiene un examen, ha de ir a una entrevista de trabajo o… cualquier otra actividad crucial con fecha y hora prevista, seguramente su estresómetro estará al rojo vivo. Y no es fácil conseguir un buen sueño en estas condiciones.

El estrés persistente disminuye —o incluso suprime— el sueño reparador. Probablemente le costará dormirse y se despertará varias veces a causa de la preocupación. A medida que se acerca la gran cita, cada vez se sentirá más agotado. Justo lo último que necesita en un momento tan importante.

La siguiente receta le ayudará a prepararse para estar tranquilo, aumentar el rendimiento y estar bien despierto el día y hora señalados.

## Receta para dormir bien antes de situaciones críticas o acontecimientos importantes

*(usar antes de reuniones cruciales, exámenes, el día de la boda, una entrevista de trabajo o cualquier otra actividad señalada)*

Ingredientes:

- Una buena planificación
- Reducción de la deuda de sueño
- Horarios regulares
- Ninguna siesta
- Poco o ningún consumo de cafeína y alcohol

Cómo se cocinan, paso a paso:

*Cuatro o cinco días antes:*

- Prepárese con anticipación. ¿Verdad que no se le ocurriría presentarse a una competición deportiva sin haberse entrenado los días previos? Lo mismo debe hacer con la situación importante que le espera dentro de poco: comience a prepararse cuatro o cinco días antes del evento.

- Duerma todas las horas que necesite para levantarse fresco y lúcido. Para lograrlo, acuéstese cada día un poco más temprano de lo habitual. Sin embargo, no adelante el momento de acostarse más de una hora, porque no lograría dormirse y se pondría aún más nervioso.

- El sueño no se acumula. Si un día duerme sólo cuatro horas y al siguiente duerme diez, se sentirá igualmente cansado. Ésta no es la solución. Duerma cada día el promedio de horas que su cuerpo necesita para sentirse despierto. Mantenga su horario regular para acostarse y levantarse, inclusive los fines de semana. El cerebro necesita rutinas y se lo agradecerá manteniéndole bien despierto y lúcido. No es posible recuperar el sueño en la noche previa, como tampoco es posible entrenar sólo veinticuatro horas antes de una competición (o estudiar el día —o peor, la noche— antes y pensar que sacaremos buena nota).

■ Durante estos días, no haga siestas. De esta forma se asegurará el sueño nocturno. Si pasa una mala noche, no trate de recuperarla levantándose más tarde o con una siesta por la tarde. Mantenga la rutina. Si se durmió a las 11 de la noche, levántese a las 7; pero si se durmió a las 3 de la madrugada, levántese a la misma hora. Aunque sienta fatiga, no se preocupe. Seguro que esa noche se dormirá más rápido.

■ El café está bien para desayunar y acabar de despertarse, pero es totalmente desaconsejable después de las 6 de la tarde. Si ya está muy tenso, una taza de café o un refresco de cola pueden bastar para desvelarle. Evite también el alcohol durante estos días. ¡En ningún entrenamiento se lo permitirían! Cene ligero, pero no se acueste con hambre, porque es otro factor que podría despertarle.

*El día antes:*

■ Despiértese una hora antes que de costumbre y no duerma la siesta. Así podrá dormirse más rápidamente por la noche, cuando estará más ansioso.

■ Practique durante la vigilia alguna actividad que le distraiga y no tenga nada que ver con lo que le preocupa. Le ayudará a relajarse.

■ Cene temprano —sin excesos— y luego diga «stop» a todo pensamiento relacionado con el acontecimiento de mañana. Practique algún ejercicio de relajación, escuche música o lea, cualquier cosa que no tenga nada que ver con el evento del día siguiente. Cuando le venga sueño, no se resista y acuéstese inmediatamente. Ya está listo para afrontar el «gran día». ¡Mucha suerte!

## LA SOMNOLENCIA DIURNA

Manuel es un joven muy dinámico que siempre encuentra algo que hacer. Por la mañana se levanta a las 7, va a clases de programación de 8 a 11, luego hace algunas gestiones que le dan unos ingresos más y por las tardes acude, de 2 a 8, a la pequeña empresa de informática en la que trabaja. Como también hace deporte, dos veces por semana le toca entrenar de 9 a 11 de la noche; los otros días, sale con su novia. Cuando llega a casa ya es medianoche. Mira un poco la tele, consulta su correo electrónico y chatea si se encuentra con algún cibernauta. Entre pitos y flautas nunca se acuesta antes de la 1.30 o las 2 de la mañana. Los viernes, como toca salir, nunca se va a la cama antes de las 6. Manuel piensa que, con todas las cosas que se pueden hacer, dormir es una pérdida de tiempo.

Cuando llega a la consulta, sólo está algo preocupado porque se ha dado cuenta de que, a veces, se queda dormido en clase o en el cine con su novia. Hace poco llegó tarde al trabajo porque se durmió en el autobús, se le pasó la parada y no se despertó hasta llegar a la terminal. También experimenta molestias intestinales y cambios en el humor que le hacen notar sus amigos y su novia.

Tras escuchar las explicaciones de Manuel y comprobar que no hay elementos para pensar que esté enfermo, le pedimos que, durante una semana, anote en una libreta a qué hora se va a dormir y se levanta cada día, las actividades que realiza a diferentes horas y cuándo se queda dormido. En resumen, que lleve un diario de sueño y vigilia.

Cuando lo presenta, el diagnóstico es claro y terminante. Manuel padece un «síndrome de privación crónica de sueño» y si no ha tenido un accidente es porque, prudentemente, dejó de conducir.

Hay personas que afirman: «Yo no tengo problemas de sueño, donde me siento me quedo dormido». Pues sí que los tiene: las personas que duermen bien (tanto cuantitativamente como cualitativamente) no se quedan dormidas en cuanto se sientan. Hay una relación entre la somnolencia diurna y el sueño nocturno de poca calidad.

La somnolencia es un fenómeno que tiene lugar día y noche a horas determinadas según nuestras rutinas. Es normal que sintamos sueño y nos quedemos dormidos después del mediodía —la hora de la siesta— y a medianoche.

En cambio, la somnolencia excesiva diurna es un síntoma de difícil identificación para quien la padece. En general, cuando preguntamos en la consulta: «¿Se duerme durante el día?», la respuesta suele ser un «no» rotundo. Volvemos a insistir: «¿Da cabezaditas durante el día? Es decir, cuando está sentado en la oficina, frente al ordenador, cuando viaja en autobús o metro, a mitad de lectura...». Entonces la respuesta cambia: «Bueno, sí, en estas situaciones me pasa a menudo, pero sólo una cabezadita muy breve».

Esto nos sucede a todos. Muchas veces estamos viendo la tele y la persona de nuestro lado dice: «Ya te has dormido». Nuestra respuesta inmediata es: «No es cierto, ¿cómo voy a estar durmiendo si estoy viendo la película?». Y el otro nos dice: «Sí que dormías, yo te he visto cerrar los ojos».

Una cabezadita significa, claramente, que nos hemos quedado dormidos. Lo que sucede es que, como empezamos a entrar en el sueño (fase 1, véanse las pp. 25-26), no nos damos cuenta de que estamos dormidos. Es más, en esta etapa de transición entre la vigilia y el sueño es muy fácil que nos despierte cualquier estímulo. Es el paso previo a bajar el telón y desconectarnos por completo de lo que nos rodea; el sueño propiamente dicho.

Si da cabezaditas en la sala de espera del médico, en el escritorio, en el autobús, en el cine o frente al televisor, no es peligroso. Como mucho, tendrá alguna pequeña discusión con su pareja, su jefe le tirará de las orejas por dormirse en el trabajo o se pasará de parada. Pero una cabezadita mientras conduce, por poner sólo un ejemplo, puede ser la diferencia entre estar vivo o muerto, tanto usted como sus acompañantes.

## Microsueños

A estas cabezaditas se las denomina «microsueños» y es la manera que tiene el organismo de compensar la falta de sueño. Se trata de una pérdida de conciencia brevísima que, como hemos visto, pasa inadvertida a quien la padece.

Estos microsueños son responsables de muchas frenadas de emergencia o desvíos abruptos de la carretera, con el peligro que esto comporta.

Más grave aún es la denominada «parálisis nocturna», una consecuencia extrema de la privación de sueño. Consiste en episodios de uno o dos minutos de duración en que los individuos están conscientes de lo que sucede a su alrededor, pero son incapaces de actuar. Si alguna vez le ha ocurrido, tome medidas, porque de ahí a tener un accidente sólo hay un paso.

## Somnolencia diurna excesiva *versus* fatiga

Somnolencia y cansancio no son sinónimos, aunque la mayoría de las veces se les confunda. Partamos de esta base: *la somnolencia se resuelve durmiendo, así como el cansancio sólo se mitiga con reposo*, no con estimulantes. Ambos pueden coexistir en una misma persona.

En general, la persona que se queda dormida con facilidad es tildada de perezosa, aburrida, apática o depresiva. Numerosos estudios científicos han demostrado, sin embargo, que este tipo de estados no provocan somnolencia patológica sino fatiga y baja actividad.

Son estados de ánimo que propician permanecer más tiempo en la cama, lo que a menudo se toma por somnolencia excesiva.

Esta confusión respecto a los síntomas de la somnolencia, junto con la poca o nula conciencia de la misma por parte de quien la sufre, hace que su diagnóstico sea difícil incluso para los profesionales.

La somnolencia diurna excesiva es un trastorno que afecta seriamente a la vida de las personas, aunque todavía queda mucho por investigar.

El número de personas que sufren este problema es cada vez más alto. Su causa principal es la falta de horas de descanso nocturno o «privación crónica de sueño», como la denominamos los especialistas. La somnolencia también puede estar asociada a enfermedades generales o a trastornos primarios del sueño.

## ¿Cuándo aparece la somnolencia?

La somnolencia diurna aparece de manera incontrolable —y a menudo inoportuna—, principalmente durante tareas monótonas o aburridas. Nadie se queda dormido mientras juega al tenis o corre una maratón. Asimismo, cuando el cerebro está realizando una intensa actividad se mantiene despierto. La somnolencia excesiva es sensible a los glúteos, es decir, «donde me siento me quedo dormido».

En general, la somnolencia se pone de manifiesto durante actividades más o menos pasivas, como ver la tele, viajar como pasajero en un vehículo, asistir a una conferencia, ver una película en el cine o bien leer. La pérdida de tono muscular que acompaña al cabeceo y la caída de párpados nos indica que estamos entrando en la fase 1 del sueño no REM.

Puesto que el individuo que cabecea ya está dormido, hay que ponerle remedio: tres segundos de sueño en una autopista pueden ser fatales.

## ¿Cómo darnos cuenta de que nos estamos quedando dormidos?

Hay signos y síntomas inequívocos que anuncian la entrada al sueño y deben ponernos en alerta:

- Bostezos repetidos
- Cabeceos
- Visión borrosa
- Déficit de atención
- Dificultades para mantener los ojos abiertos

## Factores que propician la somnolencia diurna

En términos generales, podemos decir que hay básicamente tres situaciones que promueven la somnolencia diurna:

• *Sueño insuficiente.* Dormimos menos horas de las que necesitamos. Un adulto suele necesitar unas siete horas y media diarias, aunque hay personas a las que le bastan cinco y otras que en cambio necesitan diez (para calcular cuántas horas de sueño precisa, véanse la pregunta 25 de la p. 33 y el recuadro de la p. 62).

El síndrome de sueño insuficiente es consecuencia de la privación crónica del sueño, ya sea voluntaria o involuntaria. Quien lo sufre duerme menos horas de las que su cuerpo necesita para reponerse y estar en forma. Éstas son algunas de las causas:

- largas jornadas laborales
- muchas horas empleadas en desplazamientos
- exigencias familiares al regresar a casa
- exigencias laborales al regresar a casa
- demasiados estímulos antes de acostarse
- turnos de trabajo rotatorios

Las sociedades modernas están enfermas por falta de sueño. Hay muchas actividades de ocio que pueden desarrollarse las veinticuatro horas del día: ver la tele, conectarse a Internet, jugar con la consola... Esto hace que restemos horas al sueño nocturno para alargar la vigilia. Según las últimas estadísticas, hemos reducido aproximadamente entre una y media y dos horas el tiempo total del sueño diario, lo que se manifiesta en la disminución del rendimiento diurno.

- *Sueño de poca calidad.* Dormimos un número de horas adecuado, pero no gozamos de un sueño suficientemente reparador.
- *La combinación de sueño insuficiente y sueño de poca calidad.*

Cómo afecta la falta de sueño al rendimiento diurno
Cuando el déficit de sueño se transforma en algo crónico, casi en una forma de vida, podemos observar las siguientes alteraciones en nuestro funcionamiento diurno:

- somnolencia excesiva
- disminución del estado de alerta diurna
- deterioro de la memoria y de la capacidad para el cálculo
- dificultades para estudiar y concentrarse
- alteraciones del estado de ánimo y carácter
- fatiga física y mental (embotamiento)
- dificultad para realizar tareas de precisión
- incremento de los errores humanos
- mayor consumo de alcohol y estimulantes
- problemas familiares, sociales y laborales
- aumento del riesgo de sufrir o provocar accidentes laborales, domésticos y de circulación
- incremento del absentismo laboral y riesgo de desempleo
- tendencia a ganar peso
- menor tolerancia al dolor

– reducción de las defensas (mayor propensión a las enfermedades) y menor efectividad de las vacunas
– incremento del estrés y la irritabilidad

## Somnolencia inducida por medicamentos

La somnolencia provocada por medicamentos es una de las causas más importantes de lo que se conoce como «exceso de sueño diurno» (ESD).

El gran número de pacientes y la falta de efectivos en la sanidad pública hacen que en ocasiones los especialistas recurran con excesiva facilidad a los fármacos, sin antes evaluar si el paciente toma otros medicamentos de venta sin receta. Esto hace que el médico no siempre esté atento a los efectos secundarios y las interacciones del conjunto de la medicación que toma el paciente.

Por consiguiente, cuando vaya a la consulta lleve escrita toda la lista de medicamentos que está tomando. Dicha lista debe incluir tanto los fármacos prescritos por el médico como los de venta libre.

## Somnolencia, alcohol y drogas

Es de sobras conocido por todos, pero conviene insistir en ello: la fórmula «falta de sueño + alcohol y/o drogas» es perjudicial para su salud y puede ser mortal para usted y sus acompañantes si circula en coche.

Supongamos que sale con sus amigos el viernes por la noche (después de haber estado trabajando todo el día), cena como un rey (platos abundantes y de digestión pesada), se toma unas buenas copas (que para eso están los amigos) y luego, a las 2 de la mañana, sube a su coche y conduce de vuelta a casa, cosa que le llevará unos veinte minutos como mínimo, tal vez por la autopista.

Afuera está oscuro (una señal que espera el cerebro para dormir), debe esforzarse para ver con claridad (si tiene más de cuarenta años, la presbicia o vista cansada aumenta con la poca luz), se siente cansado y soñoliento. Sus reflejos están disminuidos por la hora, ya que de noche tenemos menos capacidad de respuesta que durante el día. Súmele ahora los efectos del alcohol y la cena. ¿Cómo cree que reaccionará ante un coche que viene de frente?

Seguro que pensará que lo tiene todo controlado. Pero no se engañe: no es así.

Antes de que sea demasiado tarde, que ponga en peligro su vida o la de quienes le acompañan, evite esta fórmula mortal.

## Receta para combatir la somnolencia

Ingredientes:
- Identificación de los signos de falta de sueño
- Cálculo del promedio de horas necesarias
- Reajuste de los horarios de sueño
- Reajuste de actividades
- Siesta y/o pausas
- Control de los «saboteadores» del sueño

Cómo se cocinan, paso a paso:
- Aprenda a reconocer los signos y síntomas que indican falta de sueño y que hemos descrito en los apartados anteriores. Si ya los ha identificado, no busque excusas para justificar lo que le ocurre. Asuma que tiene una deuda de sueño, y ha de rebajarla durmiendo más cada día y no sólo los fines de semana.

Si le quedan dudas haga este ejercicio: calcule cuántas horas duerme cada día durante la semana laboral, súmelas y divida por 5: ése es su promedio de horas diario. Luego haga lo mismo con las horas que durmió los últimos tres fines de semana, cuando puede levantarse tarde. Supongamos que el primer cálculo le dio 6 horas diarias de promedio y el segundo entre 9 y 10 horas. Está claro entonces que le debe sueño a su cerebro y necesita recupe-rarlo urgentemente.

■ Ahora que sabe el promedio de horas diarias que usted ne-cesita (y no las que pensaba que debería dormir), fije a qué hora debe irse a dormir y levantarse para cumplir su propio horario de sueño todos los días. Y luego reorganice su apretada agenda de actividades y elimine o cambie de lugar aquello que le impida conseguir este objetivo (puede serle útil repasar las recetas de dor-mir para estar despierto del capítulo 3).

■ Si sabe que la semana próxima, por las razones que sean, dis-pondrá de menos tiempo para dormir, empiece a planificarlo esta misma semana. Procure acostarse antes y dormir un poco más. Deje la tele o Internet, y gane un poco de tiempo extra. Aunque el sueño no se acumula, sabemos que después de las vacaciones volvemos con las pilas cargadas. Podrá enfrentarse mejor a la se-mana agobiante que le espera.

■ Si puede dormir una siesta cada día, hágalo. Si el horario de trabajo no se lo permite, al menos practique este saludable ejerci-cio de sueño durante el fin de semana (para sacarle mayor parti-do, consulte el recuadro de la p. 91).

■ En el trabajo, en vez de tomar un café, té, mate o refresco de cola cuando se sienta soñoliento, rompa con la monotonía: haga una pausa, mire por la ventana o salga a dar una vuelta a la man-zana. Con unos minutos basta. Luego regresará más despejado al trabajo. Procure reducir el consumo de cafeína a los mínimos im-prescindibles y, recuerde, no tome bebidas que la contienen a partir de las 5 o las 6 de la tarde.

■ Revise toda la medicación que toma: los antihistamínicos, tranquilizantes, antigripales, antidepresivos y antihipertensivos que, entre otros, provocan somnolencia adicional a la producida por la carencia de sueño. Consulte con su médico si puede sus-pender la medicación o rebajar la dosis unos días hasta reponer-

se. No se automedique con fármacos estimulantes ni con hipnóticos.

■ Evite el alcohol, ya que si tiene un déficit de sueño se multiplican los riesgos. Esa copa que antes no le hacía nada puede ser
ahora el detonante de un accidente. Por último, si sale de noche
y sabe que va a beber alcohol, simplemente regrese en taxi. Con-
sidérelo parte de los gastos de la salida. Jamás conduzca cansado
y con una copa de más.

Los chefs recomiendan:

■ No intente luchar contra los ataques de sueño, porque puede salir perdiendo. Aprenda a reconocer las señales que le envía
el cuerpo. Cuando sienta que se le nubla la vista o bosteza continuamente, es que ha llegado el momento de parar. Si está realizando una tarea de riesgo y siente que se le caen los párpados,
interrúmpala inmediatamente. Si se halla al volante del coche,
salga de la carretera y deténgase. Descanse unos minutos (salga
del coche, muévase y tome aire fresco) o, si va acompañado, pida
al otro que conduzca. Jamás tome una copa para despejarse.

## ALGUNAS CUESTIONES SOBRE LOS RONQUIDOS

Los ronquidos son un fenómeno tan generalizado —el 95 por ciento de la población ha roncado en algún periodo de su vida— como
perjudicial, también por lo que respecta a las relaciones con los que
tenemos más cerca.

Hasta hace bien poco, nadie solía acudir a la consulta del especialista por este problema. Al contrario, los ronquidos se asociaban a un
buen sueño. En este apartado veremos que es una creencia totalmente
errónea: cuanto más se ronca, peor se duerme. También explicaremos
que un buen diagnóstico puede disminuir o suprimir los ronquidos.

Aunque en muchos casos se trata de ronquidos benignos —que no ponen en peligro la salud del roncador—, merece la pena someterse a un control médico para descartar que estén vinculados a trastornos mucho más graves, como la apnea del sueño (véase el capítulo 11).

Por otra parte, las personas que roncan —también llamadas roncópatas— suelen molestar a aquellos con los que comparten el hogar. Algunas mujeres aseguran que los ronquidos de su marido, que no le dejaban dormir, han sido un factor decisivo en la ruptura o separación.

### ¿Roncar es cosa de hombres?

Aunque es cierto que se trata de un problema más acusado entre los hombres (el 45 por ciento son roncadores habituales), una proporción importante de mujeres (el 30 por ciento) empiezan a roncar a partir de la menopausia. Para cerrar las estadísticas, diremos que casi el 20 por ciento de la población ronca todas las noches.

Hay muchas creencias falsas en torno a este fenómeno. Por ejemplo, no está demostrado que los hombres ronquen a causa de un mayor consumo de tabaco, o porque se estresan más en el trabajo. Tampoco encontramos la explicación en la anatomía masculina, como el hecho de tener nuez o una voz más grave.

Las últimas investigaciones médicas han revelado que este hecho diferencial puede estar en la progesterona, una hormona que segregan las mujeres y que sufre alteraciones en la menopausia. Entre otras cosas, la progesterona contribuye a estabilizar las vías respiratorias.

### ¿Cuándo empezamos a roncar?

Contrariamente a lo que muchos creen, este problema no es patrimonio exclusivo de los adultos. Las últimas estadísticas han arrojado que entre el 7 y el 10 por ciento de los niños roncan todas las noches.

Por lo tanto, roncar no tiene edad, aunque si se observa en lactantes es señal de problemas estructurales en las vías nasales, como una desviación de tabique.

Curiosamente, entre los niños esta problemática tiene una incidencia similar en ambos sexos. Es a partir de la adolescencia cuando los ronquidos se hacen más audibles en los hombres.

### ¿Qué produce los ronquidos?

En el proceso respiratorio normal, el aire entra por las vías nasales, pasa por detrás del velo del paladar y baja por la faringe y la tráquea hasta llegar a los pulmones.

Mientras estamos despiertos, el tono muscular de todos estos «pasillos» es suficiente para mantenerlos abiertos de modo que el aire circule sin dificultad. Sin embargo, al dormir nuestros músculos se relajan, también los de las vías respiratorias. Eso significa que los pasillos de los que hemos hablado se estrechan, y en algún punto pueden llegar a obstaculizar el paso del aire.

Cuando esto sucede, el aire debe incrementar su velocidad para abrirse paso hasta los pulmones, lo que produce la vibración de las cuerdas vocales y las partes blandas del cuello, es decir: los ronquidos.

Es normal hacer un poco de ruido al dormir —la respiración se hace más audible—, pero los problemas empiezan cuando el recital nocturno desvela a la persona que tenemos a nuestro lado, además de dificultar nuestro propio descanso nocturno.

Repasemos ahora los factores físicos que propician los ronquidos:

• *Mecánicos.* La desviación del tabique nasal, la rinitis, los pólipos o la mucosidad pueden dificultar el paso del aire y, por tanto, promover los ronquidos. Otras causas pueden ser un paladar alto o unas amígdalas demasiado grandes.

• *Morfológicos.* La forma de la mandíbula inferior también puede influir en el ronquido. Las personas que tienen la barbilla pequeña o echada hacia atrás tienen mayores posibilidades de roncar. Al relajarse con el sueño, la barbilla se desplazará hacia atrás y obstruirá la entrada de aire produciendo el ronquido. Ésa es la razón por la que roncamos más cuando dormimos boca arriba, ya que la lengua también se desplaza hacia atrás y dificulta el paso del aire.

• *Sobrepeso.* Probablemente sea la causa más importante de los ronquidos. La grasa no sólo se acumula en el abdomen y las caderas, sino también en los músculos del cuello, la faringe, el velo del paladar y la úvula. Cuando la grasa se deposita en estas zonas, la musculatura se torna más flácida y obstaculiza la circulación del aire, ya que los «pasillos» respiratorios se estrechan.

## Tipos de ronquidos

Los especialistas en medicina del sueño distinguimos entre dos tipos de ronquidos: el continuo y el intermitente.

El primero suena igual a lo largo de la noche y suele tener un carácter benigno. Por el contrario, el sonido intermitente —ruido creciente y decreciente con intervalos de silencio— puede indicar una apnea del sueño; se trata de una pausa en la respiración que concluye con un suspiro. Esta interrupción respiratoria puede durar desde unos segundos hasta un minuto, y merece atención médica inmediata, ya que comporta importantes riesgos para la salud (véase el capítulo 11).

---

### Misterios del roncar

Todavía quedan muchos enigmas por desvelar sobre este trastorno que afecta a buena parte de la humanidad. Sabemos que los ronquidos se inician tan pronto como la persona se queda dormida, y aumentan de forma progresiva durante la fase no REM. El periodo de máxima intensidad lo encontramos en las fases 3 y 4. Curiosamente, durante la fase REM —cuando soñamos— tiende a disminuir, justo cuando el tono muscular es mínimo, lo que debería favorecer el ronquido.

---

## EL AMOR ES CIEGO, PERO NO SORDO

Juan viene solo a la consulta. Nos cuenta que tiene 46 años, está divorciado, sus dos hijos adolescentes viven con la madre y suele verlos un par de veces como mínimo durante la semana. Desde su divorcio ha tenido relaciones ocasionales con mujeres. Sin embargo, hace unos meses empezó a salir más en serio con Julia, de quien está enamorado. Hasta entonces compartían los fines de semana, pero ahora han decidido vivir juntos.

Tras felicitarlo, le preguntamos: «¿En qué podemos ayudarle?». Juan hace una pausa y nos anticipamos mentalmente a la que será su respuesta, aunque no se lo decimos. Finalmente responde: «Julia dice que ronco y no la dejo dormir. Debe de ser que es muy sensible, porque siempre he roncado y mi primera mujer nunca se quejó. No quiero incomodar a Julia, es un sol y no merece sufrir por mi culpa».

No hay duda de que Juan está muy enamorado y llevan poco

tiempo juntos. Él trabaja de ingeniero y tiene mucho éxito en su profesión. Le gustan la buena cocina y la buena bebida. No sigue horarios fijos porque es un profesional autónomo; lo contratan para llevar a cabo el diseño de distintos proyectos. Como vive solo y no tiene que rendir cuentas a nadie, se queda muchas noches dibujando y luego duerme de día. Acostumbra a tomar café y alguna copa mientras trabaja por la noche. También ha ganado algunos kilos, aunque sólo cinco o seis, nada del otro mundo. Simplemente ha subido una talla. Es fumador empedernido y no es raro que fume por la noche mientras mira la tele desde la cama. Juan está sano, no dice sentir somnolencia durante el día. Cuando se despierta se siente despejado y listo para comenzar el día, o la noche.

Tras estudiarlo en el laboratorio del sueño, se confirmó que su ronquido era lo que denominamos «primario» o «benigno» —benigno para él, no para su nueva novia—, así que no tenía repercusiones orgánicas y bastó con un tratamiento específico. Desde entonces duerme como un príncipe —que no ronca— junto a su amada y por el momento no hay quejas.

◆

Como hemos visto en este caso, el ronquido molesta a quien lo oye, pero la mayoría de las veces ni siquiera inmuta a quien lo produce. Y no es que el roncador sea sordo, simplemente que no puede oírlo porque está dormido.

En la consulta solemos hacer que escuchen sus propios ronquidos, que hemos grabado durante la noche mientras estudiamos su sueño. Casi todos reaccionan con expresión de incredulidad y hacen la pregunta de rigor: «¿Ese ruido lo hago yo?».

Es muy común que el roncador se defienda de las críticas de familiares y amigos diciendo: «Lo siento, pero no puedo hacer nada para evitarlo». Ésta no es una actitud correcta, ya que en la actualidad hay muchas maneras de luchar eficazmente contra los ronquidos.

A continuación, veremos una receta que ha demostrado ser efectiva en roncadores benignos o primarios.

### Receta para atenuar o eliminar los ronquidos

Ingredientes:
- Una grabadora y cinta de 2 horas
- Control de peso
- Reducción o supresión del consumo de alcohol y cigarrillos
- Ningún consumo de sedantes
- Postura para dormir
- Suficientes horas de sueño
- Prótesis orales

Cómo se cocinan, paso a paso:
- El primer paso para resolver un problema es reconocer que existe. El segundo, una vez asumida su existencia, es la voluntad de encontrar una solución.

Si aún duda de la veracidad de lo que le dice su esposa, su novia, el compañero de trabajo con quien tuvo que compartir habitación en un viaje de trabajo o quien sea, le proponemos lo siguiente: ponga una grabadora en la mesilla de noche y, antes de apagar la luz, actívela. Compre una cinta de dos horas o más para que le dé tiempo a dormirse. Por la mañana, cuando esté a solas, rebobine la cinta para oír los últimos cuarenta o sesenta minutos. Luego pulse la tecla de reproducir y escuche con paciencia.

Puede ser algo aburrido escucharse roncar, pero es efectivo para tomar medidas. Aproveche para comprobar si el ronquido es regular, sin interrumpirse ni dejar de respirar en ningún instante. Si es así, significa que su ronquido es benigno, es decir, que no pone en riesgo su salud.

De todos modos, es molesto e irritante para quien tiene que escucharlo, por lo tanto vayamos a los próximos pasos.

▪ Vigile el sobrepeso, que es la causa más importante del ronquido benigno. Deberá bajar esos kilos de más que se han ido acumulando por encima de su peso ideal, ya que se han alojado en el cuello y el abdomen, propiciando el ronquido.

Sabemos que no es fácil, pero si se lo propone lo conseguirá. Si le sirve de motivación, el 80 por ciento de los ronquidos se curan al adelgazar. Por lo tanto, vale la pena intentarlo. Y no sólo debe bajar de peso, sino mantenerlo, ya que si vuelve a engordar, el ronquido volverá a manifestarse. En ese sentido, una actividad física regular y una alimentación adecuada le ayudarán a mantener su peso ideal sin tanto esfuerzo.

▪ El alcohol que contienen el vino, la cerveza o los licores de cualquier clase tiene un efecto relajante en los músculos respiratorios. Cuando duerme, los músculos de su cuerpo se relajan de forma natural. Si a esto le sumamos la copa que se ha tomado durante o después de la cena, el resultado será un aumento del ronquido. En ese sentido, el alcohol actúa como un «amplificador del ronquido».

Por lo tanto, no ingiera ni una gota de alcohol por la noche. Como mucho puede tomarlo para acompañar la comida del mediodía, bien lejos de la hora de acostarse. Por la noche, cuando tenga sed, beba agua, zumos o gaseosas.

▪ La nicotina provoca edemas en las vías respiratorias y aumenta la mucosidad, lo que propicia los ronquidos. Deje de fumar, es lo más aconsejable, o al menos evite hacerlo las horas inmediatamente previas al sueño.

▪ El consumo de tranquilizantes, hipnóticos o relajantes musculares para dormir está contraindicado en los roncadores. Estos fármacos provocan flacidez muscular y aumentan la intensidad del ronquido. Si se los ha recetado el médico por alguna afección como estrés o ansiedad, coméntele que ronca. Él sabrá cómo modificar el horario de las tomas para evitar este efecto contraproducente.

■ Vigile la postura para dormir. Muchas personas sólo roncan cuando duermen en una determinada posición: en general es boca arriba, aunque a otras les pasa únicamente cuando duermen de lado. La mayoría de la gente piensa que permanecemos toda la noche en la misma posición en la que nos dormimos. Esto es sólo un mito, ya que a lo largo de la noche damos decenas de vueltas y cambiamos de postura sin darnos cuenta.

Si le han dicho que ronca sólo cuando está boca arriba, pruebe a acostarse de lado para evitarlo. Puede serle útil colocar una almohada paralela a su espalda que le impida girarse cuando esté dormido. Una solución más drástica es coser un bolsillo en la parte de atrás del pijama —entre los omóplatos— y poner dentro una pelota de tenis. Esto impedirá que, una vez dormido, intente ponerse nuevamente de espaldas. Si el ronquido se produce cuando duerme de costado —en general se debe a una desviación del tabique nasal—, pruebe a dormir del lado contrario al que ronca.

Utilice una sola almohada para dormir y, si es posible, con el cuello estirado. En las tiendas especializadas venden almohadas que le ayudarán a mantener esta posición. De esta manera liberará las vías respiratorias y facilitará el paso del aire.

■ Duerma las horas que le pida el cuerpo. Se ha comprobado que los ronquidos se intensifican cuando la persona está muy cansada. Unos horarios regulares de acostarse y levantarse le ayudarán a mantener el ritmo del sueño y la vigilia.

■ En algunos casos puede ser útil utilizar unas prótesis orales, parecidas a las que se utilizan en ortodoncia para corregir los dientes. Estos aparatos son bastante efectivos si se acompañan de las medidas anteriores. Debe recetárselos un dentista o un ortodoncista, ya que se confeccionan a medida y luego se tienen que regular progresivamente. A veces pueden producir alguna incomodidad, pero suele ser pasajera.

## Los chefs recomiendan:

■ No malgaste dinero en gotas para la nariz, tiritas para destapar los orificios nasales o alarmas para roncadores. Tampoco son efectivos los codazos, chistidos, patadas o gritos.

■ En principio, los ronquidos no «se operan», aunque se puede optar por la vía quirúrgica si le han encontrado las amígdalas o adenoides muy grandes o tiene el tabique nasal muy desviado, lo que le impedirá respirar bien. La cirugía con láser no ha demostrado ser efectiva para los ronquidos, porque un par de años después vuelven a aparecer.

■ No ponga placas antirruido ni forre de corcho las paredes del dormitorio. Son perfectos para aislarlo de los ruidos del exterior, pero tienen el inconveniente de que amplifican el sonido dentro de la habitación. Sus ronquidos resuenan más.

■ Si duerme acompañado, le será también de interés leer el apartado «Pareja explosiva: él ronca y ella tiene insomnio» (p. 179).

■ Si ronca, hace pausas respiratorias mientras duerme y tiene somnolencia durante el día, lea el apartado «Síndrome de apnea del sueño» del capítulo 11.

# 5

# El sueño en la mujer

Los trastornos del sueño son dos veces más frecuentes en la mujer que en el hombre, y la problemática que presenta la primera es a menudo diferente.

Son muchas las preguntas que nos hacen nuestras pacientes en la consulta, y cuatro son básicas para entender las particularidades del sueño en las mujeres:

1. ¿Existen diferencias entre el sueño de la mujer y el del hombre?

Esta pregunta tiene dos respuestas:

*a*) La neurofisiología del sueño no permite establecer diferencias a partir del sexo. Si leemos una polisomnografía (estudio del sueño) de un hombre y la comparamos con la de una mujer, no encontraremos ninguna diferencia. Esto significa que, objetivamente hablando, ambos sexos son iguales en el sueño.

*b*) Sin embargo, sabemos que existen diferencias entre ambos sexos. Comienzan a partir de la primera menstruación (menarquía), que puede darse entre los 10 y los 14 años, según cada mujer.

2. ¿Es todo por culpa de las hormonas?

Sólo el 50 por ciento de los trastornos son responsabilidad de factores hormonales, en especial del estrógeno y la progesterona. Los cambios hormonales afectan en general a la calidad del sueño.

El otro 50 por ciento depende, casi exclusivamente, de la privación involuntaria de sueño a la que se ve sometida la mujer actualmente. Las causas de este problema las encontramos en la ecuación «maternidad + profesión + labores del hogar».

Una encuesta realizada en Estados Unidos puso de manifiesto que el 86 por ciento de las mujeres que trabajan fuera de casa sufren fatiga permanente y se sienten exhaustas al llegar a sus casas. El 60 por ciento tenía dificultades para dormir, y una de cada cuatro mujeres padecía somnolencia diurna.

### 3. ¿Qué relación hay entre las hormonas y el sueño?

Las alteraciones en los estrógenos afectan principalmente al sueño REM. Los estrógenos actúan sobre la temperatura corporal y el ritmo circadiano, lo que explica los calores nocturnos durante la menopausia. Ésta puede ser una de las razones por la que las mujeres están protegidas contra la apnea del sueño hasta llegar a esta etapa.

La progesterona, en cambio, actúa principalmente sobre el sueño profundo (o no REM). Tiene un efecto sedante y estimula las funciones respiratorias. Sin embargo, más importante que la acción individual de cada hormona es la interacción que existe entre ellas durante el sueño.

### 4. ¿Cómo es posible que sean más mujeres que hombres quienes padecen trastornos del sueño?

Aparte de los factores que acabamos de enumerar, la lista de posibles causas es más larga:

• La mujer es más sensible a los ruidos y se despierta más fácilmente que el hombre.

• Cuando los niños son pequeños, mientras duerme la madre suele estar más alerta que el padre (y es más sensible a los ruidos), lo que implica varios despertares nocturnos durante muchos años.

Cuando ya son adolescentes y salen por la noche, ella no descansa bien hasta que oye girar la llave en la cerradura.

• La mujer tiene mayor tendencia a preocuparse excesivamente por las cosas y llevarse los problemas a la cama.

• Una vez al mes, y durante aproximadamente treinta y cinco años, con cada periodo menstrual puede sentir insomnio y/o somnolencia excesiva diurna.

• Durante el embarazo, tampoco resulta fácil: ¿quién puede dormir con una barriga tan abultada?

• Cuando el bebé es recién nacido, la mujer se despierta cada tres horas.

• Compaginar hijos en edad escolar, profesión y quehaceres domésticos se hace a costa de robarle horas al sueño.

• Muchas mujeres tienen que ocuparse simultáneamente de los hijos, aunque ya sean adultos —son independientes de puertas afuera pero dependientes de puertas adentro—, y de sus propios padres, que con los achaques de la edad necesitan atenciones. ¡Pueden sentirse como un jamón dentro del sándwich!

• Cuando llega la madurez y la mujer se libra de las molestias de la menstruación (y del cuidado de los hijos), pueden aparecer los calores, el insomnio y otros desórdenes del sueño.

Resumiendo: lo único que es igual en ambos sexos es la actividad eléctrica cerebral durante el sueño. El resto es completamente diferente. Hasta tal punto hay diferencias de género en este ámbito, que en Estados Unidos existe la organización WISRR (Women in Sleep and Rythms Research), cuyo principal objetivo es difundir y profundizar el estudio de los trastornos del sueño en las mujeres.

## UNA VEZ POR MES

Ésta es la carta que recibimos de unos padres preocupados:

> Nuestra hija Paula es una joven encantadora, de carácter alegre, dulce, cariñosa… da gusto tratar con ella. Sin embargo, unos días antes de la menstruación, su carácter da un giro de ciento ochenta grados. Está irritable, da órdenes, se enfada con todo y con todos, llora sin razón. Se atraca de dulces, golosinas y chocolate. Aunque siempre suele acostarse tarde, «esos días» parece que todavía tarda más en dormirse. Pone la música a todo volumen y no le importa lo que nadie le diga. Se levanta por la noche a saquear la nevera y luego se quedaría durmiendo toda la mañana seguida. Nos cuesta mucho que se levante para ir a clase. Es como si fuera otra persona, no nuestra hija.
>
> Aunque este cambio de personalidad de Paula sólo dura entre dos y tres días como máximo. Luego vuelve a ser la chica alegre y estudiosa de siempre. ¿Es normal? ¿Podemos darle algo que la ayude a dormir? Si no estuviera tan cansada, tal vez se sentiría mejor.

———◆———

Son síntomas clásicos del síndrome premenstrual y los trastornos propios de la menstruación que, con ligeras variantes, afectan a un elevado número de mujeres.

Aunque no se presentan siempre todos y varía el grado en que aparecen, los síntomas característicos son irritabilidad y mal humor, sensación de hinchazón, calambres y dolores abdominales, turgencia mamaria y jaquecas. Y un deseo irresistible de comer dulces.

Las dificultades para dormir antes y durante el periodo son frecuentes a cualquier edad mientras se tiene la menstruación. La mujer tarda más en dormirse, se despierta a mitad de la noche y le cuesta retomar el sueño. Lógicamente, tiene más problemas para levantarse y se siente cansada durante el día. Pocas pacientes describen problemas más graves. La somnolencia diurna es común en la mayoría de las mujeres y puede comenzar incluso la semana anterior al periodo.

En general es bastante molesto tanto para quien lo padece como para su entorno, pero los síntomas y los trastornos del sueño desaparecen a los pocos días de iniciarse la menstruación. Sólo en algunas mujeres de mayor edad estos trastornos pueden evolucionar hasta convertirse en insomnio transitorio o incluso en un insomnio crónico.

Hay mujeres que duermen bien y padecen insomnio una vez al mes, sin relación alguna con el periodo menstrual. Estudios recientes han relacionado estos episodios con la ovulación, y se conoce como «insomnio de ovulación». Si ése es su caso, compruebe en el calendario si se corresponde al día 14 de su ciclo. Esto puede servirle para estar segura de que está ovulando, pero no lo utilice como método anticonceptivo. Tras la ovulación, los índices de progesterona se elevan y esto también puede causar somnolencia y fatiga.

### Receta para dormir bien «esos días»

Ingredientes:
- Ejercicio
- Alimentos ricos en hierro
- 2 litros de agua al día
- Control y reducción de los «saboteadores» del sueño
- Relajación

Cómo se cocinan, paso a paso:
- Un consejo para «esos» y para todos los días del mes: rehúya la vida sedentaria. El ejercicio físico ayuda a mantener firmes los

músculos, estimula la circulación y favorece el sueño. No es necesario ir a un gimnasio: haga las compras a pie, no utilice el coche si sólo ha de ir unas pocas manzanas más allá, bájese una o dos paradas antes de llegar al trabajo para caminar un poco y que le dé el sol.

Si tiene por costumbre realizar alguna actividad física extra, que es lo más recomendable para todo el mundo y a todas las edades, durante la menstruación opte por las modalidades «suaves»: caminar, nadar, ir en bicicleta o bailar. Media hora de sesión es suficiente. Eso sí, recuerde que siempre debe practicar ejercicio al menos tres horas antes de acostarse, porque aumenta la temperatura corporal y eso retrasa la aparición y la profundidad del sueño.

▪ Un problema habitual en las mujeres es la falta de hierro en el organismo. Las reservas de hierro disminuyen con la pérdida de sangre de la menstruación y deberían irse reponiendo continuamente a través de la dieta. La falta de hierro causa anemia y se traduce en un estado de cansancio casi continuo, menor rendimiento y bajo tono vital. Es esa sensación que asalta a tantas mujeres de que no pueden con las cosas, sino que éstas les pueden a ellas.

Procure siempre incluir en la dieta alimentos con mucho hierro. Lo encontrará especialmente en las legumbres y los frutos secos. Otro alimento que contiene dosis altas de hierro es el cacao: el chocolate sin leche, por ejemplo, es muy recomendable. Aunque, como el cacao contiene cafeína, procure no empezar a consumir chocolate justo antes de dormir.

Consulte las recomendaciones que le hemos hecho en el apartado «Los amigos del sueño» (p. 71). Organice sus comidas de la siguiente manera: un buen desayuno, un almuerzo moderado y una cena ligera. No se vaya a la cama en ayunas, porque se despertará a mitad de la noche y empezarán las excursiones a la nevera. Si antes de acostarse le entra hambre, tome algo que le sacie: un vaso de leche (que es sedante), unas galletas o un pequeño bocadillo serán suficientes.

Por el contrario, una cena abundante, con muchas grasas, frituras y platos muy condimentados, le provocará trastornos intestinales y acidez. Una digestión pesada y la distensión del vientre retrasan la conciliación del sueño, además de provocar despertares nocturnos.

▪ Antes y durante la menstruación es importante que consuma como mínimo dos litros de líquido (diez o doce vasos) al día. De este modo compensará la pérdida de fluidos y combatirá la hinchazón, aunque hay que elegir bien lo que se bebe. El agua es la mejor bebida que se puede ingerir, porque provoca menos retención de líquidos, la molesta «hinchazón». Si no es dada al agua mineral, elija zumos de fruta o licuados, infusiones de hierbas sin azúcar o refrescos sin gas.

▪ Descarte las bebidas con cafeína —café, té, mate, refrescos de cola, cacao— al menos seis horas antes de acostarse. Recuerde que la cafeína es un poderoso excitante. Asimismo, evite el alcohol como mínimo tres horas antes de acostarse.

Lo ideal es que sólo tome un vaso de líquido con la cena y no beba más hasta la mañana siguiente. Si se acuesta con la vejiga vacía, se ahorrará levantarse por la noche para orinar.

▪ Después de cenar y antes de acostarse, relájese. Lea, escuche música suave, respire profundamente, medite o mire una buena película una hora antes de ir a dormir. Estas actividades promueven el sueño y reducen las hormonas del estrés. Puede tomar una taza con alguna infusión relajante.

Los chefs recomiendan:

▪ Siga unos horarios regulares de comidas, higiene y sueño. Si el insomnio persiste días después de la menstruación, ponga en práctica la «Receta para prevenir el insomnio crónico» (p. 97). Si aun así continúa, consulte con el especialista en medicina del sueño para que le recomiende un tratamiento adecuado a sus necesidades y características. Es muy importante evitar que el insomnio se haga crónico.

▪ No se automedique. Si el especialista lo considera oportuno, puede recetarle un hipnótico suave para que lo tome exclusivamente «esos días». Por otra parte, el ginecólogo puede indicarle los medicamentos más adecuados para disminuir los síntomas premenstruales.

## EL SUEÑO EN LA MUJER EMBARAZADA

Gisela es una joven secretaria de 28 años, conocida por su efectividad en las tareas. Está casada desde hace tres años con Ignacio. Su relación de pareja va muy bien, aunque él llega muy tarde del trabajo entre semana. Una mañana Gisela comenzó a bostezar en una reunión de trabajo y su jefe le pidió un buen café para que se despertara. Un rato después una compañera la encontró dormitando plácidamente sobre su escritorio. Sus ojos entrecerrados dieron lugar a infinidad de rumores y bromas. Cabía todo para explicar el «ensueño» de Gisela: 1) exceso de sexo por las noches; 2) todo lo contrario, discusiones con el marido, o 3) alguna actividad nocturna clandestina, ¿un amante tal vez?

Por su lado, Ignacio también notaba algo raro en su esposa. Cabeceaba mientras estaban sentados viendo la tele y hablando, se dormía al instante y estaba sorprendentemente perezosa. Ambos creían que se debía a un exceso de cansancio.

El primer día que sufrió náuseas y el consiguiente test de embarazo despejaron todas las dudas: estaba esperando su primer hijo.

El caso de Gisela describe la somnolencia y fatiga normales que acompañan a la embarazada durante el primer trimestre, y que se deben a factores hormonales y humorales. Esta somnolencia tan marcada suele desaparecer en el segundo trimestre del embarazo.

———◆———

Los especialistas en medicina del sueño nos preocupamos de que las embarazadas aprendan a dormir bien, tanto en cantidad como en calidad, porque sabemos la importancia que tiene para la salud de la madre y el bebé.

Todo embarazo ejerce un efecto negativo sobre el sueño: desde la fatiga y somnolencia de los tres primeros meses, al insomnio y la mayor somnolencia de los tres últimos. Por otra parte, la privación de sueño no sólo afecta a la mujer sino también al feto.

Diferentes encuestas han puesto de manifiesto que aproximadamente el 64 por ciento de las embarazadas padece insomnio o trastornos del sueño, lo que trae aparejadas fatiga y somnolencia diurna. Esto provoca conflictos en su ámbito laboral, familiar y social. En el último trimestre, el porcentaje sube al 97 por ciento de mujeres que admiten tener dificultades para conciliar y mantener el sueño.

Por ello es muy importante que la mujer planifique con su pareja, al igual que hicieron con el embarazo, unas medidas para que pueda descansar todo lo que necesita, que suele ser mucho más tiempo del que dispone.

Más cansancio y menos posibilidad de descanso, ésa es una fórmula peligrosa. Estudios recientes evidencian que las mujeres que duermen pocas horas en el último trimestre del embarazo presentan un índice más elevado de partos prematuros, o bien éstos son más prolongados.

En resumen, el sueño de la mujer embarazada merece toda nuestra atención y tiempo para prevenir complicaciones en la madre y en el feto.

Tras el parto, el bebé exigirá toda la atención, tiempo y paciencia de su madre. Por lo tanto, es importante que ella se encuentre en buen estado físico y psicológico, lo que requiere haber dormido bien durante los tres últimos meses de embarazo.

La receta que viene a continuación ha sido diseñada para que la embarazada prepare durante el día el sueño nocturno.

## Receta de día para dormir bien durante el embarazo

Ingredientes:
- Actividad y ejercicio físico suave
- Siesta y/o pausas
- Alimentación sana
- Reducción y/o eliminación de los «saboteadores» del sueño
- Mucho descanso
- Reparto de las tareas

Cómo se cocinan, paso a paso:
- Como hemos comentado antes, durante el primer trimestre son frecuentes la somnolencia diurna y la sensación de fatiga. En el tercer trimestre pueden aparecer trastornos varios del sueño, desde dificultades para conciliarlo y mantenerlo hasta insomnio.

Hay que luchar contra los bostezos y los «ataques de sueño» diurnos que seguramente sufrirá durante los tres primeros meses. No eche cabezaditas a cualquier hora del día, porque disminuirá la calidad y cantidad del sueño nocturno.

En cambio no desaproveche la oportunidad de dormir una

siesta si tiene la posibilidad. Algunos estudios señalan que, durante el embarazo, una siesta diaria de veinte minutos beneficia la salud de la mujer, le ayuda a mantener el ritmo diario y a dormir mejor por la noche. Para sacarle mayor partido, consulte el recuadro «La siesta bien entendida» (p. 91). Si no tiene posibilidad de acostarse, descanse al menos diez minutos en el sofá. De este modo rebajará la tensión acumulada y, con un poco de práctica, logrará un sueñecito reparador aunque sea corto.

Si el horario de oficina no le permite hacer una siesta en los días laborales, procure dar un paseo después de almorzar, que es cuando sube la curva de somnolencia y más ganas de dormir tenemos. Camine para que le dé el aire y el sol. La ayudará a despejarse, a rebajar la tensión, a olvidarse por un momento del trabajo y, sobre todo, a combatir el sueño. Si acaba pronto la jornada laboral, cuando llegue a casa siéntese en el sofá y descanse. Puede echar un sueño corto, de máximo diez minutos. No lo alargue, porque si no luego tendría problemas para dormir por la noche.

■ Haga ejercicio: no está enferma, está esperando un hijo; por lo tanto, puede y debe realizar actividades físicas. Si no está habituada a practicar deporte, ¡éste es un buen momento para empezar! La actividad física activa la circulación y reduce los calambres. Además, impide que el agua se acumule en las piernas.

Opte por ejercicios suaves como caminar, la natación o el yoga. Si es posible, siga un programa específico de preparación para el parto, donde podrá encontrarse con otras embarazadas. Intercambiar dudas, experiencias y consejos reduce los temores y ansiedades del embarazo y el parto.

■ Siga una dieta sana y equilibrada, ahora está comiendo por los dos (pero, ojo, no por dos: procure no excederse de peso durante el embarazo). Durante estos meses su alimentación deberá incluir un contenido más alto de proteínas, suficientes hidratos de carbono, más ácido fólico (vitamina que se encuentra en abundancia, entre otros alimentos, en la levadura seca de cerveza), mucho hierro, calcio, magnesio y yodo. Infórmese de qué alimentos le proporcionan estos nutrientes que ahora usted y el bebé necesitan. Una vez más queremos recordarle la importancia de desayunar fuerte, comer moderadamente y cenar ligero.

Tome mucho líquido durante el día, pero evite las bebidas gasificadas, ya que provocan distensión abdominal. Beba café o té sólo por la mañana y suspenda las bebidas y sustancias con cafeína (recuerde que el chocolate la contiene) después del mediodía. Puede que le ayude a combatir la somnolencia diurna, pero su efecto estimulante contribuirá a que no pueda cerrar los ojos durante la noche pese a sentirse muy cansada. En el trabajo, cuando le entre sueño, haga una pausa. Rompa la monotonía levantándose, mirando por la ventana, haciendo una respiración profunda o preparándose una infusión de hierbas.

Durante el embarazo, suprima el alcohol y los cigarrillos. Son perjudiciales para su salud y la del bebé. No se quede en una habitación cerrada donde estén fumando o pida que apaguen el cigarrillo. Recuerde que el humo es tóxico tanto para usted como para el bebé, que está en la barriga y no tiene posibilidad de elegir.

▪ Descanse todo lo que pueda. No quiera ser una *superwoman*. Pida y acepte que su pareja, familiares, compañeros de trabajo y amistades la ayuden. Haga sólo lo indispensable y urgente, aquello que no pueda esperar. Aprenda a escuchar a su cuerpo y cuando le pida un descanso, deje por un rato lo que estaba haciendo y repose. Piense que no es una holgazana ni está enferma, sencillamente pasa por un momento muy hermoso de su vida, en el que la energía y la gasolina se agotan más rápido porque la consumen dos en vez de uno.

En el hogar, reparta con su pareja e hijos, si los tiene, las diferentes responsabilidades y tareas. Si los niños todavía son pequeños, organice el día para que sea su marido u otra persona quien los lleve y traiga del colegio. Cuando vaya a descansar, ponga el contestador automático o desconecte el teléfono. No ocurrirá nada en quince o veinte minutos tan urgente que no pueda esperar. Aproveche también los fines de semana.

En esta etapa de su vida, usted necesita menos horas de trabajo y más de descanso. Si en el último trimestre se siente muy cansada, infórmese de si puede solicitar reducción de jornada con sueldo proporcional. Piense que se prepara para la carrera más importante de su vida: la llegada de su bebé.

## Descansando por dos

El embarazo es el único momento de la vida en que la mujer deberá dormir por dos. Por esa razón, en la próxima receta agregaremos algunos ingredientes especiales que ayudarán a la futura madre y a su bebé a descansar mejor.

Esa barriga maravillosa que alberga a su hijo crece sin parar durante nueve meses. La mujer la luce con orgullo durante el día, pero a la hora de dormir suele traer algunas incomodidades y puede quitarle el sueño.

En el último trimestre, uno de los mayores problemas de las embarazadas es que no encuentran una posición cómoda para ellas y su barriga. Durante este periodo es común que tengan dificultades para conciliar el sueño o mantenerlo. Veamos entonces cómo encontrar una postura confortable que le permita disfrutar de su barriga sin impedirle dormir.

Es importante lograr un buen descanso nocturno. Piense que tras el embarazo empeorará mucho la calidad de su sueño. El recién nacido le exigirá que lo alimente cada tres horas, tanto de día como de noche. De hecho, hay bebés que están más despiertos por la noche que durante el día, y esto ocurre sin pausa, una jornada tras otra. A la felicidad del parto le sigue también la carencia de sueño.

Por lo tanto, nuestro consejo como especialistas —y como padres— es que antes del parto aproveche las noches para dormir mucho y bien. Todavía no se escuchan llantos ni hay que cambiar pañales. Negociar con la barriga es más sencillo que con un recién nacido.

## Receta de noche para dormir bien durante el embarazo

Ingredientes:

- Hábitos para dormir bien
- Más rutinas preparatorias del sueño
- Relajación
- Postura cómoda
- Almohadas y almohadones
- Supresión de los «saboteadores del sueño»

Cómo se cocinan, paso a paso:

- En general, procure seguir las pautas correctas para preparar el sueño que le hemos descrito en la «Receta para "despertar" el sueño» del capítulo 3 (p. 76).
- En las rutinas que sigue habitualmente antes de acostarse, incluya algunas especiales para este periodo. Convenza a su pareja para que le haga unos masajes en la cama. Los masajes en la espalda, el cuello y las piernas la ayudarán a dormir mejor. Además, tal vez una cosa lleve a la otra… y descanse aún mejor tras haber hecho el amor con la persona que ama.
- Como señalábamos al principio de este capítulo, la mujer tiende más que el hombre a preocuparse excesivamente por las

cosas y llevarse los problemas a la cama. Ello le impide conciliar el sueño o puede desvelarla por la noche. Durante el embarazo, además de los cambios meramente fisiológicos, muchas mujeres contemplan el parto con ansiedad, especialmente cuando son madres primerizas. Estar bien informada es el primer paso para mitigar las dudas y preocupaciones en torno al embarazo y el parto.

Para alejar las preocupaciones es recomendable relajarse antes de irse a dormir. Puede ayudarla un baño caliente (destensa los músculos), meditar o tomar una tisana de hierbas (tila, valeriana o manzanilla). También son efectivos los ejercicios de respiración profunda. Consulte también el apartado «Las preocupaciones no me dejan dormir» (p. 101).

Sobre todo, ¡cuelgue las preocupaciones en una percha cuando se acueste y olvídese de ellas hasta el día siguiente!

■ Ya en la cama, lo más complicado es encontrar una postura cómoda. Por lo general, es mejor dormir de costado y preferentemente sobre el lado izquierdo. Si antes de quedarse embarazada solía dormir boca abajo o de espaldas, acostúmbrese desde el inicio del embarazo a hacerlo de lado, ya que cuando la barriga sea muy grande le resultará imposible dormir en esas posiciones.

Dormir de lado evita que el peso del bebé descanse sobre la madre. Además, impide que el útero presione el diafragma, gran responsable del dolor de cintura, las digestiones lentas y la sensación de ahogo.

La posición boca arriba tampoco es recomendable porque provoca que el útero haga presión sobre la vena cava inferior, que lleva la sangre desde la parte inferior del cuerpo al corazón. Esta presión dificulta el drenaje y puede ocasionar palpitaciones, edemas en las piernas, caída de la tensión sanguínea y hemorroides.

Por lo tanto, insistimos en la necesidad de que duerma de costado y con preferencia sobre el lado izquierdo. Esta postura también favorece la llegada de sangre a la placenta, lo que aumenta el aporte de oxígeno y de nutrientes para el útero, la placenta y el bebé.

Si padece reflujo, levante ligeramente la cabecera de la cama.

■ Para mayor comodidad, puede buscar diferentes almohadas y almohadones. En algunas tiendas especializadas se venden almohadas especiales para embarazadas. Asimismo puede utilizar las de forma triangular que se emplean habitualmente para leer o mirar la tele. Colocadas en cuña son muy confortables para apoyar la barriga.

Cuando el parto se acerque, es muy útil colocar un almohadón entre los muslos para descansar la pelvis, que se encuentra sometida a mucho esfuerzo.

Si tiene tendencia a darse la vuelta y amanece durmiendo de espaldas, ponga una almohada paralela a su espalda que le impida girarse dormida.

■ Cuando se despierte con ganas de orinar, vaya al baño y regrese inmediatamente a la cama para seguir durmiendo. No es el momento de reactivar las preocupaciones ni de ponerse a hacer nada. Si la despiertan las pataditas o movimientos del bebé, disfrútelo entre sueños y siga descansando; no dé un codazo a su pareja para que él también lo sienta. ¡Tiene todo el día para ello! Recuerde que debe utilizar la noche para reponerse y afrontar el nuevo día descansada y sin sueño.

■ No tome medicamentos para dormir, a no ser que se lo haya indicado expresamente su médico. Haga oídos sordos a los consejos sobre este tema de madres, suegras, amigas y vecinas. Todo lo que toma durante el embarazo afecta ahora a dos personas. En el caso de los hipnóticos y los tranquilizantes, sin control médico, puede ser peligroso para el bebé.

Los chefs recomiendan:

■ La mujer se desvela más rápido que el hombre. Si su pareja ronca o se mueve tanto en sueños que la despierta continuamente, no sería mala idea en esta etapa crucial que ambos durmieran en habitaciones o camas separadas. En este caso les proponemos que practiquen la SAN o «separación amistosa nocturna». Consiste en mimarse, amarse y luego a dormir cada uno por su lado. Con los ojos cerrados no nos damos cuenta de si hay alguien al otro lado de la cama.

■ ¿Cuándo consultar con el médico?:

*a) Si ha comenzado a roncar.* Muchas mujeres roncan durante el embarazo por la congestión de las vías respiratorias que sufren durante esta etapa. Pero el ronquido es una señal de alarma si viene acompañado de un aumento de la presión arterial, somnolencia excesiva diurna, pausas respiratorias y sueño inquieto. Pida a su médico que descarte una apnea del sueño, ya que supone un riesgo para la madre y el bebé.

*b) Si siente un malestar en las piernas que le obliga a moverlas y aumenta cuando está en la cama o en reposo.* Puede tratarse de un síndrome de piernas inquietas (denominado médicamente RLS, véase el apartado correspondiente en la p. 299). Es frecuente durante el último trimestre del embarazo —lo sufren entre el 15 y el 20 por ciento de las mujeres— y se trata de un factor más que perturba el descanso nocturno. Pida a su médico que le vigile el ácido fólico y el hierro en la sangre, ya que el déficit de estas sustancias es la causa más habitual. La inquietud se exacerba con la cafeína, por lo tanto, si no lo había hecho antes, suprímala ahora del todo. En la mayoría de los casos, estos síntomas desaparecen con el nacimiento del bebé.

*c) Si padecía insomnio crónico y se ha agravado* durante el embarazo hasta el punto de sentirse agotada y sin fuerzas, consúltelo de inmediato con el especialista.

*d*) *Si trabaja en turnos rotatorios*, una mujer embarazada puede tener problemas adicionales, como un parto prematuro. Por lo tanto, necesita una supervisión médica especial si no le es posible cambiar a un horario diurno estable.

## DESPUÉS DEL PARTO

Los días posteriores al parto traen consigo felicidad y euforia, pero también muchísimo cansancio. Un recién nacido no sabe cuándo es de día o de noche; aún no ha asimilado el ritmo circadiano. Su ritmo lo dictan las necesidades fisiológicas y continuará así hasta aproximadamente el tercer mes. Entonces comenzará a dormir más por la noche.

Los primeros quince días de puérpera (así se llama este periodo) tendrá una rutina nueva: pañal-teta-pis-caca-pañal-sueño (P-T-p-C-P) cada tres horas, más o menos en este orden.

Luego están los llantos. Como no siempre llora porque tenga hambre, a veces nos cuesta encontrar la razón y calmarlo. Además, no es lo mismo un bebé que llora a las 10 de la mañana, que el mismo llanto a las 12 de la noche, a las 3 de la mañana y a las 6.

No podemos modificar nada de todo esto, porque sería antinatural para el bebé, pero sí podemos tomar algunas medidas preventivas para que los padres, y sobre todo la madre, descansen más con este ritmo. La fórmula «cansancio acumulado (desde el embarazo) + molestias puerperales + llanto del bebé (cada dos o tres horas) + imposibilidad de dormir siete horas seguidas» es igual a «somnolencia, irritación y descontrol de la mamá».

Los especialistas sabemos que, después del parto, es necesario que la mujer descanse lo suficiente y trate de dormir bien. En esta etapa, los trastornos del sueño a menudo se asocian con la depresión posparto. Tras el nacimiento de un hijo, se altera la secreción de melatonina y cortisol en la madre, lo que puede aumentar el estrés.

Hay una estrecha relación entre la disminución de la eficiencia del descanso nocturno —disrupción y fragmentación del sueño— y la depresión posparto. En ese sentido, una ligera tristeza no debería ser preocupante, pero si aparecen síntomas claros de depresión, u otros cambios drásticos del estado de ánimo, habrá que recurrir al médico.

La pérdida de sueño de la madre durante el primer año de vida de un bebé se calcula que puede llegar a setecientas horas. No son recuperables. También es cierto que la humanidad está llena de niños —aunque cada vez sean menos en los países europeos— y que las madres han sobrevivido a esta etapa sin mayores consecuencias.

De todos modos, si puede ganar ni que sea una hora de sueño, ¿no merece la pena? Para eso le presentamos la siguiente receta.

### Receta para dormir bien después del parto

Ingredientes:
- Dormir cuando lo haga el bebé
- Cuna en el dormitorio
- Régimen de visitas
- Reparto de tareas
- Distracción

Cómo se cocinan, paso a paso:
- Recuerde, la rutina va a ser (o está siendo): pañal-teta-pis-caca-pañal-sueño (P-T-p-C-P) cada tres horas, más o menos en este orden. Llantos aparte. La pregunta que toda madre se hace es: «Y yo, ¿cuándo duermo?».
- Sólo hay una respuesta: debe acostumbrarse a dormir cuando lo haga su bebé.

No espere hasta la noche con la ilusión de que, a lo mejor, esta vez dormirá seis horas seguidas. Esto no ocurrirá hasta el tercer o cuarto mes. Olvídese de los comentarios y las experiencias de familiares y conocidos —«Ah, pues mi Juan durmió enseguida de corrido», «A la mía la dejamos llorar los primeros días y se acostumbró rapidísimo», etcétera—; suerte para ellos, pero éste no es su caso. Déjese guiar por el consejo de los especialistas: no aproveche que el bebé está durmiendo para hacer otras cosas. Si está cansada, duerma.

■ Lo aconsejable es que la cuna del bebé esté al lado de la cama, porque así puede controlarlo de cerca y le será fácil amamantarlo. Su entorno de descanso va a experimentar un ligero cambio —ya no es esa habitación a la que estaba acostumbrada y que le recomendábamos tener en el capítulo 2—, pero se adaptará rápido. Si usted era sensible a los ruidos, ahora descubrirá que todavía lo es más: no le pasará inadvertido el menor ruidito que emita este ser pequeño y vulnerable. Recuerde que el bebé debe dormir boca arriba para prevenir problemas tan graves como la «muerte súbita del lactante».

Aunque esté tentada a hacerlo, no ponga al bebé a dormir en su cama. Este acto amoroso trae dos consecuencias no deseadas: promueve el insomnio infantil por hábitos incorrectos y perturba aún más el sueño de la madre. Sin quererlo, estará durmiendo con un ojo abierto por miedo a aplastarlo y sentirá cada movimiento y quejido del niño. De este modo, ninguno de los dos duerme ni descansa. Métalo en su cama, si lo desea, cuando el niño esté despierto y sea un placer para ambos.

■ Los días que siguen a un parto son especiales en muchos aspectos. Uno de ellos es la ansiedad que tienen familiares y amigos por compartir su alegría y conocer al recién llegado. Con este fin, cada uno escogerá el horario que más le convenga (a ellos); como son muchos y con rutinas diversas, las visitas desfilarán por su casa mañana, tarde y noche. ¿Y cómo decirles que no? Usted también desea mostrar que está orgullosa de su bebé.

No le sugerimos que cierre con llave su casa y la convierta en un convento de clausura. Sólo le invitamos a organizar a las visitas de modo que pueda descansar y también disfrutar de ellas. Establezca con su pareja «días y horas de visita» como los que hay en los hospitales. Algunos se ofenderán al principio, pero pronto se les pasará. O simplemente déjelo para el fin de semana, cuando nadie trabaja (aunque usted sí) y es más fácil fijar un horario común para este fin. Dos o tres horas serán suficientes para satisfacer a todos.

▪ No pretenda cargar con todo. Más que nunca, solicite ayuda y reparta tareas. Y si la casa no está tan perfecta como antes, tampoco importa tanto. En esta etapa sus únicas prioridades deben ser el bebé y su propio descanso.

Organice quién puede venir a ayudarla y qué tareas puede realizar. Si puede, contrate a una persona para que le haga las tareas domésticas básicas o las más pesadas. Aunque venga sólo unas pocas horas, le quitará un buen peso de encima. Su marido puede encargarse de llevar los niños al colegio y tal vez una madre de la escuela puede traérselos por la tarde (ya le devolverá el favor cuando ella se encuentre en la misma situación). Solicite a una vecina que le haga la compra o pida al supermercado que se la traigan (no olvide que hay supermercados donde puede cargar la cesta por Internet y la reparten a domicilio). Tal vez su madre, su suegra, una hermana o una cuñada se ofrezcan a cuidar del bebé o a cocinar para usted. No se niegue: tras haber cumplido con la rutina P-T-p-C-P, puede trasladar la cunita a otra habitación ni que sea por una hora y, mientras usted duerme, la otra persona estará encantada de velar el sueño del bebé. El niño está comido y cambiado, y durante un rato no la necesitará.

■ Aunque el padre no puede amamantar al bebé, puede y debe participar en todo lo concerniente a su cuidado. ¿Que no sabe? ¿Que tiene miedo de no hacerlo bien, porque es tan pequeñito? ¿Que es usted quien tiene miedo de que él no lo haga bien? Ya lo aprenderá, como lo hizo la madre. Nadie viene con esta información programada en los genes. Sumen fuerzas y no le excluya. Es mejor así a que, cuando ya no tenga fuerzas, se lo endose con un: «¡Hazte cargo que ya no puedo más!». Acuerden la forma en que compartirán el cuidado y el amor de manera responsable. En este proyecto han hecho falta dos para crearlo y siguen siendo dos para criar al bebé.

■ Encuentre algún momento del día para distraerse fuera de casa. Haga algo que le guste durante una o dos horas diarias. Salga a caminar, mire escaparates, lo que sea; es importante romper un poco la rutina. Esto le ayudará a rebajar la tensión y a interrumpir el círculo vicioso que desgasta las fuerzas de la madre. El denominado «síndrome de desgaste psicológico» puede tener graves consecuencias para el equilibrio de la persona. Por eso es importante prevenir a tiempo y darse un poco de aire.

## EL SUEÑO EN LA MENOPAUSIA

La prolongación de la esperanza de vida en el primer mundo ha cambiado mucho las cosas para la mujer. La idea de que comenzaba a ser una anciana a partir de los cincuenta años es ya historia. En la actualidad, a esa edad, está en un momento de plenitud. Goza de experiencia que aporta a su trabajo y a la vida. Disfruta de más tiempo libre porque los hijos ya son mayores y no la atan tanto, con lo que puede dedicarse a sus aficiones, a cultivar sus amistades y a hacer otras nuevas. Conserva todas las fuerzas para hacerse cargo de unos padres de edad avanzada que empiezan a necesitar atenciones especiales. Está llena de energía y vitalidad.

La llegada de la menopausia (la última menstruación) es un cambio físico y natural que no debería empañar esta buena etapa. Y hay que ver el lado positivo: el deseo sexual y la capacidad de tener un orgasmo siguen intactos después, sin el riesgo de quedarse embarazada.

Se suele aplicar el término menopausia de una manera más amplia al periodo cuando los ovarios dejan de producir estrógeno, lo que comporta la retirada definitiva de la menstruación. Tiene lugar generalmente entre los 45 y los 54 años y no ocurre de un día para otro, sino que viene precedido de años con irregularidades en el periodo menstrual, con numerosas faltas. Hay cambios hormonales que hoy en día, con los avances de la ciencia, es sencillo controlar.

A la hora de dormir, en esta etapa siguen los cambios que suelen comenzar, tanto en hombres como en mujeres, alrededor de los cuarenta años: el sueño se vuelve progresivamente más superficial y aumenta el número de despertares nocturnos.

Sin embargo, existen algunas situaciones «especiales» para la mujer que sí están relacionadas con las hormonas. En muchos casos provocan la aparición o el agravamiento del insomnio, además de otros trastornos del sueño que describiremos a continuación.

## Influencia de la menopausia en el sueño

La mayoría de nuestras pacientes mayores de cincuenta años aducen dificultades para mantener el sueño o insomnio medio. Se despiertan muchas veces por la noche debido a la irrupción de sofocos y sudoración nocturna, así como a la urgencia de orinar. Como dijimos antes, durante la menopausia los ovarios dejan de producir estrógeno y esto afecta entre otras cosas a la temperatura asociada al sueño y la vigilia. En el capítulo 3 ya comentamos la necesidad de que la temperatura corporal descienda (entre medio grado y un grado) durante la noche para conciliar y mantener el sueño. Un desajuste en ese sentido hace que el sueño tarde más en llegar y sea más superficial.

## Menos horas de sueño

La reducción de las horas de sueño ocasionada por estos cambios provoca alteraciones durante la vigilia que se manifestarán en forma de fatiga, cansancio, irritabilidad o falta de memoria. Si la carencia de sueño es muy prolongada pueden aparecer incluso síntomas de depresión.

Se ha demostrado que un déficit de sueño repercute de manera directa sobre la salud, el humor, la conducta y la calidad de vida en general. Por eso es importante que, durante la menopausia, la mujer preste atención a las horas y a la calidad de su sueño. Si no lo vigila y duerme menos horas y de peor calidad, como suele suceder, todo le resultará una carga: el trabajo fuera y dentro de casa, esos hijos mayores que aún no se han independizado o esos padres que debe cuidar.

## Los sofocos o calores nocturnos

La aparición de los sofocos o calores nocturnos desajusta aún más el sueño, provocando numerosos despertares. Y es fácil de entender: ¿recuerda lo mal que duerme en verano? Pues los sofocos tienen el mismo efecto, sólo que aparecen en plena noche de invierno, con lo que el termostato interno del cerebro se confunde y con él, la mujer que los padece.

Quizá sea el síntoma más frecuente y molesto de la menopausia, ya que afecta al 80 por ciento de las mujeres. Durante el sofoco se produce una dilatación brusca de los vasos sanguíneos que dura uno o dos minutos, y va seguida de una vasoconstricción con sensación de frío. Si estos calores ya resultan molestos durante el día, a las 3 o las 4 de la mañana son una tortura. En ocasiones aparecen de manera espontánea, aunque otras veces guardan relación directa con la ingesta de café y alcohol, o bien con situaciones de estrés. Los sofocos condicionan el insomnio nocturno, pero el nerviosismo, la irritabilidad y la ansiedad también pueden desencadenarlos y dificultar el sueño.

La literatura médica que trata este tema insiste en el hecho de que, aunque los sofocos son molestos, no suponen un peligro para la salud. Es cierto. También lo es que impiden un sueño de calidad del cual depende la salud física y mental de la mujer, que ha de poder afrontar la vigilia sin fatiga o somnolencia.

Durante la menopausia las mujeres sufren numerosas interrupciones del sueño nocturno: unas veces se despiertan con calores, otras empapadas de sudor o muertas de frío, o bien deben correr a vaciar la vejiga. Ahora que ya no hay niños pequeños que cuidar de noche, se ven en cambio sometidas a un terremoto interno de sensaciones violentas. Parece que, en una etapa o en la otra, siempre salga perjudicado el descanso nocturno de la mujer.

Actualmente existen tratamientos efectivos de reemplazo hormonal que ayudan a combatir esta molesta sensación, pero deben ser recetados y supervisados por un ginecólogo.

Por lo que a nosotros respecta, más adelante le proporcionamos una receta que le ayudará a dormir más fresca (véase la p. 164).

## El insomnio de la menopausia

El 22 por ciento de las mujeres padece insomnio, porcentaje que se eleva hasta el 35 por ciento en la menopausia y hasta el 40 por ciento cinco años después de la menopausia, según concluyen los estudios científicos.

¿Es diferente el insomnio de la mujer? Sí, especialmente a partir de esta etapa de la vida. La medicina reconoce y estudia desde hace años tanto el «insomnio del embarazo» como el «insomnio de la menopausia».

Sabemos que el déficit de estrógenos y de progesterona que se produce en este periodo provoca un retraso en la conciliación del sueño y aumenta su fragmentación. Sin embargo, el origen del insomnio no sólo se debe a la falta de hormonas, sino que puede estar relacionado con los cambios de toda índole que tienen lugar en esta etapa, a menudo relacionados con malos hábitos. Por ejemplo, el insomnio que alguna vez fue transitorio y no se trató de forma adecuada puede evolucionar hacia un insomnio crónico, con graves consecuencias para la salud.

El cerebro aprende a dormir mal igual que aprende otras cosas que le enseñamos. Y todos esos años llenos de despertares nocturnos y juegos malabares para lograr una noche de sueño reparador —a menudo sin conseguirlo— van allanando el terreno para que se instale el insomnio crónico. También podríamos mencionar el «síndrome de ronquidos del cónyuge». Estudios recientes han demostrado la influencia negativa que el ronquido masculino —mucho más fuerte que el femenino— ejerce sobre la continuidad del sueño en la mujer. Como hemos dicho anteriormente, la mujer es más susceptible a los ruidos, y en esta etapa los hombres que roncan suelen hacerlo aún más fuerte y con resoplidos y jadeos.

## ¿Ha comenzado a roncar usted misma?

Los cambios hormonales también inciden en las vías respiratorias. Los estrógenos ayudan a dilatarlas, mientras que la progesterona estimula la respiración en general. Esto hace que la mujer sea menos susceptible de proferir ronquidos fuertes y pesados y padecer apneas del sueño, una patología que afecta más a los hombres (véase el capítulo 11). En la menopausia, al disminuir estas hormonas, la mujer puede empezar a roncar —aunque no tan fuerte como el hombre— y a tener apneas del sueño, especialmente si ha ganado peso.

Éste es otro factor a tener en cuenta y que merece toda nuestra atención, ya que puede provocar hipertensión arterial, despertares nocturnos que a veces se confunden con insomnio, repetidos viajes al baño y somnolencia diurna. En el supuesto insomnio de muchas mujeres que acuden a nuestra consulta subyacen, tras un estudio de su caso, las apneas que tienen lugar mientras duermen.

Muchas pacientes que vienen a la consulta con estos síntomas toman tranquilizantes antes de acostarse. Entre otros efectos, estos fármacos son relajantes musculares y depresores del sistema respiratorio. El despertar cerebral es justamente el único mecanismo del que dispone la persona que sufre una apnea —asfixia— para volver a respirar. Por lo tanto, si usted ronca no debe tomar ningún tipo de tranquilizante por la noche. Tampoco alcohol, porque presenta el mismo peligro.

Si ha comenzado a roncar y le dicen que —por momentos— interrumpe la respiración mientras duerme, padece hipertensión o bien siente fatiga y somnolencia diurna, consulte con su médico de cabecera o con un especialista del sueño para que le ayude a descartar una apnea del sueño. Para esta patología los reemplazos hormonales no son efectivos. Hay, en cambio, otros tratamientos efectivos que conocemos bien los especialistas.

### ¿Le molestan las piernas a la hora de dormir? ¿Le han dicho que las mueve mucho o que pega patadas durante el sueño?

Se denomina *síndrome de piernas inquietas*: una sensación desagradable de incomodidad en las piernas que aparece cuando está sentada y se intensifica al acostarse (véase también el capítulo 11). Esta sensación incómoda —y poco estudiada— disminuye o desaparece cuando se mueven las piernas.

Si duerme acompañada es posible que su pareja le acuse de «darle patadas» mientras duerme, o como mínimo de ser muy inquieta con sus pies. Hay un problema añadido: cada movimiento que hagan sus piernas irá acompañado de un microdespertar cerebral, con la consiguiente fragmentación de su sueño. Aunque la persona no se entere porque está dormida, puede ser causa del llamado «insomnio medio» y sentir al otro día que no ha descansado suficiente, con lo que padecerá somnolencia diurna.

Este tipo de movimientos se agravan con el consumo de cafeína y de algunos antidepresivos (concretamente los ISRS). Por otra parte, a menudo existe un historial familiar de esta dolencia. También la encontramos asociada, en muchos casos, a un déficit de hierro en la sangre, o bien a una falta de vitaminas $B_6$ y $B_{12}$, que deberán ser repuestas con suplementos.

Resumiendo: *no todo lo que parece insomnio lo es.* La gente suele llamar globalmente —estamos en la era de la globalización— «insomnio» a cualquier trastorno del sueño. El problema es que también algunos médicos, sea por falta de tiempo o por poca información, no se detienen demasiado a explorar lo que hay detrás de estos síntomas. Alguien dice en la consulta: «No puedo dormir» y muchas veces obtiene como respuesta un somnífero, lo cual a menudo no hace más que empeorar el problema.

## LOS SOFOCOS NOCTURNOS

Fabiana (50 años) y Claudio (53 años) tienen una buena relación de pareja, dos hijos mayores que ya se han independizado y, por primera vez desde que se casaron, tiempo para ellos y sus aficiones. Sólo una cosa empaña este paraíso: la batalla muda que se entabla todas las noches en la cama.

En la consulta, a la que acuden juntos como es costumbre en nuestra especialidad, Fabiana dice que tiene insomnio desde hace aproximadamente un año. Ya lo ha probado todo sin resultado. Se la ve realmente fatigada y desesperanzada. Cuando le preguntamos si «tiene calores», nos responde con un «sí» apagado. En ese mismo instante Claudio interviene desenfrenadamente y nos dice casi gritando: «¡Me va a matar! Parece que se haya vuelto loca. En los últimos tiempos, la noche se ha transformado en un campo de batalla. Me duermo tapado y calentito, y me despierto varias veces por noche tiritando de frío. No sólo me ha desaparecido la manta, sino que encuentro la ventana abierta de par en par ¡en pleno invierno!». Fabiana responde: «Es que tú no sabes lo que es que te venga así, de repente, uno de esos calores».

La conversación se va «calentando» y sale a la luz que, medio dormidos, en plena noche se inicia una lucha sin cuartel cuyo trofeo será la manta. Claudio maldice, discute entre sueños, realiza maniobras defensivas, trata de recuperar espacio, vuelve a poner las mantas en su lugar, se levanta y cierra las ventanas con los ojos cerrados.

Al día siguiente ambos están maltrechos después de una dura noche de combate. Tienen somnolencia porque ninguno de los dos ha logrado dormir bien. Ambos saben lo que le ocurre al otro, pero no aciertan a encontrar una solución. Se sienten impotentes y ridículos ante sus respectivas necesidades, y se echan las culpas mutuamente aunque por lo demás se muestran como dos personas comprensivas.

Fabiana presenta el típico insomnio medio provocado por los sofocos y la transpiración nocturna. Cuando indagamos, descubrimos también que está agravado por otros factores, como unos hábitos inadecuados para dormir bien y el consumo elevado de cafeína durante el día.

---

La receta que sigue ha sido diseñada para bajar unos grados la temperatura interna y ayudar a la mujer que sufra estos incómodos e imprevisibles sofocones a dormir algo más fresca. Si con ello reducimos la posibilidad de una discusión en la cama, mejor.

## Receta para combatir los calores nocturnos

Ingredientes:
- Ropa para dormir ligera
- Ropa de cama de tejidos naturales
- Una cama amplia
- Temperatura fresca del dormitorio
- Reducción de los «saboteadores» del sueño
- Ejercicio moderado y técnicas de relajación
- Terapia hormonal

Cómo se cocinan, paso a paso:
*Durante la noche:*
- Para dormir, utilice camisón, pijama o camiseta de tejidos naturales, como el lino o el algodón puro, porque son más frescos y absorben bien la transpiración, impidiendo que la piel retenga el sudor. Mejor que sean de manga corta o sin mangas, como los que se pone en verano, aunque ahora esté en pleno invierno. Deje a mano uno de repuesto para poder cambiarse si se despierta empapada de sudor. Si siente frío al acostarse, tápese con más mantas que luego pueda apartar durante la noche y póngase calcetines para dormir.

Durante el día le aconsejamos que utilice prendas de algodón, repartidas en varias piezas superpuestas de manera que pueda quitarse o ponerse ropa según la necesidad. Recuerde que tras el calor sofocante viene el frío.

■ Las sábanas y las fundas de almohada también deberían ser preferentemente de algodón puro. Si elige mezcla, procure que contengan un porcentaje pequeño de fibra sintética.

Elija colchas, mantas y edredones ligeros pero que abriguen. Deje una manta adicional a los pies de la cama. Si duerme acompañada, la solución puede ser comprar dos edredones individuales. De día puede cubrir ambos con una única colcha decorativa. La mayoría de los hoteles de lujo utilizan este sistema y es realmente útil, incluso para los que no padecen calores, ya que permite que cada uno pueda taparse o destaparse a voluntad sin reproches. En este sentido son muy prácticas las «nórdicas», cuya funda sirve de sábana. Esto soluciona el problema de tener que poner dos sábanas en una cama matrimonial. Si no las ha probado, cuando descubra lo rápido que hace la cama las adoptará definitivamente.

■ Como aconsejamos en la «Receta para elegir la cama de sus sueños» (p. 54), es recomendable disponer de una cama amplia si duerme acompañada. En este caso, también es práctico utilizar una cama doble pero con colchones individuales. Si entra dentro de sus posibilidades, no dude en regalarse un poco más de espacio y comodidad para dormir.

■ Controle la temperatura ambiente del dormitorio. Para dormir bien es conveniente que esté entre los 18 y los 22 °C. En invierno, para combatir los calores nocturnos, empiece por bajar la calefacción: solemos tenerla más alta de lo necesario. Si uno de los dos siente frío, es preferible que se abrigue más.

En verano los sofocos son más frecuentes. Por eso, si tiene la posibilidad, instale aire acondicionado. De todos modos, no olvide dejar la colcha a los pies de la cama, porque en la madrugada puede sentir algo de frío. Consulte también la «Receta para dormir mejor en verano» (p. 58).

*Durante el día:*

■ La terapia de reemplazo hormonal (TRH) o las isoflavonas —las hormonas naturales— son efectivas y resuelven bastante eficazmente el problema de los sofocos. Sin embargo, no se automedique y consúltelo con su médico. Puntualmente, el especialista puede recetarle hipnóticos de nueva generación (no benzodiacepínicos).

■ No tome café ni alcohol a partir de las 6 de la tarde y reduzca su consumo durante el resto del día. A estas alturas ya sabe que son sustancias excitantes que perturban el sueño. Pero en el caso concreto de los sofocos, ¡son capaces de provocar un incendio! Y este incendio echará a perder su sueño.

■ Practicar un ejercicio moderado de forma regular tiene efectos beneficiosos sobre los sofocos, aunque recuerde que no conviene hacerlo antes de dormir. Elija un horario alejado del momento de acostarse. El yoga, el taichi y las técnicas de relajación también ayudan a disminuir los sofocos.

Los chefs recomiendan:

■ Para refrescarse rápido si se despierta, puede dejar en su mesilla de noche una hielera térmica con cubitos de hielo y un paño para envolverlos. De este modo no se desvelará durante la noche yendo al refrigerador. Aplíqueselo en las mejillas, en las manos y en las muñecas cuando sea necesario. Trate de no hacer ruido si duerme acompañada.

No le aconsejamos que se dé una ducha cuando se despierte de noche, porque aunque pueda ayudarla a refrescarse, también le quitará el sueño.

# 6

# Compartir cama

## LAS DELICIAS DE LA CAMA COMPARTIDA

Ningún placer puede igualarse al de compartir lecho con la persona amada. Dormir, soñar y despertar juntos, amarse... Pero ¿es todo así de fácil? En este capítulo nos ocuparemos de un tema espinoso, las incompatibilidades: cómo pueden afectar al descanso de quienes comparten cama y cómo encontrarles una solución para que el dormitorio siga siendo un lugar de reposo, intimidad y satisfacciones.

Veamos antes de nada las distintas fases por las que se pasa en el mueble más importante de la casa.

• *Fase 1 (los primeros tiempos): «Ni en sueños nos podemos separar».* Los enamorados atribuyen al hecho de compartir la cama y dormir juntos connotaciones esencialmente románticas. Se imaginan durmiendo abrazados piel contra piel, sintiendo el perfume del compañero, haciendo el amor a mitad de la noche, compartiendo sueños en los que ambos serán los protagonistas...

En los primeros meses de convivencia, cada movimiento o ruido del ser amado se percibe como un susurro o una brisa de amor. Todo lo que el otro hace es un regalo y se incorpora a nuestro sueño como una caricia.

Es también la época de la discreción y los temores, ya que mientras estamos dormidos nuestro cuerpo podría liberar algunos ruidos desagradables. Por lo tanto, ambos están muy atentos para que eso no suceda.

Aproximadamente a los seis meses comienza a aparecer el lado menos romántico de la cama. Transcurrida la hermosa pasión inicial, única e irrepetible en la vida de una pareja, las feromonas comienzan a disminuir (las feromonas son una sustancia química que secretamos y que tienen un papel importante en el juego de la atracción). Es bueno que disminuyan, porque sería imposible trabajar o estudiar con el organismo revolucionado las veinticuatro horas del día. Además, cuando la adrenalina está al máximo, ¿quién piensa en dormir?

En las encuestas, cuando preguntan a los novios cómo les gusta dormir, suelen responder que «abrazados». Y esto es maravilloso, pero sólo dura los primeros minutos... hasta que nos dormimos. Luego cada uno intentará buscar la posición en la que se sienta más cómodo. Mientras soñamos, iremos ocupando territorio para dejar al otro en una franja angosta de la cama, donde cualquier movimiento puede significar caer al suelo.

De todos modos, aún estamos en la etapa romántica; los empujones para hacerse con más espacio vienen más tarde.

• *Fase 2 (al poco tiempo): «Nos amamos, pero queremos dormir».* Cuando las feromonas comienzan a bajar —lo cual no significa que el amor también lo haga—, entramos en un periodo más tranquilo. Nos seguimos mimando, pero queremos dormir por la noche. Y aquí comienzan los problemas.

Desde hace años escuchamos historias de nuestros pacientes que a veces cuestan de creer. Los desvelos y las disputas en la cama a la hora de dormir darían anécdotas suficientes para una enciclopedia entera.

No hay nada peor para alguien acostumbrado a dormir en silencio que su pareja sea adicta a la tele. O para quien es friolero y está acostumbrado a poner la calefacción al tope, compartir cama con alguien que necesita la ventana abierta incluso en invierno.

Poco a poco, casi sin darnos cuenta, esos movimientos de nuestra pareja que al principio nos parecían encantadores, empiezan a molestarnos y cada vuelta, patada o manotazo del otro deja de ser una caricia para transformarse en un fastidio. Luego comienzan los reproches: «¡Que no me has dejado dormir de tanto moverte!».

O cuando nuestro ser amado se despierta porque ha tenido una pesadilla a mitad de la noche. Lo que antes nos llenaba de comprensión y ternura, ahora pasa a ser una pesadilla también para el otro: «¿Tienes que despertarme para contármelo? ¿No puedes esperar a mañana?».

¡Y qué decir de los chirridos de dientes que parece que nos estén taladrando la cabeza! Y esos ataques de pánico nocturnos, o los calores que harán que estemos tapados o destapados según los caprichos de nuestra compañera de cama.

O cuando sufrimos una de esas noches de insomnio, en la que oímos hasta el suspiro del vecino, y de repente nuestra pareja se pone a roncar. Por no hablar de cuando compartimos la cama además con la mascota de la casa, que estará toda la noche alerta para que no invadan su territorio. Si es amiga de la mujer, el hombre tendrá mucho cuidado de no acercarse, porque se expone a un gruñido amenazador.

Todo esto forma parte de la convivencia, pero por alguna razón que no alcanzamos a entender, estas cosas no suelen hablarse. Sólo se padecen.

La convivencia es como cuando, tras el embarazo, regresamos al hogar con el nuevo bebé. No hay vacaciones intermedias. Hasta el momento ha vivido solo, acostumbrado a su cama y a sus rituales personales, y al día siguiente todo ha cambiado porque comparte la vida con otra persona.

• *Fase 3 (con los años): «Ojalá durmiera en otra cama».* El amor ha madurado, y nosotros también. Con los años empiezan a sumarse los achaques normales de la edad. Parece como si de repente los ronquidos aumentasen de intensidad. Si nuestra pareja padece apnea del sueño aún es peor, porque al ruido habitual (al que casi nos habíamos acostumbrado) se agregarán unas pausas respiratorias —asfixias— que nos mantendrán expectantes hasta la próxima respiración. De pronto, hará un ruido como la erupción de un volcán, acompañado de todo tipo de jadeos y vocalizaciones. Entendemos que no lo pueda evitar, pero ¿quién puede dormir al lado de una locomotora?

Si uno de los dos ha desarrollado insomnio crónico, pensará: «Le odio, mira cómo duerme, ¡y yo aquí con los ojos como un búho!». ¿Y qué otra cosa se supone que debería estar haciendo el otro a las 3 de la mañana?

Otra tortura es dormir al lado de alguien que mueve las piernas durante toda la noche y nos asesta una patada justo cuando hemos conseguido conciliar el sueño.

En las próximas recetas veremos algunas situaciones habituales que hemos recogido del anecdotario de nuestros pacientes. Pero estamos seguros de que las combinaciones son infinitas a la hora de dormir y compartir la cama y el sueño.

A más de uno le gustaría disponer de un periodo de prueba con la pareja y, como cuando se compra un colchón, devolverlo si hay problemas. Se tiene la sensación de que si se nos pasa el plazo no toca más remedio que acostumbrarse o sustituirlo por otro nuevo. Nos olvidamos de que tenemos otra posibilidad: hablar de las cosas.

Los problemas que surgen durante el sueño nunca son de una sola persona, a menos que ésta duerma sola. Tal vez un miembro de la pareja lo sufra más, pero los dos padecerán las consecuencias. Ya lo verán cuando lean los testimonios incluidos en este capítulo.

Pero esto no se acaba aquí, porque es bien sabido que los polos opuestos se atraen. Prestemos atención a lo que ocurre con muchas parejas a la hora de levantarse. Sea obra del azar, del destino o de la física cuántica, lo cierto es que —como vimos en el primer capítulo— quien tiene el despertar rápido se suele aparejar con quien tiene el despertar lento.

## Consecuencias de dormir mal a pares

Irritabilidad, depresión, dolores, déficit de atención… Éstas son algunas de las consecuencias de dormir mal. Pero ¿hasta qué punto los problemas de sueño de la pareja afectan a la salud y al bienestar de la otra persona?

Sorprendentemente, disponemos de poca información sobre el tema. Varios estudios realizados en Unidades de Trastornos del Sueño de distintas partes del mundo dan cuenta de los peligros que supone dormir mal cuando se comparte cama.

Una investigación reciente realizada en Alemania demostró que buena parte de las personas cuyo compañero padecía trastornos del sueño sufrían problemas similares. Esto afectaba a su salud física y mental, al estado de ánimo, a las relaciones sociales e incluso a la felicidad de la pareja.

Según la encuesta de 2005 «Sleep in America» («El sueño en Estados Unidos») divulgada por la National Sleep Foundation (Fundación Nacional del Sueño), el 77 por ciento de los adultos con pareja entrevistados aseguró que su compañero o compañera tenía algún problema relacionado con el sueño, generalmente ronquidos. Por los trastornos de sueño de su pareja, perdían de promedio 49 minutos de descanso por la noche, es decir, unas 300 horas al año.

Aproximadamente la cuarta parte de los adultos con pareja aseguró practicar relaciones sexuales menos frecuentemente a causa de la fatiga. Un tercio dentro de este grupo reconoció que los problemas de sueño de su pareja estaban afectando a la relación. La encuesta también estableció que muchos dormían en habitaciones separadas por culpa de estos trastornos.

Si su pareja duerme mal, tómeselo como algo personal, porque su propia salud puede verse afectada. Cuando compartimos cama, los trastornos del sueño dejan de ser una cuestión individual. Por lo tanto, al tratar con eficacia estas alteraciones mejorará dos vidas en lugar de una.

## ACUERDOS Y DESACUERDOS

### 1. No hay acuerdo

Susana y Jorge viven juntos desde hace seis años. Son una pareja que se ama y mantienen una buena relación. El tiempo no ha hecho menguar su amor, aunque no logran ponerse de acuerdo a la hora de acostarse. Según Susana, a Jorge le gusta mirar la tele en la cama hasta medianoche. En cambio, ella no puede dormir con el menor ruido; siempre ha tenido el sueño frágil y no soporta el sonido del televisor. Para Jorge el problema es otro: Susana está acostumbrada a dormir con su mascota, que invariablemente se acuesta entre los dos. Esto rompe el sueño de Jorge, porque se trata de un animal cariñoso que busca sus brazos para apoyarse y esto lo desvela. Cuando se ponen a hablar de esta situación por las noches, pasan mucho tiempo discutiendo sobre las costumbres del otro. Con esto sólo consiguen dormirse aún más tarde y, por supuesto, no llegan a un acuerdo razonable para que ambos puedan descansar bien.

### 2. La disputa por la colcha (o la manta, o la sábana)

Pedro es alto y Cecilia es más bien bajita. Cada noche, desde hace dos años, libran batalla: tiran de la colcha para ver quién se queda finalmente con ella. «Si tiras para arriba me quedan los pies fuera», protesta Pedro. «Si tiras para abajo y te tapas los pies me destapas a mí», responde Cecilia. Esta batalla se complementa con comentarios como: «Antes no te importaban estas cosas, pero ahora todo te molesta. Ya no me quieres como antes». Discuten sin parar pero no logran llegar a una solución que les saque del atolladero.

### 3. Ritmos distintos al levantarse

Montse se despierta temprano para ir a trabajar, aunque siempre ha sido noctámbula y le gusta acostarse tarde. Desde niña, le resulta muy difícil arrancar a primera hora y lo hace con un humor de perros. ¡Que nadie le hable por las mañanas! Cuando suena el despertador, Montse entreabre un ojo, luego el otro; cuando logra levantarse, se arrastra hacia el baño. Toma una ducha con la ilusión de despertarse, se maquilla como puede y toma el café que le ha preparado Pepe, su reciente esposo. Montse no logra despertarse del todo hasta que introduce las llaves en el coche para ir al trabajo. Pepe es, en cambio, un cascabel de buena mañana. Se levanta alegre y conversador. Siempre ha sido así. Cuando desayunan, mientras Montse está con la mirada perdida, él le cuenta sus planes para aquel día y no para de charlar. Montse no quiere decepcionarle porque llevan apenas unos meses juntos, pero no entiende ni jota de lo que le dice. «¿Cómo puede hablar tanto alguien recién levantado?», se pregunta. Cada mañana reza para que Pepe se despierte afónico y no pueda hablar mientras desayunan.

### 4. ¿Dónde está mi camisa blanca?

Laura disfruta plácidamente del último sueño de la mañana. Hasta que escucha a Eduardo gritar a las 6.45: «¿Dónde está mi camisa blanca?». No es que se lo pida a ella, simplemente se hace la pregunta en voz alta para ver si aparece por arte de magia. Y como en la habitación sólo están ella y el perro, Laura responde sin ni siquiera abrir los ojos: «Colgada donde siempre». A la mañana siguiente, más de lo mismo: «¿Quién ha escondido mis calcetines negros?». Y, entre sueños interrumpidos, Laura vuelve a responder: «En el segundo cajón del armario» («Donde han estado los últimos diez años», piensa, pero no lo dice porque no tiene fuerzas a esta hora).

## 5. Los encargos matutinos

Jorge se levanta en estado de trance. Siempre ha necesitado dos horas para entrar en órbita y conectarse con el día. Tras apagar el despertador, enciende el piloto automático y comienza su rutina de la mañana: va al baño, se ducha, se afeita, desayuna… No sabe ni cómo se llama. Termina su rutina y, como un autómata, toma las llaves del coche (si las encuentra). Cuando está saliendo de casa, Laura le grita desde la cama cosas como: «Hoy Julia tiene natación, no te olvides de recogerla», o «A las 8 de la tarde hay reunión de padres en el colegio, no vayas a olvidarlo otra vez», o «Acuérdate de que hoy es el último día para pagar el gas». Cuando Jorge llega al trabajo no recuerda una sola palabra de todo eso. Tampoco recuerda lo que dijo o hizo durante el desayuno. Cada noche hay broncas y discusiones, porque nada ha salido como Laura lo había programado.

---

◆

---

Debería existir un acuerdo prematrimonial para fijar unas pautas a la hora de dormir y levantarse. Las parejas que planean casarse, discuten sobre gustos en la comida, las películas y canciones preferidas de cada uno, si tendrán o no hijos, si alquilarán o comprarán un piso… Pero nunca procuran llegar a un acuerdo para dormir.

La sencilla receta que sigue puede ayudar a las parejas a planificar estos aspectos tan olvidados y que luego tendrán tantas consecuencias. Es una fórmula sencilla que sólo les llevará unos minutos y que tiene resultados casi instantáneos. Les enseñará a evitar malas caras y disputas innecesarias.

Es importante que ambos pongan todos los ingredientes sobre la mesa y hagan la preparación juntos, tanto si piensan compartir cama como si ya lo están haciendo. En este último caso, la preparación llevará un poco más de tiempo, porque los malos hábitos ya estarán creados.

No hay que olvidarlo: en cada pareja las necesidades son individuales… y las soluciones compartidas.

## Receta
## para un acuerdo antes de compartir la cama

Ingredientes:
- Condiciones ambientales
- Lado de la cama
- Ropa de cama
- Hábitos presueño
- Paseos nocturnos
- Despertar
- Desayuno compartido
- Soluciones compartidas

Forma de preparación:
- Preguntando y buscando soluciones

Cómo se cocinan, paso a paso:
- *Condiciones ambientales.* Empiezan los turnos de preguntas para ambos miembros de la pareja. ¿Suele dormir con luz o a oscuras? Si coinciden en la elección, ya hay acuerdo. En todo caso, nosotros les recomendamos dormir a oscuras, porque es como

mejor se descansa. ¿Con música suave de fondo o en silencio? Es mejor dormir en silencio, pero le corresponde a cada pareja decidirlo. ¿Con la ventana abierta o cerrada? Siempre es saludable tener un poco de ventilación. ¿Con la calefacción alta o prefiere sentir un poco de fresco? Para conciliar bien el sueño es mejor el frío que el calor. Y en verano, ¿soporta bien el aire acondicionado o es una tortura porque se le secan las fosas nasales y comienza a estornudar? Recuerden que existen los ventiladores.

■ *Lado de la cama.* ¿Qué lado de la cama ocupará cada uno? ¿Dónde está acostumbrado a dormir? En todo caso, cuando se comparte cama es preferible que cada uno duerma en dirección hacia fuera (de espaldas a nuestro compañero). Pueden dormirse abrazados si lo desean, pero sean conscientes de que luego cada uno se irá a su rincón para descansar de manera óptima. Si uno prefiere el lado derecho y el otro el izquierdo, perfecto: hay acuerdo. Pero si los dos quieren el mismo lado, tienen un problema. Una posible solución: cuando uno de los dos duerme boca abajo, le es más fácil dormir en cualquiera de los lados. Entonces puede dejar elegir a quien acostumbre a dormir de costado.

■ *Ropa de cama.* ¿Cuántas mantas suele usar? ¿Necesita sentir el peso sobre el cuerpo o prefiere una sola manta que sea ligera? En general, aconsejamos utilizar mantas individuales. Son muy prácticas las fundas nórdicas, que no necesitan de una sábana adicional. En la cama de matrimonio funcionan muy bien: cada uno puede abrigarse a su gusto sin necesidad de luchar con la pareja. Las almohadas deben ser siempre individuales. Es importante que elijan una cama suficientemente grande.

■ *Hábitos presueño.* ¿Qué rutina presueño sigue antes de apagar la luz? ¿Leer en la cama? ¿Escuchar música? ¿Hacer el amor? (esto seguro que no lo hacía cuando dormía solo). Cualquier rutina es buena siempre y cuando favorezca la llegada del sueño. Negocie si su rutina interfiere en la de su pareja. ¿Mirar la tele?

El televisor debe estar fuera del dormitorio, en esto no hay nego-
ciación posible, ya que perturba el sueño.

■ *Paseos nocturnos.* Recuerden que ya no estarán durmiendo
solos. Por consiguiente, todo lo que hagan puede perturbar el
sueño del otro. ¿Suele levantarse por la noche? Si lo hace, ¿va con
cuidado de no despertar a su pareja? ¿Sufre sonambulismo, pesadillas frecuentes? Háblenlo.

■ *Despertar.* ¿Cómo está acostumbrado a despertarse? De
pequeño, ¿lo hacía espontáneamente o tenían que venir sus padres? ¿Utiliza despertador? ¿Esto molesta a su pareja o le es indi-
ferente? Si necesita despertador, póngalo mirando hacia la pared
(así no tendrá la tentación de ir controlando cómo pasan los
minutos si le cuesta dormirse) y elija un modelo que no haga
ruido.

■ *Desayuno compartido.* ¿Se despierta de buen humor o es más
bien parco en palabras al levantarse? ¿Qué le gusta hacer cuando
se despierta? Es muy saludable que la pareja ponga en común sus
preferencias en este sentido. Hay personas que necesitan mucho
tiempo para despertarse del todo. A veces puede llevarles una o
dos horas. Si usted es un «zombi mañanero», pida a su pareja que
sólo le hable lo indispensable. Dígale que, de todos modos, tampoco logrará prestar gran atención a esta conversación. Una opción práctica es que su pareja le escriba en un papel los encargos
para que los repase en un momento más lúcido.

■ *Soluciones compartidas.* Le hacemos algunas propuestas:

1. *Uno quiere luz, el otro prefiere la oscuridad.* Solución: dejar
una pequeña luz encendida fuera de la habitación que dé seguridad a quien la necesita pero no perturbe a quien precisa oscuridad. Poco a poco se puede disminuir la luz hasta lograr dormir
con oscuridad total, que es lo más aconsejable.

2. *Si se levanta para ir al baño en mitad de la noche.* No encienda

las luces. También puede guardar una linterna en la mesilla para encontrar su camino sin tropezar con los muebles.

3. *Si se ha desvelado.* Simplemente váyase a otra parte del piso por un rato. Así evitará molestar a su pareja. Además, si se ha desvelado y no puede recuperar el sueño, es mejor que no se quede en la cama dando vueltas (véase la «Receta para prevenir el insomnio crónico», p. 97).

4. *Si se acuesta más tarde y su pareja ya esta dormida.* Desvístase en otra habitación y no encienda la luz al entrar en el dormitorio (puede utilizar la linterna).

5. *Si se levanta más temprano que su pareja.* Prepare la ropa la noche anterior y déjela fuera del dormitorio. Esto también contribuirá a que no le falte nada por la mañana.

6. *Si tienen un perro que le despierta temprano para hacer sus necesidades.* Acuerden previamente quién se levantará. Siempre hay un miembro de la pareja que no se desvela y luego puede seguir durmiendo. No comparta la cama con mascotas, ya que dormirá incómodo.

7. *Nunca se vayan a dormir con un problema de pareja sin resolver.* No se lleven a la cama resentimientos que sólo arruinarán su relación, además de entorpecer el descanso. Discutan con respeto y díganse todo lo que sienten hasta que ambos estén conformes. Luego pasen página y ¡a dormir!

Los chefs recomiendan:

■ Estos acuerdos no son rígidos: vaya adaptándolos según su conveniencia y la de su pareja; la convivencia hará el resto. Esto sólo es un incentivo para que hablen de aquellas cosas que por lo general se callan.

**PAREJA EXPLOSIVA: ÉL RONCA Y ELLA TIENE INSOMNIO**

Una tarde cualquiera en una consulta de la Unidad del Sueño…

Caso 1. Primer diálogo
*Llama él por teléfono:*
DOCTOR: Buenas tardes, ¿en qué puedo ayudarle?
SEÑOR (*voz angustiada*): Usted es la única persona que puede salvar mi matrimonio.
DOCTOR: ¿Qué le ocurre? (*aunque conozco de sobra cuál será la respuesta*).
SEÑOR: Mi mujer dice que ronco y que no me soporta más. ¡Incluso se ha ido a dormir a otra habitación! Me ha amenazado con divorciarse si no acudía a la consulta. Ya sabe cómo son las mujeres… lo exageran todo. Ella también ronca y yo no me quejo. Y no es que yo ronque tan fuerte. Lo que pasa es que a ella, con los años, se le ha vuelto el oído muy sensible.
DOCTOR: En todo caso, debe venir a la consulta con su esposa y veré cómo puedo ayudarles.
SEÑOR: Mi esposa va a ponerse contenta, porque así podrá despacharse a gusto.

Caso 2. Primer diálogo
*Llama ella por teléfono:*
DOCTORA: ¿En qué puedo ayudarle?
SEÑORA: Quiero que visite a mi marido, porque ronca como un león y no me deja pegar ojo en toda la noche.
DOCTORA: Aunque nunca he oído roncar a un león, supongo que quiere decir que lo hace muy fuerte.
SEÑORA: ¿Muy fuerte? ¡Es insoportable! Hasta los vecinos lo oyen. Pero lo que más me preocupa es que he leído sobre las apneas del sueño y me pareció que estaban describiendo a mi marido. Aho-

ra no sólo ruge, sino que también resopla y por momentos deja de respirar. Estoy muy preocupada.

DOCTORA: Muy bien, les veré a ambos en la consulta.

## Caso 1. Segundo diálogo

*Él en la consulta:*

SEÑOR: En casa tenemos un problema grave que no sabemos cómo resolver. Mi mujer dice que no puede dormir por culpa de mis ronquidos. Y yo le digo que no me deja dormir con sus constantes patadas, codazos, chasquidos e indicaciones sobre cómo debo ponerme en la cama. Paso gran parte de la noche despierto o semidespierto para no roncar. Y cuando me parece que lo he logrado, ella me dice que cambie de posición porque estoy roncando. Debo aclararle que su sueño es extremadamente frágil. Hasta un suspiro le molesta, y se despierta con una luz que esté a diez metros. Esto nos obliga a dormir en oscuridad absoluta, con puertas y ventanas cerradas. ¡Nuestro dormitorio parece un sarcófago!

## Caso 2. Segundo diálogo

*La pareja en la consulta:*

DOCTORA *(al señor)*: Cuénteme por qué «lo han traído» (*observo que tiene más de 40 años y unos kilos de más*).

SEÑOR: Mi mujer dice que ronco.

SEÑORA: No lo digo yo, lo dice todo el edificio. ¡Ronca como un energúmeno! Mis hijas y yo lo grabamos una noche para que se escuchara, porque no nos cree.

SEÑOR: Lo hicieron una noche que estaba muy cansado, y subieron el volumen a propósito para que se oyera más fuerte.

SEÑORA: ¡Claro, como tú no te oyes! Ya no sé qué hacer, no me deja pegar ojo y me despierto agotada.

SEÑOR: Y yo ya no sé dónde duermes. Creo que es sonámbula o algo así, porque cada mañana la encuentro en un lugar diferente.

SEÑORA: ¡De sonámbula, nada! Busco un lugar tranquilo para dormir aunque sólo sea unas horas.

SEÑOR: Ella exagera, porque tiene el sueño muy ligero y cualquier ruidito la despierta. Ronco, es verdad, pero sólo lo normal.

SEÑORA: Cuando salimos a cenar con amigos y se toma unas copas de más, los resoplidos y jadeos son tan insoportables que necesito tomar pastillas para dormir.

Estos ejemplos han sido recogidos fielmente de las conversaciones que se mantienen a diario en nuestras consultas. Como han visto, estas situaciones son habituales en todas las partes del mundo.

———◆———

Casi el 70 por ciento de los matrimonios en los que él ronca duermen en habitaciones separadas, o la mujer se traslada a otro lugar durante la noche. Un estudio reciente del Reino Unido puso de manifiesto que muchas mujeres pierden hasta cinco horas semanales de sueño por culpa de los ronquidos de su pareja.

---

### ¿Los hombres son inmunes al ruido?

En una encuesta reciente, el 86 por ciento de las mujeres y el 57 por ciento de los hombres afirmaron que su pareja roncaba. Lo interesante es que mientras el 52 por ciento de las mujeres aseguraron que los ronquidos de su esposo les perturbaba el sueño, sólo el 15 por ciento de los hombres mencionaron este hecho como una pequeña molestia para dormir.

Esta diferencia significativa también podemos trasladarla al llanto de los hijos y a tantos otros ruidos del hogar. Parece estar demostrado que las mujeres son más sensibles a los ruidos que los hombres durante el sueño nocturno.

---

Antes de pasar a la siguiente receta, recuerde que este problema es algo que afecta a los dos —si aún comparten la cama o el dormitorio— y por lo tanto deben leerla juntos. Tienen un problema para el que hay solución. El primer paso es el entendimiento y respeto mutuo.

Sabemos que:

1. Él no puede evitar roncar porque está dormido y todo lo que hace es involuntario. Tampoco puede escucharse por la misma razón. Pero también sabemos que con las medidas que le sugerimos en la «Receta para atenuar o eliminar los ronquidos» logrará reducirlos e incluso suprimirlos (véase la p. 131).

2. El estrés, el sueño insuficiente y la ingestión de bebidas alcohólicas por la noche son grandes enemigos del buen dormir, en particular para los que roncan. La falta de descanso hace que la persona entre rápidamente en el sueño profundo para recuperarse, lo que sumado a la ingesta de alcohol disminuye el tono de la musculatura de la garganta y acentúa los ronquidos.

3. Ella no puede evitar escuchar los ronquidos, más aún si es muy sensible al ruido. En la literatura médica este trastorno consta como: «insomnio provocado por los ronquidos del cónyuge». ¡Hay ronquidos que pueden alcanzar los 70 decibelios! Pero él tampoco descansa bien. Por lo general, el roncador apoya la cabeza en la almohada y se queda dormido. Pero no porque duerma bien, sino porque su sueño es de mala calidad y necesita descansar más. Además, si el hombre tiene más de cuarenta años, su sueño ha comenzado a sufrir una serie de cambios que lo hacen más ligero y los despertares más frecuentes.

4. Además de las molestias que el ruido genera para la pareja —que muchas veces opta por dormir en una cama o habitación separada—, está demostrado que roncar supone un riesgo adicional de sufrir afecciones cardiovasculares cuando el hombre padece hi-

pertensión, cardiopatía isquémica o ha sufrido accidentes cerebro-vasculares.

A continuación veremos una receta para la convivencia pacífica de la pareja. Puede ayudar a que ambos duerman bien y a ser posible juntos.

### Receta para la convivencia entre el roncador y la insomne

**Ingredientes:**
- Lecturas previas
- Nada de alcohol
- Cama ancha
- Una SAN

Cómo se cocinan, paso a paso:
- Antes de poner en práctica esta fórmula, es conveniente leer los apartados y las recetas correspondientes: Él, «Algunas cuestiones sobre los ronquidos» (p. 125); Ella, «El ruido no me deja dormir» (p. 49); ambos: «Los saboteadores del sueño» (p. 66).
- *Para él*: Las bebidas alcohólicas perturban el sueño de ambos. Amplifica los ronquidos del hombre y puede desencadenar la apnea del sueño. Eso provocará en la mujer un mayor número de despertares y un sueño más superficial, lo que la llevará sin duda a oír más a su pareja. Suprima por consiguiente el alcohol o, mejor aún, no tenga bebidas alcohólicas en casa: así evitará la tentación de tomar una copa o dos durante o después de la cena.
- *Para ella*: En el apartado «La cama ideal» (p. 52) veíamos que

el tamaño de la cama y la firmeza del colchón son dos factores importantes para lograr un buen descanso. En este caso particular, la anchura de la cama es más importante aún. Es una cuestión de pura lógica: *cuanto más lejos de su oído tenga el ronquido, menos lo escuchará.*

Puede ser un buen momento para cambiar su vieja cama por una grande de matrimonio con colchones separados, o bien por dos camas cómodas. Evite los colchones de agua, porque transmiten los movimientos y las ondas sonoras. También puede elevar 5 o 10 centímetros las patas de la cabecera de la cama con un ladrillo o tacos de madera.

■ *Para ambos*: Si nada funciona, mientras esperan la consulta con el especialista, prueben la denominada «separación amistosa nocturna» (SAN). Se trata de un acuerdo consensuado entre ambos. El roncador podrá dormir sin ser despertado continuamente con chistidos, codazos y pataditas. La insomne no tendrá que estar pendiente de los ronquidos y podrá ocuparse de su propio sueño, sin tener que recurrir a una pastilla o a una copa para conciliar el sueño. Mañana será un largo día para ambos y necesitan estar plenamente descansados.

Los chefs recomiendan:

■ Si la que ronca es ella y el insomne él, utilicen la misma receta.

■ Si nota que su pareja ronca y deja de respirar por momentos, o bien si padece insomnio crónico, consulte urgentemente con el especialista en medicina del sueño. Ambas situaciones son trastornos graves que deben ser tratados sin demora.

## «TU INSOMNIO NO ME DEJA DORMIR»

Olga (32 años) lleva trabajando seis años en una productora de televisión y desde hace dos la han ascendido a ejecutiva. Era la oportunidad que había estado esperando. Está casada con Luis (35 años) y aún no tienen niños porque su ritmo de vida no se lo ha permitido. Esta profesión exige una dedicación *full time*: no hay día ni noche, ni horarios establecidos. Desde el ascenso, Olga come mal y rápido, y duerme sólo cuando puede. Al principio esto no la afectaba demasiado, es joven y una oportunidad así no se desaprovecha. Muchas veces no coincide con Luis en la cama, ya que sus horarios son muy diferentes y hay días en que sólo se dicen hola y adiós.

Olga se presenta en la consulta porque desde hace unos meses le cuesta conciliar el sueño y da vueltas en la cama durante horas. Curiosamente, cuanto más cansada está, menos duerme. Encima debe lidiar con Luis, que le recrimina que no le deja descansar en paz porque no para de moverse en la cama. También le reprocha que encienda la luz en mitad de la noche para buscar las zapatillas antes de asaltar la nevera. Además, el ruidito de los envoltorios de caramelos y chocolatinas le crispa los nervios. Olga nos cuenta angustiada que su marido es injusto, ya que la que no puede dormir es ella, y él con su actitud no la está ayudando precisamente. Casi tiene miedo de acostarse para evitar otra pelea.

Estudiamos el caso de Olga y llegamos al diagnóstico de «insomnio secundario al estrés». Ella había estado tomando unas pastillas que le facilitó una compañera de trabajo y que no le habían hecho ningún bien.

Antes de comenzar el tratamiento, quedamos con la pareja para explicarles a ambos algunos conceptos básicos del sueño y la influencia de los factores externos sobre éste. Les enseñamos de qué manera interactúan para favorecer o perjudicar el descanso. Al final, logramos acuerdos básicos entre la pareja y así pudimos comenzar a tratar el insomnio de los dos.

◆

Cuando se comparte cama, el insomnio de uno repercute en ambos miembros de la pareja. Los especialistas del sueño lo sabemos, porque en nuestra consulta escuchamos cada día problemas conyugales derivados de una mala noche de sueño compartido.

Como ya les dijimos antes: *si su pareja duerme mal, tómeselo como algo personal, porque su propia salud puede verse afectada.* Ya sabemos las consecuencias individuales que comporta un sueño insuficiente o de mala calidad, y ahora también sabemos la repercusión de estos trastornos en la pareja de quien lo padece.

Se ha calculado que el insomnio afecta a entre un 20 y un 40 por ciento de la población, y es más frecuente en las mujeres. Este porcentaje se duplica en el caso de las parejas. No sólo los ronquidos causan divorcios y peleas conyugales, el insomnio crónico también puede hacer mella en la buena salud de la relación.

Vivimos en unos tiempos altamente exigentes, en los que derrochamos energía y padecemos estrés a gran escala. El consumo de psicofármacos ha llegado a niveles inauditos, así como el porcentaje de gente que duerme mal de forma permanente o transitoria. Los especialistas disponemos de tratamientos específicos para toda la patología del sueño y nadie, solo o en pareja, debería resignarse a descansar mal pudiendo evitarlo.

Como en todas las recetas de este capítulo, debe haber un acuerdo en la pareja para que el problema se pueda resolver eficazmente. ¡No hace falta sufrir día y noche!

# Receta para que el insomnio
## no se multiplique por dos

Ingredientes:

- Búsqueda de soluciones
- Respeto y consideración hacia el otro
- Visita al especialista

Cómo se cocinan, paso a paso:

- Si el insomnio de la pareja no le deja dormir, lo primero de todo es plantear el problema y empezar a buscar soluciones... entre ambos. Elija un momento tranquilo (nunca antes de acostarse) para exponer, sin dramatismos ni reproches, lo que está ocurriendo y cómo les está afectando. Seguramente tendrán muchas cosas que decirse o que el otro no ha querido escuchar hasta ahora. Recuerden que están intentando encontrar soluciones: *no permitan que la búsqueda de las mismas se convierta en parte del problema.*

- *Para el insomne.* Si es un insomnio puntual o ha empezado recientemente, para superarlo pruebe a seguir los pasos que le explicamos en la «Receta para prevenir el insomnio crónico» (p. 97). Verá que le recomendamos no irse a la cama hasta que tenga sueño ni quedarse en ella dando vueltas si no puede dormirse o si se ha desvelado en mitad de la noche. Esto es beneficioso principalmente para usted —no hay que permitir que el insomnio puntual se convierta en crónico—, pero también para la pareja, cuyo sueño debe respetarse.

Por cierto, es tan perjudicial moverse en la cama sin parar, como quedarse inmóvil mirando el techo para no molestar a nadie. Deje de «pre-ocuparse» y «ocúpese» sólo de buscar la solución para dormir bien.

- *Para el que todavía no es insomne.* Entienda que su pareja tiene un problema y trate de hacérselo ver y ayudarle. Insistimos: no es el momento de dramatismos ni recriminaciones. Discutir no es malo si se hace con consideración hacia el otro. El secreto está en decir lo que se piensa sin agredir ni faltar al respeto.

Si su pareja está pasando por una mala época y, puntualmente, padece insomnio, estudien entre ambos qué hacer para mejorar esta situación transitoria. Si su pareja lleva meses o años padeciendo insomnio crónico, se automedica con pastillas que no le funcionan, pero no ha solucionado su problema hasta ahora, sea usted quien le anime a acudir al especialista y acompáñele. El insomnio crónico tiene curación.

# 7

# El sueño de nuestros hijos

Si dormir bien en pareja es complejo, hacerlo en familia —donde cada uno tiene sus costumbres, preocupaciones, miedos y horarios— es casi un milagro.

Ha sido un largo día de trabajo, estamos cansados y lo único que ansiamos es acostarnos y dormir toda la noche de un tirón. Acabada la cena, es momento de iniciar las rutinas que nos llevarán a todos a los brazos de Morfeo.

Pero a esta hora, en la mayoría de los hogares la historia puede ser otra muy distinta. El niño pequeño se resiste a nuestras súplicas para que se vaya a dormir. Quiere otro cuento, mirar la tele, un vaso de agua, hacer pis… Se le cierran los ojos y está pesado e irritable, pero insiste en estar despierto hasta las 11 de la noche como su hermano mayor, que aún no ha terminado sus deberes escolares.

Tras muchas discusiones y forcejeos, hemos logrado acostar al pequeño, que debe levantarse temprano para ir a la escuela. El mayor también ha caído rendido y duerme sobre su escritorio. ¡Por fin podemos gozar de un poco de calma en el hogar!

El padre ya se ha ido a dormir, porque madruga mucho. La madre, tras disfrutar de unos minutos del ansiado silencio, se dispone a hacer lo mismo. Pero al poco rato se oye: «¡Mamá, tengo miedo!», «¡Mamá, agua!». Y el baile vuelve a empezar.

El 25 por ciento de los niños en edad escolar se levantan frecuentemente durante la noche, mientras que el 35 por ciento rechaza irse a la cama antes que sus padres o hermanos mayores. Cada familia es un mundo, con sus propias características y necesidades, pero los problemas a la hora de acostar y hacer dormir a los niños son una constante: malos hábitos en los pequeños, problemas de insomnio y luego esas etapas en las que tienen pesadillas y terrores nocturnos que, aunque involuntarios y en donde es necesario mostrarles todo nuestro afecto, amenazan con acabar con la paciencia de los padres. De estos últimos —los miedos, los terrores y las pesadillas, y cómo combatirlos— les hablaremos en el capítulo 9. Éste lo dedicaremos a reconducir los hábitos de dormir y los trastornos de insomnio de los niños.

Que estos problemas sean frecuentes no significa que debamos resignarnos a dormir poco y mal por el solo hecho de tener pareja e hijos. Levantarse por la mañana resulta mucho más difícil si uno se ha despertado varias veces durante la noche. Todos los miembros de la familia necesitan un buen descanso para poder afrontar las actividades del día.

En este capítulo los padres encontrarán diversas recetas para conseguir que las noches sean más pacíficas. Pero tienen una particularidad, y es que no se sentarán solos a la mesa (metafóricamente hablando).

Imagine que deciden hacer una salida familiar y van a comer a ese restaurante tan de moda que les gusta a todos. Al llegar, se sentarán alrededor de una mesa y cada uno pedirá su plato favorito. Luego conversarán y se contarán las anécdotas del día, mientras esperan a que el camarero haga su aparición y sirva todos los platos al mismo tiempo.

Mientras tanto, en la cocina del restaurante, el chef estará preparando los diferentes platos, que tienen distintos ingredientes y distintos tiempos de cocción. El arte, la organización y la experiencia del chef estarán al servicio de que todo salga al mismo tiempo y con el punto justo.

Algo así ocurrirá en este capítulo: les daremos diferentes recetas para el sueño de sus hijos (desde recién nacidos hasta adolescentes), pero serán ustedes los chefs encargados de cocinar un buen sueño para toda la familia.

## EL INSOMNIO INFANTIL

En esta carta que recibimos, un padre desesperado narra con especial sentido del humor una situación real. La hemos reproducido aquí porque nos parece especialmente representativa y sincera:

«¡¡¡Que te duermas, c…!!!»

Ésta es, probablemente, la frase que más pronunciamos en casa entre el 20/11/97 y el 11/9/98. Esas fechas marcan dos sucesos clave en nuestras vidas:

- 20/11/97:   nacimiento de Irene y Laura
- 11/9/98:   lectura de *Duérmete, niño*

El primer capítulo de su libro recoge, una por una, las geniales ideas que tuvimos al principio para intentar que los «pequeños monstruitos» de la casa se durmieran. No entraré a describirle cómo han sido los diez primeros meses con nuestras hijas en casa, aunque mencionaremos algunos detalles:

– Carreras por los pasillos a medianoche.
– Ataques de nervios.
– Somnolencia en el trabajo.
– Pérdida absoluta de las aficiones en tiempo de ocio.
– Porrazos a las tres de la mañana contra el armario empotra-

do que el constructor tuvo la ocurrencia de poner justo enfrente de la puerta de mi dormitorio, al lado del de las niñas.

– Contracturas en los hombros, brazos y muñecas por las horas empleadas en mecer a las niñas en las hamaquitas mágicas que nos recomendaron para dormirlas, ya que no se les debe dormir en los brazos.

– ¿Sexo?, ¿qué es «exo»?

– Paseítos a las doce de la noche, empujando el carrito por lugares oscuros y silenciosos, ¡y menos mal que era verano! El calor afectaba tanto a las pobres niñas que no podían dormir. Además las despertaban los niños que jugaban, los coches, los perros que ladraban, el viento, la cadena del váter del vecino, al autobús que gira en la esquina de mi casa… ¡hasta llamé a la policía para denunciar a un vecino que tenía la tele demasiado alta!

– Búsqueda de un piso más grande porque el nuestro sólo tiene dos habitaciones.

En fin, que al final y al borde de la desesperación, me hablaron de su libro y lo compré. En una sola noche, tras una hora y media de lloros… SE DURMIERON ELLAS SOLAS Y ESTUVIERON DIEZ HORAS SIN DESPERTARSE y así día tras día hasta hoy. Sólo han pasado trece días y ya hemos dormido más que en los últimos diez meses. Ahora las niñas se acuestan entre las 8.30 y las 9, duermen doce horas por la noche y echan la siesta. No hay que dormirlas, ¡se duermen!

Nosotros hemos recuperado la intimidad, el tiempo libre y disfrutamos mucho de las niñas. ¡Incluso nos dejan ver los partidos del Atlético de Madrid, nuestro club! Ahora ya no decimos: «¡¡¡Que te duermas, c…!!!», sino: «Vamos a la cama que hay que descansar…». Las niñas están de un humor estupendo. Se muestran mucho menos nerviosas que antes y no les molestan los dientes, el calor, los gases y sobre todo… nosotros.

Enhorabuena por su libro y sobre todo, gracias por escribirlo. ¿No tendrá otro para solucionar los problemas del Atlético de Madrid?

Una vez más, GRACIAS. Saludos cordiales,

FERNANDO, MARGA, IRENE y LAURA

«The sleeping family»

◆

El insomnio es el trastorno de sueño infantil más frecuente y puede afectar desde a lactantes de seis meses a niños de cinco años. Los padres explican que el niño «nunca» ha dormido bien y que desde el primer día los despertares nocturnos han sido muy frecuentes. Más raramente hablan de periodos de normalidad y que, después de un estímulo externo —una enfermedad, la permanencia en casa de abuelos o familiares—, aparece la problemática citada.

Este tipo de insomnio se caracteriza por la dificultad para que el niño inicie el sueño solo, con despertares frecuentes durante toda la noche. Suele interrumpir su sueño de cinco a quince veces por noche y le resulta imposible volver a conciliarlo espontáneamente sin ayuda.

Cuando los observamos durante el periodo de sueño, tenemos la sensación de que están «vigilando» continuamente. En estos casos, los padres suelen probar toda clase de métodos para dormirlos con escaso éxito.

A medida que el niño crece y adquiere vocabulario, se complica aún más el momento de iniciar el sueño, ya que suele ser el niño quien dicta las «normas» que deben seguir los padres para hacerlo dormir. El niño pide que le canten, pide agua, quiere dormir con los padres, dormir frente al televisor, etcétera. Nada de todo esto promoverá una buena rutina de los hábitos del sueño, y ni mucho menos solucionará el problema.

El origen del insomnio infantil hay que buscarlo en una adquisición deficiente del hábito del sueño. Básicamente se debe a las asociaciones inadecuadas que el niño hace con su sueño. En esto tienen mucha culpa los múltiples cambios que realizan los padres para intentar que el niño se duerma.

Muchos padres creen todavía que es un fenómeno corriente y normal que un niño se despierte varias veces por la noche. Por consiguiente, no hay que consultar con el pediatra, pues sólo cabe la paciente acción de la madre —más que el padre—, que se levantará las veces que haga falta para intentar dormir al niño.

No hay mayor desestabilizador de la armonía conyugal que un niño que se despierte varias veces por la noche, día tras día, semana tras semana, un mes tras otro. Cuando esto sucede, los padres empiezan a utilizar los recursos más lógicos: darle agua, mecerlo un poco, cantarle, darle la mano, acariciarle, etcétera. Nada de esto suele ser suficiente. Aunque logremos que el niño se quede dormido tras algunos minutos, se despertará más veces y los padres tendrán que volver a hacerle dormir.

Si no se cambia de estrategia, poco a poco las cosas se complican. El niño crece con nuevas exigencias: dormir en el sofá mirando la tele, o bien en la cama de los padres. Todo esto seguirá siendo insuficiente, puesto que los despertares nocturnos persisten y la hora de acostarse se retrasará.

## Receta para el sueño del recién nacido

Ingredientes:

- Cuna en el dormitorio de los padres
- Mucho orden y rutinas fijas
- Postura adecuada para dormir
- Asociación «oscuridad y silencio = sueño» y «luz y sonido = vigilia»
- Temperatura habitual

Cómo se cocinan, paso a paso:

■ La mayoría de cunas para el sueño de los bebés que se venden en el mercado son totalmente adecuadas. Como es lógico —y sobre todo por comodidad de la madre—, es bueno que esté en la misma habitación de los padres.

■ Lo que más agradece un recién nacido para aprender a dormir son el orden y las rutinas. Es bien sabido que los bebés duermen muchas horas, pero no lo hacen de forma continuada. Esto es debido a que su reloj biológico —el encargado de hacernos dormir durante toda la noche— todavía no está maduro. La única forma de educarlo es proporcionarle hábitos y rutinas correctos. Por esto, desde muy pequeños es bueno inculcarles ciertos horarios de comida y sueño: asociar la luz, el sonido, las caricias y las canciones con el día, y el silencio y la oscuridad con los periodos de sueño nocturno.

Es imprescindible que no se duerma mientras le damos de comer, tanto si le damos el pecho como el biberón. El bebé debe permanecer despierto. Podemos estimularle con breves caricias, soplos o música para evitar que se duerma. También es importante que se duerma en su cuna. Para ello hay que ponerlo despierto en ella, de modo que el sueño le venga poco después. En principio, no es bueno que se nos duerma en los brazos ni mientras lo mecemos. Si lo hacemos así, cuando se despierte en otras ocasiones necesitará los mismos brazos o que lo mezamos. No siempre es posible lograrlo con los bebés, así que no se preocupe si no lo consigue de entrada. En cualquier caso, inténtelo: se sorprenderá de lo pronto que aprenden. ¡Son pequeños, pero no tontos!

■ Es importante colocar al recién nacido boca arriba o de lado. Evite ponerlo boca abajo. Los últimos estudios realizados por los pediatras desaconsejan esta posición, que parece estar relacionada con problemas tan graves como la denominada «muerte súbita del lactante».

■ Cuando ponga el bebé en su cuna para iniciar el sueño, procure mitigar los ruidos ambientales. ¡Nadie se duerme con música estridente o con la tele a tope! El recién nacido debe asociar el silencio y la oscuridad con el sueño, y el sonido y la luz con la vigilia. Pero tampoco se exceda. No convierta su casa en un cementerio cuando el niño vaya a iniciar el sueño. Simplemente baje el volumen de la tele y entorne la puerta de su cuarto para que no entre demasiada luz. Recuerde: los niños nunca deben aprender a dormir con la luz encendida, ya que entonces, si se despiertan a medianoche, necesitarán la luz para dormirse de nuevo.

■ La cuestión de la temperatura es muy importante, porque los adultos tendemos a sobreabrigar a los niños. Un niño definió lo que era un jersey como «la pieza de ropa que le hacían poner cuando su abuela tenía frío». El recién nacido no tiene más frío que un adulto y, por lo tanto, la temperatura a la que duerme debe ser similar a la suya. Piense que muchas veces ponemos al recién nacido un pijama, sábanas, manta, cubrecama y encima encendemos la calefacción en su habitación. ¡Cómo no va a pasar calor! Haga la prueba: vístase un día como su bebé y ponga en su cama las mismas piezas de ropa. ¡Verá lo que es tener una sauna en la cama!

## Los chefs recomiendan:

■ Seguir unos horarios regulares para las comidas, la higiene y la hora de acostarse favorecerá la adquisición de un buen hábito de sueño.

■ El recién nacido no diferencia entre el día y la noche. Algunos, incluso, duermen más de día que de noche. Es perfectamente normal. Los bebés no tienen reloj y no saben cuándo la mamá tiene sueño. Por consiguiente, hay que tener un poco de paciencia. Si lo hace bien, el niño aprenderá rápido. Por el contrario, si se muestra inquieta y nerviosa, el niño percibirá su estado y le resultará más difícil aprender a dormir correctamente.

## EL SUEÑO DE LOS LACTANTES Y NIÑOS DE HASTA 5 AÑOS

Conocimos a Marta un mes de abril. Tenía cara de lista, era simpática y hablaba muy bien para su edad. Sus padres —de 32 y 35 años respectivamente— estaban preocupados porque Marta no dormía seguido. Le costaba mucho irse a la cama y se despertaba varias veces durante la noche. Nunca tenía sueño. Para ella la noche era el momento alegre del día, una oportunidad para «encantar» a sus padres, que volvían tarde a casa por cuestiones laborales. Ella pasaba el día feliz y bien cuidada por una canguro, pero cuando llegaban sus papás se volvía lenta y pesada.

La cena en sí era un calvario. Comía lentamente y con problemas. Después no había manera de que se fuera a la cama. Eran las 11 de la noche y todavía estaban pendientes del sueño de Marta. Lo habían probado todo. Para que se durmiera le explicaban cuentos, le cantaban canciones, le dejaban ver la televisión, se acostaban con ella por turnos, le daban agua, la llevaban a hacer pipí cuatro veces por noche… En suma: un rosario de experimentos para ver si se dormía. Tras dos horas de lucha, Marta caía rendida y se dormía, pero cuatro horas después se despertaba y corría hacia la cama de los padres. Al final los padres, agotados y cortos de sueño, accedían a todo lo que les pedía Marta y acababan durmiendo los tres en la misma cama. Otros días era el papá quien se iba a la cama de Marta para conseguir al menos tres o cuatro horas de sueño superficial, y al día siguiente se levantaba hecho un manojo de nervios.

Desde que Marta tenía seis meses, la familia no sabía lo que era dormir más de tres horas seguidas, festivos incuidos. Los padres estaban agotados e irritables, y se sentían culpables de no saber manejar la situación. Incluso pensaron que Marta podía tener un problema cerebral que le impedía conciliar el sueño como los demás niños.

La misma Marta notaba las repercusiones de dormir mal. Durante el día no quería hacer la siesta y, si la hacía, era siempre muy corta. Por más cansada que estuviera, por la noche no había manera de que se fuera a dormir a una hora razonable. Los padres no gozaban de un solo momento de intimidad; nunca podían hablar de sus cosas ni salir a cenar con sus amigos. La vida conyugal había desaparecido. Por eso renunciaron a tener más niños, no fuera que les saliera otro como Marta. ¡Con una tenían suficiente!

El pediatra había corroborado que Marta era perfectamente normal. Ya no sabían qué hacer. Todo el mundo les daba consejos, pero eran ellos los que pasaban noches sin pegar ojo, los que a la mañana siguiente se levantaban agotados y deprimidos, porque sabían que la noche siguiente sería igual. Llegaron a nuestra consulta con total escepticismo. Les habían dicho que nosotros les enseñaríamos a dormir a Marta, pero no tenían muchas esperanzas porque pensaban que «Marta era diferente». Bastó una visita de una hora y media de duración, donde les explicamos que el sueño es una necesidad fisiológica, pero que a dormir bien hay que aprender porque es un hábito. Si enseñamos a comer a los niños, también podemos enseñarles a dormir.

Salieron poco confiados pero decididos a intentarlo. Aplicarían una serie de rutinas para instaurar un buen hábito de sueño. Al menos ahora sabían cómo hacerlo. Dos semanas después acudieron a la visita de control. Lo primero que nos dijeron es que habían decidido que Marta tendría un hermanito. Sonreían y se les veía felices. Por fin dormían los tres. Comentaron que los primeros cinco días habían sido difíciles porque Marta, que es muy lista, probó todas las estrategias posibles para desarmarlos. Pero ellos le repitieron hasta la saciedad, con palabras dulces y amorosas, que le estaban enseñando a dormir. Al final lo consiguieron. Ahora Marta duerme once horas cada día. Se levanta de buen humor, ya no está irritable y come mucho mejor. Hace una siesta y sigue tan jovial y divertida como siempre. Mientras tanto los papás ocupan su tiempo nocturno en buscar un hermanito…

---

Durante el primer año de vida, el niño aprende hábitos esenciales para su futuro. Comer y dormir correctamente son dos de los más importantes. Ambos son hábitos que se pueden aprender.

Los niños aprenden a comer correctamente según las normas sociales de cada cultura. Los occidentales lo hacen sentados en sillas, apoyando el plato en la mesa y utilizando unos utensilios que denominamos tenedor y cuchara. En muchos países de Oriente se come sentado en el suelo, con un bol en la mano y palillos. Ambas conductas son igual de correctas.

Con el sueño sucede lo mismo. Los niños pueden aprender a dormir solos, acompañados por los padres, en el sofá, en su cama, en la de los padres, etcétera, pero las «normas» que rodean el acto de dormir deben ser establecidas por los padres. A partir de los seis o siete meses, un niño debería iniciar el sueño solo, sin llanto, y debe tener una duración de entre once y doce horas seguidas, sin despertares que lo interrumpan. Puede utilizar un muñeco de peluche como «amigo acompañante», pero debe dormir en su cuna y con la luz apagada.

## Cómo adquirimos un hábito

Para inculcar un hábito en el niño, éste debe asociar una función —como dormir— a una serie de elementos externos. Por ejemplo, el acto de comer se asocia a elementos como el babero, la silla, el plato, la cuchara, el tenedor… y repetimos esta asociación de «elementos externos» hasta que el niño aprende a comer de manera autónoma.

Con el sueño sucede lo mismo. El niño debe aprender a dormirse solo. Para ello debe asociar este acto con determinados elementos externos: la cama, el osito de peluche, el chupete, así como los ornamentos de su habitación. La actitud de los padres es fundamental en este proceso, ya que son ellos los que deben transmitir seguridad al niño.

¿Verdad que cuando un niño se sienta por primera vez a la mesa no esperamos que sepa utilizar correctamente la cuchara o el tenedor? Es un hábito que debe aprender tras mucha práctica, día tras día. Después de repetir la misma acción muchas veces, el niño acabará realizándola correctamente. Con el sueño puede hacerse de la misma manera: los padres deben enseñar a sus hijos a dormir solos y transmitirles seguridad.

## Cómo reeducar el hábito del sueño

Para modificar los hábitos del sueño, es esencial crear un ritual alrededor del acto de acostarse. Esta rutina debe ser un momento agradable compartido por padres e hijos, y su duración debe oscilar entre los cinco y diez minutos.

Será básicamente un intercambio emocional que realizaremos en un lugar distinto de donde duerme el niño. El ritual puede consistir en cantar una suave melodía, contar un cuento, o bien programar una actividad para el día siguiente. El niño debe estar informado en todo momento del tiempo que le queda antes de iniciar su sueño.

Posteriormente, le dejaremos en su habitación —en la cuna o en la cama— y nos despediremos de él. Es básico que el niño esté despierto cuando salgamos de su habitación. No olvidemos que el niño aprende a dormir con aquello que los adultos le dan. Por consiguiente, en sus despertares fisiológicos nocturnos reclamará las circunstancias que asocie con su sueño. Si el niño se duerme solo, volverá a dormirse solo cuando se despierte por la noche; pero si se ha dormido en brazos o mientras lo mecemos, reclamará estas mismas acciones.

Si le enseñamos una rutina correcta, el niño esperará con alegría el momento de acostarse y le resultará fácil separarse de los padres cuando se vayan de su habitación. Ver la televisión antes de acostarse, aunque sea en familia, no es una opción tan saludable, porque no permite el intercambio personal. Es mucho más recomendable leerle un cuento o hacer cualquier otra actividad tranquila. Asimismo, es bueno que tenga junto a él su animalito de peluche, su juguete preferido o su almohada. De este modo se sentirá acompañado cuando le dejen solo en la habitación y, más importante aún, descubrirá que permanecen con él cuando se despierte por la noche.

La regularidad en la rutina nocturna es muy importante para preparar al niño para el sueño.

## Receta para el sueño de los lactantes y niños de hasta 5 años

Ingredientes:

- Orden y rutinas
- Más orden y más rutinas
- Afectividad
- Elementos externos que «duerman» con el niño
- Seguridad y paciencia
- Afectividad firme ante las peticiones del niño

Cómo se cocinan, paso a paso:

- Al igual que el recién nacido —o incluso más—, los lactantes y niños menores de 5 años agradecen las rutinas antes de irse a dormir. Dicho de otro modo: saber lo que va a pasar les da seguridad. Por eso es imprescindible que, antes de acostarse, sigamos un ritual correcto.

Empezaremos por la cena. Debe ser siempre en el mismo lugar —en la cocina o en el comedor—, sin tele ni juguetes. Sólo debe tener lo que sus padres le han preparado para cenar. Concluida la cena, se terminan todos los elementos que la acompañan, es decir: el vaso de leche, el agua, el biberón, etcétera. Es muy importante que el niño, por pequeño que sea, entienda que el biberón o la leche sólo se toman durante la cena. No sirven para dormir.

Después iniciaremos lo que denominamos el «hábito de la afectividad». Se trata de un periodo de tiempo de entre quince y veinte minutos donde el niño está con los papás, sentado en su regazo o bien a su lado. Ellos le leen un cuento, le cantan una canción o simplemente hablan con él o le hacen caricias. Debe hacerse en un lugar distinto de donde duermen y comen. El salón puede ser el lugar ideal. No le contamos cuentos para que se duerma, sino para comunicarnos con él y transmitirle nuestro afecto.

Pasado este tiempo, empezaremos la enseñanza del hábito del sueño. Pondremos al niño en su cuna o cama junto con los elementos externos que acompañarán su sueño (véase más adelante), y le repetiremos a pequeños intervalos que debe aprender a dormir.

■ Más orden y más rutinas. Es evidente que, al hacer lo que proponemos en el punto anterior, el niño no aprenderá a dormir la primera noche. Del mismo modo que el primer día que come la sopa con cuchara no lo hace perfectamente y sin rechistar, los papás deberán armarse de paciencia y seguir las mismas rutinas cada vez que el niño los reclame. No es fácil —requiere unos cuantos días de repetición—, pero está demostrado que el porcentaje de éxito es altísimo. En la inmensa mayoría de los casos, en menos de una semana los niños aprenden a dormir seguido.

■ ¿Cuáles son los elementos externos que «duermen» con el niño? Todo lo que damos a un niño para que aprenda a dormir y debe tenerlo con él durante la noche. Por ejemplo: un osito de peluche escogido por los padres, un dibujo en la pared, un móvil colgante, cinco o seis chupetes si los usa. El niño se sentirá seguro si aprende a dormirse con estos elementos externos. Si se despierta a medianoche, encontrará a unos mismos compañeros de sueño. Siguiendo este principio, no podemos darle nada para que se duerma si después vamos a retirarlo. Por consiguiente, no debe dormirse mientras le damos la mano ya que, si se despierta a medianoche, reclamará la mano para volver a dormirse. Lo mismo sucede cuando lo abrazamos o mecemos, dormimos con él, etcétera.

■ Un niño siempre capta lo que el adulto le transmite. Si sus padres se muestran seguros y tranquilos, esto le dará tranquilidad, aunque al principio llore porque no se sale con la suya. Por el contrario, los niños notan enseguida si los papás dudan, así como cuando están nerviosos o simplemente cansados. En este caso, los pequeños se mostrarán más irritables y dependientes, y les costará más aprender. Por consiguiente, los papás deben estar muy tranquilos y comunicarle en todo momento que le están enseñando a dormir correctamente. Nunca debe ser un castigo, sino una enseñanza, y eso sólo se transmite con mucha paciencia y seguridad.

■ Por último, la luz y otras demandas. Es normal que, los primeros días, el niño no entienda nada y reclame constantemente cosas para dormirse. Esto sucede especialmente cuando empiezan a dominar el lenguaje. Siempre utilizan palabras inteligentes para convencer a los papás: tengo sed, tengo pipí, dame un besito, acuéstate conmigo… Nunca utilizan argumentos que no convenzan a los padres. ¡Son muy listos! En cambio gritan: «¡Agua!» porque saben que con ello lograrán que papá o mamá vayan a su lado. Es frecuente que hagan otras demandas que nos pueden parecer lógicas, pero que no lo son. Por ejemplo: la luz encendida. La luz no sirve para dormir y, por lo tanto, los niños deben aprender a dormir en las mismas condiciones que tenemos los adultos.

Los chefs recomiendan:

- Dos libros para enseñar buenos hábitos a los niños:

– *Método Estivill. Guía rápida para enseñar a dormir a los niños.* En esta obra especificamos todos los detalles necesarios para que los padres enseñen a sus hijos, en menos de una semana, los buenos hábitos del sueño.

– *¡A comer!* es un manual para enseñar a los niños a comer de todo de forma tranquila y efectiva. En este libro se proponen muchas ideas distintas para enseñarles este buen hábito.

## EL SUEÑO DE LOS NIÑOS EN EDAD ESCOLAR

A nuestra consulta llegó Alba, una niña de ocho años que cada noche, apenas un par de horas después de haberse dormido, corría hacia la cama de sus padres. Decía que tenía miedo y le asaltaban constantes pesadillas.

«Desde que nació, no ha dormido una sola noche entera sin despertarse», nos comentaban los padres abatidos. «Hemos probado de todo: darle agua, ponerle el chupete, tomarle la mano, pasearla… pero nada ha funcionado.» Como último recurso, los padres hicieron lo que les parecía más cómodo: permitir que Alba durmiera con ellos en su cama. Desde entonces no ha habido manera de lograr que duerma en su cama.

Además del problema de miedo nocturno, Alba presentaba problemas de conducta como irritabilidad, déficit de concentración y desobediencia en casa y en la escuela.

---

Durante la exploración, los médicos constatamos que Alba era una niña perfectamente normal en cuanto a su inteligencia y capacidades motoras. La familia, sin embargo, mostraba una actitud de sobreprotección hacia la niña, lo cual había generado en ella una inseguridad que repercutía en su sueño. Lo primero que hicimos fue proporcionar a los padres un criterio claro a la hora de inculcar nuevos hábitos de sueño en su hija. Para el tratamiento se siguió el proceso que se describe en la siguiente receta. En pocas semanas, Alba logró dormir de manera autónoma y saludable, y mejoró ostensiblemente su rendimiento durante la vigilia.

## El insomnio aprendido

Cada vez son más frecuentes los padres que visitan a un especialista para tratar trastornos de sueño de sus niños mayores.

El insomnio infantil en la población de 5 años en adelante presenta una frecuencia del 14 por ciento. Esta patología se caracteriza por la dificultad del niño para iniciar el sueño solo, o bien para mantener su duración (más de treinta minutos), aparejado a los despertares nocturnos con visita a los padres —normalmente ya no les llaman— y la demanda de que duerman con ellos.

Cuando el niño acude a la cama de los padres o habla de su problema, suele esgrimir razonamientos elaborados y fácilmente creíbles. La finalidad es que los padres sucumban a sus ruegos a altas horas de la madrugada. Los niños, al ser interrogados por los especialistas, hablan de miedos nocturnos pero en realidad se trata de una inseguridad en su hábito de sueño.

Esto hará que rehúsen ir a dormir a casa de otros niños, se nieguen a ir de colonias y que, en general, el hecho de acostarse no le resulte una situación agradable.

El tratamiento es lógicamente diferente al que se realiza en niños más pequeños. En el niño mayor, las conductas ya desarrolladas alrededor de este hábito hacen más complejo su abordaje. Puesto que esta problemática suele estar relacionada con conductas alteradas de la familia, es imprescindible realizar la aproximación terapéutica conjuntamente con el niño y los padres.

Esta patología tiene una clara repercusión diurna y afecta al rendimiento intelectual de los niños, que pueden tener problemas de retraso en la escuela a consecuencia de dormir mal. También pueden tener dificultades a la hora de relacionarse con sus compañeros, ya que la irregularidad de su sueño hace que se sientan distintos o inferiores a los demás niños.

## Receta para enseñar a dormir a los niños en edad escolar

Ingredientes:
- Explicación
- Despertares
- Aprendizaje
- Paciencia

Cómo se cocinan, paso a paso:

- Antes de acostarlo, comunicaremos al niño las pautas que vamos a seguir. Podemos hacerle un esquema por medio de dibujos de todas las actividades que debe realizar antes de acostarse: cenar pronto, jugar o leer un rato con el padre, la madre o con ambos, acostarse, leer cinco minutos él solo y relajarse con la luz apagada.

- Si se despierta por la noche, le diremos que puede ir al baño o beber agua que previamente habremos dejado en su mesilla de noche. También puede encender y apagar la luz de su habitación para tranquilizarse, siempre que lo haga él solo sin despertar a nadie.

- Para lograr que incorpore a su rutina un hábito de sueño saludable, le mostraremos un calendario y le diremos que, cada noche que consiga dormir en su cama sin despertar a sus padres, pondremos una pegatina verde en el día correspondiente. Si no lo consigue, la pegatina será roja. Le diremos que cuando tenga tres pegatinas verdes seguidas, obtendrá un regalo o premio. Una vez superados los tres días, deberá superar cinco para tener otro premio, y después siete.

■ Es necesario tener paciencia. Debemos mantener estas pautas durante al menos un mes. Es normal que al principio le cueste, no cumpla los requisitos que le pedimos y se sienta incapaz de hacerlo. Los padres deben repetir con tranquilidad las mismas pautas aunque se produzcan pequeños fracasos. Tienen que explicarle que, si sale de la habitación, no está haciendo nada mal. Simplemente se equivoca y, muy a pesar suyo, tendrán que ponerle una pegatina roja. Hay que animarlo siempre a que lo vuelva a intentar. Con un poco de paciencia, este sistema tan simple funciona en casi todos los niños. Pero lo más importante es que los padres sigan insistiendo con este método hasta que el niño resuelva el problema por sí mismo.

Los chefs recomiendan:

■ La lectura del libro *Vamos a la cama*, que explica de forma detallada y completa cómo debe tratarse este problema. Incluye consejos útiles para enseñar a dormir a los niños desde los 5 años hasta la preadolescencia.

## EL SUEÑO DEL ADOLESCENTE Y SUS TRASTORNOS

Berta tiene 16 años cuando llega a la consulta. Rubia y esbelta, es la envidia de sus compañeras de clase. Había sido buena estudiante hasta hace un año.

Sus padres la traen porque le resulta imposible conciliar el sueño a una hora normal. Consideran que, si se levanta a las 8 de la mañana para ir al instituto, como muy tarde debería acostarse a las 12 de la noche. Ella lo intenta pero, por más que se relaja y permanece quieta en la cama, no logra dormirse. Al final, después de probarlo durante una hora, se levanta y conecta su ordenador, con el que está entretenida hasta las 3 de la mañana. Entonces es cuando le viene el sueño. Al acostarse se queda dormida enseguida.

Por la mañana el despertador suena a las 8, cinco horas después de haberse acostado. Ni siquiera lo oye. Tras más de veinte minutos de llamarla, su padre va a la habitación y le retira las sábanas. Y allí comienza el drama: no hay manera de arrancarla de la cama. Después de media hora —de mal humor y con cara de perro— consigue llegar al baño. «¿Has visto qué hora es?», grita la madre. «Como cada día, llegarás tarde a clase.» Ella ni siquiera contesta. Se ducha por inercia, y se bebe el chocolate y toma el bocadillo que su madre le ha preparado.

Llega tarde al instituto con cara de sueño y de muy mal humor. Entra en clase cuando sus compañeros ya están sentados, como cada día. No se entera de nada durante las dos primeras horas de clase. No atiende y tiene cara de «zombi». La maestra ni le pregunta. Sabe que Berta todavía está dormida. Como es natural, suspende cada trimestre aquellas dos materias de primera hora de la mañana. Sobre las 11 se toma su primer café. Antes se ha comido el bocadillo en el bar frente al instituto y se ha bebido un refresco de cola. Entonces empieza a funcionar...

Normalmente bebe otras dos colas a lo largo del día. Cuando llega la noche está activa, en su mejor momento. Habla con las amigas, ayuda en casa, está de buen humor y cena bien. Estudia un rato, ve la tele y otra vez empieza el martirio. Son las 12 y sus padres le obligan a ir a la cama. Ella lo intenta, pero después de una hora de espera se levanta y conecta su ordenador. La historia se repite.

Por término medio, un adolescente debería dormir al menos nueve horas al día. Casi ninguno lo hace, eso es una evidencia, sobre todo cuando llegan a los 17 o 18 años. A esta edad suelen retrasar la hora de acostarse y luego les cuesta mucho levantarse. Son típicos los ruegos y malas palabras cuando suena el despertador y los padres les obligan a salir de la cama. Puede llegar a ser una tortura para muchas familias.

## ¿Por qué a los adolescentes les cuesta tanto tener un buen hábito de sueño?

- *El ritmo circadiano de la vigilia y el sueño.* Todos los seres vivos estamos sujetos a determinados ritmos biológicos que se repiten de manera periódica y son vitales para el buen funcionamiento de nuestro organismo. Algunos de ellos tienen una periodicidad «circadiana», lo que significa que se organizan en ciclos de veinticuatro horas. Ése es el caso del ciclo vigilia / sueño.

Hipótesis recientes sugieren que este ritmo circadiano sufre un retraso durante la adolescencia y se sitúa en un periodo de veinticinco a veintiséis horas. A consecuencia de esto, el sueño aparece cada vez más tarde, lo que implica un desplazamiento equivalente en la hora de despertarse. Esto explicaría por qué a los adolescentes les cuesta tanto acostarse a una hora razonable y les cuesta aún más levantarse.

Al desfase del ritmo circadiano se suman otros factores externos como la vida social nocturna, sea en forma de salidas a bares y discotecas, o bien los chats de Internet.

- *Espacio propio.* En la adolescencia, la mayoría de jóvenes se encuentran con una libertad que todavía no saben gestionar. De repente pueden disponer de su tiempo y actividades de acuerdo con sus criterios, que suelen colocar el ocio y la vida social en primer lugar. Luego viene todo lo demás.

Las «sugerencias» por parte de los padres pueden provocar a veces más rebeldía que otra cosa, porque esta fase vital se caracteriza por rehusar de forma sistemática cualquier consejo o norma. También los relacionados con la vigilia y el sueño.

Para acabar de empeorar la situación, muchos adolescentes tienen en su habitación —que debería estar destinada «sólo a dormir»— un equipo de lo más completo para entregarse al ocio: ordenador, equipo de música, teléfono, televisor... Con todos estos recursos a su disposición (y lo que hemos mencionado anteriormente sobre el ritmo circadiano) no es de extrañar que la hora de dormir tarde cada vez más en llegar.

- *Libertad de horarios.* Muchos adolescentes tienen libertad para organizar sus horarios, lo cual puede implicar desde acostarse de madrugada a saltarse horas de clase, cosa que suele pasar inadvertida a muchos padres. Algunos, incluso, optan por acudir al instituto en horario nocturno para poder así perpetuar sus malos hábitos de sueño. Suele tratarse de los mismos que ya tienen cierta dificultad para levantarse por la mañana.

Mientras los padres ven la tele, o cuando ya se han retirado a su habitación, el adolescente aprovecha para disfrutar con tranquilidad de un tiempo libre robado a las horas de sueño. Por la noche hay tiempo de hacer de todo: jugar con el ordenador, chatear con los amigos, también estudiar. La vieja —pero nada saludable— costumbre de «empollar» la noche antes del examen, y llegar a éste sin haber dormido ni una hora, sigue vigente en muchos casos.

- *Poca conciencia de la importancia del sueño.* Es común ver cómo algunos adolescentes repiten la consigna: «Ya dormiré cuando me muera», lo que demuestra la poca trascendencia que conceden al sueño. No deja de ser curioso, sin embargo, que el grupo de población que menos aprecia la necesidad de sueño sea el que más horas pasa durmiendo los fines de semana.

Consideran el acto de dormir una pérdida de tiempo y lo reducirán hasta el límite de sus fuerzas para dedicar horas a otras actividades.

• *Consumo de alcohol y estimulantes.* En la adolescencia se inicia el consumo de alcohol y de estimulantes socialmente tan aceptados como el café y los refrescos de cola. Todos ellos inciden negativamente en la calidad del sueño.

Las bebidas alcohólicas proporcionan una sedación temporal, pero al mismo tiempo impiden profundizar en las distintas fases del sueño. Tras un consumo importante de alcohol, el adolescente tiene un sueño superficial y poco reparador con un despertar precoz.

A su vez, los jóvenes recurren mucho al café y los refrescos de cola para mitigar los efectos de la falta de sueño: la somnolencia. Es el pez que se muerde la cola: a peor sueño, más necesidad de estimulantes; a más estimulantes, menos sueño.

Los aficionados a la noche combinan a menudo un sedante (alcohol) con un estimulante (cola), lo que no favorece para nada un sueño posterior de calidad.

Muchos trasnochan y toman este tipo de bebidas por un puro afán de imitación. Hay que tener en cuenta que es una etapa vital de gran inseguridad en la que los adolescentes buscan reafirmarse a través de conductas más o menos transgresoras.

• *Privación crónica de sueño.* Aunque no todos los adolescentes sufren trastornos del sueño, sí es cierto que cada vez se registran más alteraciones específicas en este grupo de edades, a menudo ignoradas por los adultos.

El déficit de horas de sueño tiene un efecto acumulativo sobradamente demostrado. Por ejemplo, un adolescente que, desde el lunes, duerma cada noche una hora menos de las que necesita, llegará al viernes por la mañana con una pérdida real de cuatro horas, aunque el día anterior haya dormido ocho horas. A efectos de sueño, es como si sólo hubiera dormido cuatro horas.

Es lo que se conoce como la «privación crónica de sueño». Sus síntomas: somnolencia diurna excesiva con una clara repercusión en el rendimiento escolar, la concentración e incluso el estado de ánimo. Para combatir estos problemas, muchos jóvenes recurren a estimulantes como el café o los refrescos de cola, lo que no hace sino agravar la situación.

### Receta para enseñar a dormir a los adolescentes

Ingredientes:
- Unos minutos de teoría
- Un poco de orden y menos cafeína (casos leves)
- Luz, melatonina y retraso del momento de acostarse (casos graves)

Cómo se cocinan, paso a paso:
- Lo primero que debe entender un adolescente es que dormir bien es imprescindible para estar despierto durante el día. Dormir cinco horas cada día durante muchos meses —como era el caso de Berta— conduce sin remedio a graves problemas sociales y escolares. Hay que explicarle con tranquilidad que necesita al menos nueve horas de buen sueño y que debe realizar todas sus actividades antes de la cena. No debe dejar nada para después. Sí, ya sabemos que tienen muchas tareas, pero también es cierto que pierden mucho tiempo desde que llegan a casa hasta la hora de cenar. Sin su colaboración, no obtendremos ningún éxito. Es preciso concienciarle de que dormir no es perder el tiempo, sino vivir mejor.
- *Para los casos leves.* El adolescente tiende al desorden, tanto en sus asuntos personales como en sus actividades escolares. Se le acumula el trabajo, lo deja para después de cenar y eso dificulta una buena entrada al sueño. Al igual que los adultos, el adoles-

cente precisa de un periodo de desconexión, un tiempo entre el fin de sus actividades y el inicio del sueño.

Antes que nada, hay que organizar conjuntamente —mejor aún si lo propone él— un calendario de actividades desde que llega de la escuela o instituto. Empezaremos por un tiempo para desconectar y llamar a sus amigos. Puede seguir un tiempo más largo para realizar sus tareas escolares. Después puede conectarse al ordenador para jugar o chatear. Todo esto mientras espera la cena. Después de ésta, lo ideal sería unos minutos de tertulia con la familia y una pequeña actividad relajante como escuchar música o leer. Todo esto sirve de preparación para que su cerebro vaya desconectando de sus actividades diurnas.

Sí, ya sabemos que nunca tienen tiempo para todo. Algunos realizan muchas actividades extraescolares: cursos de refuerzo, idiomas, deporte… y llegan tarde a casa. Si su hijo tiene problemas de sueño, sería conveniente sacrificar algunas de estas actividades (las menos imprescindibles) para aumentar sus horas de sueño. Lógicamente, implantar rutinas saludables en un adolescente de 18 años —además, enamorado— puede resultar imposible, pero los padres debemos empezar antes. Si les inculcamos buenos hábitos desde el inicio del periodo escolar, todo será mucho más fácil al llegar a la adolescencia.

También es básico que no consuma cafeína a partir de las seis de la tarde. Debe cambiar sus cafés y colas por zumos, agua o leche.

■ *Para los casos graves.* Cuando el problema es realmente importante, el único tratamiento eficaz es el que se realiza en las Unidades del Sueño. Consiste en aplicar la cronoterapia, retrasando cada día dos horas el momento de acostarse (justo lo contrario de lo que le han dicho siempre) hasta que se vuelve a coincidir con el horario deseado. Debe acompañarse de luminoterapia, que consiste en exponer al adolescente a luz intensa las cuatro primeras horas de su día. También le administraremos melatonina, una sustancia que le ayudará a mantener los horarios estables y que debe ser recetada por el médico. Sólo si se realizan los tres procedimientos terapéuticos al mismo tiempo tendremos éxito. Una vez logrado un horario regular, debemos establecer rutinas sociales estrictas y hábitos de sueño saludables. Esto no se puede hacer sin la ayuda de un profesional. Puede lograrse un éxito espectacular siempre que el adolescente esté plenamente concienciado y la familia colabore. En menos de quince días vuelve a estar acoplado a un horario normal, y duerme de 11 de la noche a 8 de la mañana, si éste era su deseo.

Los chefs recomiendan:

- La lectura del libro *Padres y adolescentes, ¡cuántas dudas!*, de Montserrat Domènech, que explica de forma detallada y completa cómo deben manejarse los distintos problemas que atañen a la adolescencia.

## EL SUEÑO DE TODA LA FAMILIA

Pilar (36 años) y Agustín (39) son abogados. Ella trabaja sólo medio día desde que nacieron los niños, Juan (5) y Mercedes (3). Pilar acude al despacho cada vez más cansada e irritable. Por las noches le pasa algo extraño: se duerme sin problemas —con la tele encendida—, pero a las tres horas se despierta sobresaltada y ya no consigue dormir tan profundamente como al principio. Da muchas vueltas en la cama y se desvela repetidas veces.

Pilar ha acudido al especialista bastante inquieta: «¿Creen que podrían tratar mi insomnio?», pregunta angustiada.

Agustín, que la acompaña durante la consulta, ha seguido las palabras de su mujer con expresión hosca. Nos cuenta que ella insiste en dormirse con la tele encendida, lo que le molesta, porque tiene que levantarse a apagarla en mitad de la noche. Afirma que no tiene problemas de sueño y que sólo pasa mala noche cuando los niños le despiertan. Eso sí, admite que se siente agotado durante el día, pero él lo atribuye al estrés del trabajo. Agrega que él es el encargado de «pasar» los niños a la cama.

Aquí hacemos una pausa y pedimos que aclaren esto último. El asunto va más o menos así: después de cenar, Pilar se acuesta en la cama de matrimonio a mirar la tele y los niños con ella. Mientras ven diferentes programas, los niños saltan en la cama, se pelean y se dan un festín de chocolates y Coca-Cola hasta que caen rendidos y los tres se quedan dormidos. Mientras tanto, Agustín está terminando su trabajo. Más o menos a las 12.30 decide acostarse. Entonces carga con los niños y los lleva dormidos a sus respectivas camas.

Mercedes tiene mucho carácter y se las ingenia para salirse siempre con la suya. Es muy caprichosa e irritable. Se despierta a las 3 de la mañana y se pasa a la cama de los padres, momento que coincide con el despertar de Pilar. La niña también tiene miedo a la oscuridad, por lo que la han acostumbrado a dormir con la luz del baño encendida, cosa que la tranquiliza pero que desvela a su papá, porque esta luz cae justo sobre su lado de la cama.

Si no hubiésemos investigado sobre los hábitos familiares, Pilar habría salido de la consulta con un hipnótico o sedante, que seguramente en estas circunstancias sería absolutamente inefectivo.

———◆———

¿Por dónde empezar?

Como dijimos al principio del capítulo, estas recetas son más complejas, pero no debe ser motivo para desanimarse. ¡Estamos seguros de que funcionará! ¿Verdad que a veces preparan un menú para varios invitados, con aperitivo, primer plato, segundo plato y postre? Comprobarán que esto es más o menos lo mismo.

Lo primero que hicimos fue explicar a Pilar que no podíamos tratar su insomnio sin antes *poner a cada uno en su lugar*. Había que despejar la cama para comprobar si realmente persistía su insomnio. Tras analizar la situación en conjunto, comprendieron que toda la familia estaba durmiendo mal como resultado de unos hábitos de sueño incorrectos. No sólo Pilar padecía insomnio, sino que también lo sufrían Mercedes y el pequeño Juan. Y toda la familia tenía secuelas durante el día por una noche sin un descanso óptimo.

Y ahora… ¡manos a la obra!

## Receta para que toda la familia duerma

Ingredientes:

- Orden
- Nuevos hábitos y rutinas
- Supresión de los saboteadores del sueño
- Readaptación

Cómo se cocinan, paso a paso:

- Para empezar, pondremos a cada uno en su lugar. Tanto los recién nacidos como los lactantes, los niños, los adolescentes y los adultos necesitamos orden, rutinas y seguridad a la hora de acostarnos. Comenzaremos de cero, como si fuese el primer día de convivencia. Primero los padres conversarán y acordarán la mejor manera para que todos duerman correctamente. Enseñar a dormir solos a los hijos es una forma valiosa de amarlos. Permitir que el niño duerma regularmente en la habitación de los padres puede provocar graves problemas en los niños y en los padres.
- Los hábitos que han seguido hasta ahora adultos y niños han creado problemas de sueño a partir de asociaciones erróneas. Por lo tanto, para empezar de cero estrenaremos también nuevas

rutinas y estableceremos horarios regulares. Esto no significa que toda la familia deba acostarse a la misma hora. *Hay una hora adecuada para los niños y otra distinta para los mayores.* Por mucho que los pequeños pataleen, griten o intenten manipular a los padres, esto debe permanecer así. Corresponde a los padres decidir cómo, dónde y cuándo dormir. ¿Y si se resisten y gritan o lloran? Les respondemos con otra pregunta: ¿usted dejaría que su hijo metiera los dedos en el enchufe para que no gritase?

■ Mirar la tele en la cama, comer chocolate y tomar refrescos de cola por la noche son algunos de los peores saboteadores del sueño. Veamos a esta familia (que bien podría ser la suya) justo en el momento en que el cerebro recibe la orden de que está preparado para dormir. Es de noche y están en la cama, pero a él le llega otro mensaje activador: estimulación visual y sonora, cafeína y más cafeína. Todos ellos despertadores natos. Este doble mensaje lo desorienta y ya no sabe qué hacer. ¿Duerme o permanece despierto? Vuelva a leer los apartados «El entorno apropiado para dormir bien» (p. 42) y «Los saboteadores del sueño» (p. 66).

■ Una vez hayan logrado que los niños salgan de la cama de matrimonio y duerman toda la noche, vendrá la readaptación de los adultos a esta nueva situación. También su cerebro ha incorporado como hábito presueño dormirse junto a los niños, por lo tanto al principio se despertarán algunas veces pensando que aún están allí. Pero la buena noticia es que nos acostumbramos rápidamente a las cosas buenas y en pocos días dormirán de un tirón.

Pilar nos llamó a las dos semanas para contarnos que se había producido un milagro: sus hijos dormían toda la noche en su cama y su insomnio había desaparecido.

# 8

# El sueño de los mayores

El tiempo pasa, todo cambia y... ¡es bueno que así sea! ¿Qué sería de nosotros si hoy fuera igual que ayer y mañana igual que anteayer?

La vida nos sorprende a diario. Los años nos transforman, es verdad, pero también son una oportunidad para hacer aquello que antes no nos fue posible. Consumimos la mayor parte de nuestra existencia en trabajar, hacer la comida, ir a comprar, lavar, planchar, pagar la hipoteca, criar a los niños, ayudarlos en sus estudios y luego a adquirir una casa propia... Siempre ha habido alguna razón por la cual no podíamos hacer aquello que deseábamos, porque el tiempo no daba para más o el dinero estaba comprometido de antemano.

¿Recuerda cuando se decía: «Cuando tenga tiempo voy a hacer esto y lo otro»? Si por fin ha llegado ese momento, ¿cómo es que no lo pone en práctica? ¿Cree que ya nadie le necesita? ¿Que ya no vale la pena?

Le recomendamos que lo mire desde otra óptica. Puede decirse: «¡Qué bien que todos se las arreglen solos, porque ahora podré dedicar mi tiempo y mi dinero exclusivamente a mí!». No es un pensamiento egoísta, ¡se lo ha ganado!

Permita que le contemos una anécdota. Hace unos años unos amigos compraron una casa para el fin de semana. Habían tomado esta decisión para mitigar el estrés de los días laborables. Era una casa muy bonita, con un jardín precioso en el que crecían algunos árboles centenarios.

Ellos eran gente de ciudad: sólo conocían el asfalto y el ruido, pero no tenían ni idea sobre flores, plantas y árboles. Así que, después de pasear por el jardín y estudiarlo atentamente, decidieron quitar unos cuantos árboles porque les pareció que eran demasiado viejos y estorbaban.

Encargaron a una reconocida paisajista que rediseñara su jardín sin esos árboles. La especialista miró el jardín, les miró a ellos y propuso a estos urbanitas que, antes de ponerse a talar los árboles, dejaran pasar las cuatro estaciones del año. Si transcurrido ese tiempo seguían pensando igual, entonces los haría cortar.

Aunque algo fastidiados, aceptaron —qué remedio— su sugerencia. Fueron pasando los meses, y cada estación traía consigo una nueva sorpresa, una transformación en el color, el aroma, el aspecto, la textura de aquellos árboles... ¡Un auténtico regalo para los sentidos! Como resultado, no quitaron un solo árbol y aún hoy siguen agradecidos por aquel buen consejo.

Un viejo dicho reza: «No son menos bellas las flores del invierno, simplemente son diferentes». Del mismo modo, las estaciones de la vida son también distintas entre sí. Cada una tiene una belleza especial, sus propios encantos.

La mejor receta que podemos darle para la madurez es aceptar dignamente los cambios. Nos han salido arrugas, sufrimos achaques y el pelo se ha vuelto blanco. Pero nadie puede quitarnos toda la experiencia y la sabiduría ganadas con los años.

Además, está demostrado científicamente que la vejez es más un estado psicológico que físico. Envejecemos cuando dejamos de soñar y tener proyectos. Todos conocemos jóvenes que parecen viejos y personas mayores que irradian tanta fuerza, luz y sabiduría que nadie les pondría la edad que tienen.

Es cierto que para algunas cosas la edad es un límite, pero nunca debe ser un impedimento. Plantéese objetivos que pueda realizar. Hay personas que comienzan a estudiar a los sesenta, y otras que forman una nueva pareja a los setenta. Usted decide, porque tiene todo el tiempo a su disposición. ¿No es maravilloso? No deje que la realidad —a veces difícil— le impida seguir soñando, porque el día que deje de hacerlo habrá envejecido definitivamente.

Nosotros vamos a poner nuestro granito de arena para ayudarle. Y, como somos especialistas en el sueño y sus trastornos, le llevaremos a nuestro terreno: procuraremos que duerma bien y esté despierto a la hora de cumplir sus otros sueños.

## ALGUNAS CUESTIONES SOBRE EL SUEÑO EN LA MADUREZ

Antes de pasar a las recetas, queremos responder a algunas de las dudas y problemas que con mayor frecuencia nos plantean los mayores en la consulta:

1. «Ya no duermo tan bien como antes, ¿es por la edad?»
Hasta cierto punto es verdad, pero no es que duerma peor sino que duerme distinto. Los cambios afectan tanto a la calidad como a la cantidad del sueño nocturno.

El sueño de las personas mayores es menos profundo. Ésta es una de las razones por las que pueden percibir cualquier ruido de la casa. A partir de los veinte años, el sueño profundo —fases 3 y 4— disminuye progresivamente y llega incluso a desaparecer después de los sesenta años.

2. «Nunca me siento ni bien despierto ni bien dormido.»
Con la edad se tiene la sensación de dormirse fácilmente durante el día y de despertarse con la misma facilidad a lo largo de la noche.

Uno de los responsables de que ocurra esto es la melatonina. Esta hormona que fabrica el cerebro se encarga de regular los ritmos del sueño y la vigilia.

A partir de los cincuenta años, la melatonina empieza a disminuir y las curvas del sueño y de la vigilia se vuelven menos definidas. Por otra parte, se ha demostrado que muchos insomnes tienen niveles demasiado bajos de melatonina, por lo que un suplemento de esta hormona puede ayudar a solventar el problema.

### 3. «Me entra sueño muy temprano.»

En la edad madura, tendemos a avanzar la hora de acostarnos y nos levantamos más temprano. Eso se produce posiblemente porque, con los años, se acorta el ritmo circadiano. Por consiguiente, experimentamos cambios de horario del sueño y la vigilia. A las 8 de la tarde podemos empezar a tener sueño y, si hacemos alguna actividad monótona como mirar la tele, es bastante fácil que nos quedemos dormidos.

En la adolescencia ocurre justamente lo contrario: el sueño se retrasa y uno tiende a dormirse cada vez más tarde. Ambas son situaciones perfectamente normales y tienen una causa fisiológica. No hay que darle más importancia de la que tiene.

### 4. «¿Cuántas horas tengo que dormir?»

Las personas mayores necesitan menos horas de sueño nocturno —entre cinco y seis—, aunque, como comentamos en el primer capítulo, también hay quien sigue durmiendo entre siete y ocho horas por noche. Por otra parte, los ancianos pasan más tiempo en cama descansando que durmiendo.

La reducción de las horas de sueño nocturno se compensa, sin embargo, con el sueño diurno. Es normal y saludable que se hagan un par de siestas, de entre diez a veinte minutos, al día.

5. «Las piernas no me dejan dormir.»

Los calambres a la hora de acostarse suelen ser frecuentes a edades avanzadas. La mayoría de las veces están relacionados con la toma de diuréticos, así como con la carencia de determinados minerales como el magnesio o el potasio. En cualquier caso, si los calambres son diarios hay que consultarlo con el médico.

El denominado «síndrome de las piernas inquietas» es una sensación de impaciencia que obliga a la persona a mover las piernas —cuando las tiene en reposo— o caminar (sobre este síndrome, véase el capítulo 11). Este fenómeno se incrementa al acostarse y es una de las causas del denominado «insomnio de conciliación», es decir, la dificultad para iniciar el sueño.

6. «¿Por qué me despierto muchas veces por la noche sin causa alguna?»

Seguramente añora ese sueño profundo y continuo de la juventud. ¿Recuerda esos años dorados cuando nada ni nadie lograba despertarlo y llegaba a dormir hasta diez horas seguidas? Ése es un privilegio casi exclusivo de los adolescentes. La fragmentación del sueño y el aumento del número de despertares nocturnos son aspectos normales en la gente mayor.

7. «Me levanto para orinar muchas veces durante la noche.»

El 70 por ciento de los ancianos lo refieren como la «causa» de sus despertares nocturnos. En parte viene provocado por la fragmentación del sueño, que los hace más susceptibles a levantarse para orinar, con la consiguiente somnolencia diurna.

La causa más frecuente de la denominada *nicturia* —la necesidad de orinar de noche— en los hombres es la hipertrofia prostática, es decir, una próstata demasiado grande, mientras que en la mujer es la disminución de la resistencia uretral.

Si usted padece este trastorno, una de las cosas que debería hacer es revisar sus medicamentos. Tal vez esté tomando un diurético. En ese caso, simplemente cambiando —de acuerdo con su médico— la hora de la toma, alejándola lo más posible del momento de acostarse, puede ayudarle a no tener que levantarse tantas veces por la noche, lo cual beneficiará su descanso nocturno y hará desaparecer la somnolencia y la fatiga diurnas.

**8. «Mi mesilla de noche parece una farmacia.»**
Un factor importante en los trastornos del sueño es la influencia que pueden tener algunos medicamentos en la conciliación o mantenimiento del descanso.

Un anciano de 80 años es bastante probable que esté tomando un promedio de cinco a siete medicamentos por día: para el corazón, la próstata, los huesos, la artrosis, la artritis, la hipertensión, la diabetes, el estreñimiento, la depresión… ¡la lista puede no tener fin!

Muchos de ellos los toman con la cena y antes de dormir. Algunos tienen entre sus componentes cafeína que, como ya sabe, es un excitante. O sea, que mientras arreglamos una cosa desarreglamos otra. Vaya a su médico con todos los medicamentos que toma —incluidos los que se venden sin receta como las vitaminas o las hierbas— y pídale que traslade los que contengan cafeína a la mañana o la tarde.

**9. «Cuando me acuesto me duelen los huesos y no puedo dormir.»**
Tal vez sufra de artrosis cervical, bastante frecuente en personas mayores; sus síntomas se acentúan con la inmovilidad, como a la que obliga el sueño. La permanencia en la cama intensifica los dolores y provoca múltiples despertares. Es lo que llamamos «insomnio secundario» y se resuelve tratando la causa que lo origina para evitar que se vuelva crónico. De lo contrario, la persona puede desarrollar incluso aprensión a la cama y al acto de dormir.

## 10. «Hace lo que sueña.»

Algunos ancianos registran por la noche un aumento de la actividad motora durante el sueño REM. Esto se manifiesta en forma de gestos bruscos, gritos, manoteos, patadas, así como conductas agresivas que suelen corresponderse con el contenido amenazador y violento de los sueños.

Los casos agudos pueden estar relacionados con el consumo de antidepresivos tricíclicos o ISRS (inhibidores selectivos de la recaptación de serotonina). Otra posible causa es la abstinencia alcohólica.

Aproximadamente la mitad de los casos crónicos de este trastorno se asocian a la enfermedad de Parkinson, mientras que la otra mitad son de carácter idiopático, es decir, de origen desconocido. Independientemente de su causa, hay que consultar sin más demora con un especialista.

## 11. «Camina por casa dormido.»

El sonambulismo en los ancianos se denomina a menudo «vagabundeo nocturno» y es un síntoma secundario de un trastorno orgánico. Requiere, por consiguiente, consultar con un especialista.

## 12. «Tengo pesadillas cada noche.»

Cuando las pesadillas se presentan de manera reiterada suelen tener un origen psiquiátrico, aunque también pueden ser el efecto secundario de determinados fármacos, como los antihipertensivos, los neurolépticos, los tricíclicos y las benzodiacepinas.

Se calcula que aproximadamente el 50 por ciento de las personas mayores de sesenta y cinco años padecen o han padecido algún trastorno de sueño. Según las últimas estadísticas, la incidencia del insomnio es dos veces más frecuente en las mujeres que en los hombres.

Todo lo que hacemos, sentimos y pensamos durante el día repercute directa o indirectamente en el sueño nocturno. Por ello, las recetas que siguen tienen como propósito ayudar a las personas mayores a organizar tanto la vigilia como la noche para favorecer un descanso de calidad.

## LAS RUTINAS MATINALES

María tiene 66 años y vive sola. Hace poco que se ha jubilado. Trabajó más de 45 años en distintas oficinas donde adquirió los hábitos de despertarse muy temprano, dormir pocas horas, tomar mucho café y fumar. Como su vida se centró en el trabajo, ahora no tiene demasiada vida social, por lo que ocupa las horas libres en dormitar, escuchar música, ver telenovelas y conversar ocasionalmente con alguna vecina. Esta situación le provoca una fuerte ansiedad. Cuando acudió a nuestra consulta porque no lograba dormir de noche, seguía tomando varias tazas de café después de la siesta, intercaladas con té, gaseosas y aspirinas. María no se había preparado para su cambio de vida ni había desarrollado otros intereses fuera del trabajo. También estaba mal alimentada porque no tenía hambre.

Le explicamos que su estilo de vida no favorecía un buen sueño. Por lo tanto, le propusimos una dieta variada y la ayudamos a organizar su tiempo con nuevos intereses. Empezó a hacer ejercicios de relajación y diseñó nuevos proyectos vitales, lo que contribuyó a establecer rutinas de sueño saludables. La idea central de nuestro programa era ocuparla con algo más que consumir estimulantes y vegetar.

En las tres próximas recetas le propondremos cómo organizar las veinticuatro horas del día para que aproveche más su descanso y el día no se le haga tan largo. Empecemos por la mañana…

## Receta para la mañana

Ingredientes:

- Horario regular para despertarse
- Un buen desayuno
- Hábitos de higiene personal
- Actividad y ejercicio físico
- Salir de casa
- Un buen almuerzo

Cómo se cocinan, paso a paso:

- Levántese todos los días a la misma hora —la que usted prefiera, pero siempre la misma—, aunque la noche anterior se durmiera más tarde. Cuando se despierte, no se quede «calentando» la cama. Si ya se ha despertado, es que su cerebro está satisfecho y no necesita más sueño de momento. ¿Se siente cansado? ¿Le gustaría remolonear un rato más en la cama? ¿Y a quién no? Recuerde que su cerebro necesita mensajes claros, rutinas estables para mantener su hora. No se preocupe, ya encontrará otro momento del día para descansar si lo necesita.
- Cuando se despierte, desperécese. Hágalo sin inhibiciones y hasta con ruidos. Esto permitirá a su cuerpo desentumecer los músculos y las articulaciones que han estado quietos durante toda la noche. Luego siéntese en el borde de la cama por espacio de unos minutos. Los cambios bruscos de posición pueden desencadenar mareos y podría caerse. Si su médico le ha recetado alguna medicación que deba tomar en ayunas, déjela preparada en la mesilla de noche y tómela. Ahora sí: ¡ya esta listo para levantarse!
- Descorra las cortinas de toda la casa para que entre luz. Por la noche, sus ojos se han acostumbrado a la oscuridad y esto es bueno para el sueño, ¡pero no ayuda precisamente a despertarse!

Tras unos minutos, sus ojos se acostumbrarán a la luz, verá mejor y podrá dar la bienvenida al día.

■ Ahora lo primero de todo es desayunar. Sus neuronas —las células del cerebro— necesitan alimentarse para acabar de despertarle. Si se baña o ducha con el estómago vacío puede marearse, porque el azúcar de la sangre está bajo. Corre el peligro de tropezar si se siente confuso y soñoliento. Por consiguiente, procúrese antes un buen desayuno. Aproveche este momento para tomar los medicamentos de la mañana, mientras lee el periódico, escucha las noticias de la radio o mira el informativo. Recuerde que sólo se está informando; ¡no es necesario que ingiera todas las catástrofes y desgracias de la jornada!

■ Ahora ya está en condiciones de tomar un baño, afeitarse si es hombre, o ponerse cremas si es mujer. También es el momento de evacuar los intestinos, que a veces están perezosos de buena mañana. Un consejo para personas de edad avanzada: ponga barandillas en su cuarto de baño para la bañera, la ducha y el retrete. Así le será más fácil sentarse o levantarse.

■ Elija ropa cómoda y amplia, además de acorde con la temperatura de la calle. No se abrigue demasiado «por si hace frío»; es preferible llevar varias prendas de ropa superpuestas, de modo que se las pueda poner o sacar según sienta frío o calor. Cámbiese el pijama, aunque no esté en sus planes salir: el cerebro asocia el pijama con el sueño y ¡usted ya está despierto! Utilice zapatos o zapatillas con suela de goma antideslizante y tacón bajo. Evite llevar chancletas o zapatos demasiado sueltos que puedan hacerle tropezar. El calzado debe adaptarse a uno, y ¡no uno al calzado de moda! Lo más importante es que al pisar se sienta seguro.

■ Hágase la cama, limpie los utensilios del desayuno y arregle un poco la casa. Recuerde que no es necesario limpiar sobre limpio. La casa no se ensucia tanto como para que tenga que dedicarle tres o cuatro horas diarias. Si puede disponer de ayuda, utilícela un día a la semana para realizar una limpieza más a fondo. El resto de los días bastará con un repaso.

■ Ahora ya está listo para iniciar las actividades de la mañana. Salga de casa para hacer sus compras, conversar con los vecinos o ir al médico. Puede dedicar unas horas a algún trabajo voluntario —por ejemplo, en una ONG— o simplemente dar un paseo. Lo importante es que salga y se exponga a la luz del día. No se quede encerrado en casa; oblíguese a salir por lo menos durante una hora diaria, incluso en invierno.

Está probado que la exposición a la luz del sol tiene un efecto beneficioso sobre el estado de ánimo, el metabolismo y las funciones orgánicas en general. Los rayos del sol estimulan, además, la circulación periférica de la sangre y promueven la sudoración para eliminar toxinas.

■ Pruebe a hacer una actividad física. Los mayores pueden disfrutar de los beneficios del deporte, sólo que el ejercicio debe ser más suave. Puede hacer natación, jugar al golf o simplemente caminar. El sedentarismo incrementa la pérdida de masa ósea, lo que aumenta el riesgo de accidentes y caídas. El ejercicio favorece la salud de los huesos y las articulaciones, así como el equilibrio. También ayuda a mejorar el tránsito intestinal. Una actividad física regular, aunque sea mínima, ayuda a consolidar el sueño. Si padece alguna enfermedad que le limite, pida a su médico que elabore para usted un plan específico.

■ Esta receta acaba al mediodía con el almuerzo. Es la segunda comida más importante del día. La dieta debe ser equilibrada e incluir carnes blancas, rojas (poca cantidad), pescado fresco, legumbres, frutas y verduras. Recuerde que debe beber al menos dos litros de agua al día, aunque no de forma seguida y menos aún de noche. Llene cuatro botellitas de 250 cc y guárdelas en la nevera o al natural, como prefiera. Esto le ayudará a controlar la hidratación. Si le apetece un vaso de vino, puede tomarlo al mediodía. Siga las indicaciones de su médico si lleva una dieta especial.

## LAS RUTINAS DE LA TARDE

Liliana (76 años) vive sola desde hace quince años por decisión propia. Desde hace tres, sin embargo, y pese a su carácter enérgico y positivo, evita salir a la calle debido a que sufrió un par de caídas. Las fracturas en el brazo y la cadera redujeron su movilidad. Además ahora se siente temerosa, insegura, al caminar. Sólo sale acompañada por sus familiares o amigas, pero le da miedo la actividad intensa del barrio céntrico donde vive. Durante el día limpia su apartamento, prepara la comida, duerme la siesta o mira la tele, por lo que su vida social se ha reducido a ir a la iglesia o hacer rehabilitación. Aunque mantiene el entusiasmo, vive muy preocupada por «las cosas que pasan en el mundo». Nos cuenta que tiene el televisor en su cuarto y que cena acostada mirando el último noticiero de la noche. Después se queda preocupada por las noticias y reflexiona sobre ellas. No logra conciliar el sueño hasta las tres de la madrugada. Se despierta temprano con acidez y sufre somnolencia durante todo el día siguiente, cosa que compensa con siestas intermitentes o bebiendo café.

En la consulta le aconsejamos una serie de medidas de higiene del sueño, ejercicios de relajación y la animamos a que reforzara sus relaciones sociales. Dos meses después, sus síntomas habían remitido sensiblemente, y había estrechado lazos con vecinos y familiares, rompiendo con su aislamiento.

## Receta para la tarde

Ingredientes:

- Siesta
- Interacción social
- Ejercitar la memoria
- Cena ligera

Cómo se cocinan, paso a paso:

- Después de almorzar es normal —a cualquier edad— sentir cierto sopor. Ahora que las obligaciones profesionales no se lo impiden, no desaproveche la oportunidad de hacer una siesta, cuya práctica es muy saludable y recomendable. Algunos estudios realizados en gente mayor confirman que la siesta ayuda a bajar la presión a los hipertensos, mejora el humor, disminuye la somnolencia y mejora el rendimiento. Por lo tanto, ¡no se prive de ella! Además, recuerde lo que dijimos en el capítulo 1 (p. 34): el sueño diurno —la siesta— complementa al nocturno. Es un error evitarlas creyendo que luego se sentirá más cansado y prolongará el sueño nocturno.

Para sacarle mayor rendimiento, sea regular en el horario: tómela preferiblemente entre las 2 y las 3 de la tarde, y procure que su duración no exceda la media hora. Si nota que no se duerme, no permanezca en la cama, ¡menos aún mirando la tele! Para descansar es mejor un sillón cómodo. Si padece insomnio, evite la siesta; bastará con que descanse en un sillón o sofá.

- Sea verano o invierno, por la tarde es el momento idóneo para relacionarse. Es conveniente que salga de casa para visitar familiares, encontrarse con amigos, asistir a algún taller o cuidar de los nietos. Hay montones de cosas que podemos hacer para reforzar nuestros lazos con los demás. La mayoría de las depresiones e insomnios en los mayores se producen por falta de interacción social. Esta situación puede crear el sentimiento de que ya no servimos para nada. Si usted se despierta todas las mañanas y puede respirar, es que aún está vivo. ¡Elija entre vivir al máximo la vida que le queda o simplemente «durar»!

- En medicina hay una regla de oro: todo aquello que no se utiliza se atrofia. Y esto mismo se aplica a la memoria. La mente incide de manera significativa sobre el cuerpo pero, del mismo modo, el cuerpo incide sobre la mente. En ese sentido, se ha demostrado que el ejercicio físico ayuda a combatir la depresión y a potenciar la memoria. También puede evitar —o al menos retardar— la senilidad cerebral. Bastará con un paseo de media hora diaria, mejor aún si es en compañía. Haga crucigramas o sudokus, escriba, aprenda algo nuevo, ¡deje de ver la vida a través del televisor! Es mucho mejor que lea o practique algún pasatiempo. La memoria no viene en pastillas, por lo tanto hay que estimularla.

- Si le gusta tomar té, mate, café, chocolate o bebidas de cola, hágalo con moderación durante el día y evítelos después de las 5 o las 6 de la tarde. Revise con su médico la medicación que toma, ya que muchos medicamentos contienen cafeína y otras sustancias estimulantes. Si éste es su caso, pídale que programe las tomas antes de las 6 de la tarde. Cuidado con los analgésicos y los antigripales que se venden sin receta: ¡suelen contener cafeína! Si necesita tomarlos, hágalo lejos de la hora de acostarse.

- En general, la gente mayor suele —muy sabiamente— cenar ligero. A veces sólo toman un plato de verdura y postre. Si usted no tiene hábitos tan sanos, cene al menos con moderación. Consuma alimentos como verdura, pasta o arroz. Evite las carnes (las proteínas es mejor dejarlas para el mediodía) y las verduras que fermenten, porque le provocarán gases. Ingiera lácteos, como queso fresco o yogur, que le proporcionarán calcio, algo muy importante sobre todo para las mujeres. Si le gusta el vino o la cerveza, tome como máximo un vaso. Sin embargo, si tiene problemas para dormir o ronca, será mejor que evite el alcohol.

## LA HORA DE ACOSTARSE

Susana (85 años) es viuda y vive sola desde hace una década en un apartamento de dos ambientes, sala y dormitorio. Vino a nuestra consulta porque no lograba dormir sin pastillas. Incluso con ellas no dormía de manera satisfactoria. Le pedimos que nos relatara un día normal de su semana:

Susana se levanta, casi no desayuna y se pone en marcha porque tiene mucho que hacer: limpia hasta el último rincón, pasa el trapo por las repisas, adornos, muebles, lava la ropa del día anterior, hace el pedido al súper, prepara la comida… Sólo se pone un delantal sobre el camisón, así no pierde tiempo. No sale a la calle porque le da miedo. Ya se ha caído dos veces y eso la tiene acobardada. Por eso lo pide todo por teléfono. Cuando acaba de limpiar, empieza a preparar el almuerzo, aunque apenas lo prueba. Luego se acuesta a primera hora de la tarde —cansada de tanto trajín— y se queda quieta intentando dormir, cosa que no consigue nunca. A las 4 enciende la tele y ve una telenovela tras otra. A las 5 toma el té, a la manera británica, sin descuidar las series televisivas que sigue hasta las 7 de la tarde. Entonces hace un alto para llamar por teléfono a su hermana, ya que se lo cuentan todo a diario y con detalle. Llega la hora de preparar la cena, el momento del día en el que más come. Después ve la película de las 10. Como nunca tiene sueño, se toma su pastilla y se acuesta cuando cree que le hace efecto: más o menos tres o cuatro horas más tarde.

Susana es un caso clásico de insomnio por hábitos incorrectos. No fue sencillo modificar sus rutinas, pero tras varios meses y con el tratamiento adecuado pudo poner orden en su vida y empezó a dormir sin interrupciones.

## Receta para la hora de acostarse

Ingredientes:

- No acostarse muy temprano
- Reducción de la ingesta de líquidos antes de acostarse
- Rutinas presueño
- Una habitación que invite a dormir

Cómo se cocinan, paso a paso:

- Después de cenar, seguramente ya le han entrado ganas de irse a dormir. Pero le recomendamos que no se vaya a la cama antes de las 11 de la noche. Recuerde que su sueño está naturalmente —fisiológicamente— adelantado. Si se acuesta demasiado temprano, por ejemplo a las 9.30 de la noche, estará en pie a las 3 o las 4 de la mañana. Por lo tanto, resístase a la tentación, salvo que le guste levantarse de madrugada. Es posible que al principio le cueste un poco, su cuerpo tardará unos días hasta adaptarse al nuevo ritmo —como si viajara a otro continente—, pero al final el reloj se pondrá a la hora y el deseo de dormir se retrasará convenientemente.

¿Qué puede hacer mientras tanto? Por la noche disminuye nuestra capacidad para ver o enfocar correctamente, lo que se conoce como presbicia o vista cansada. Por lo tanto, no es el mejor momento para la lectura. Puede ver una buena película —sentado en el sofá— o su programa favorito.

- Entre después de la cena y la hora de irse a acostar, procure no beber líquidos. Como máximo un vaso de leche antes de dormir. Si bebe mucho, también tendrá que levantarse muchas veces por la noche debido a las ganas de orinar, y puede ocurrir incluso que se le escape antes de llegar al baño. Recuerde que la vejiga resiste peor la retención en las personas mayores. Por lo tanto, acuéstese —en lo posible— seco de líquidos.

■ Como hemos venido insistiendo a lo largo de este libro, establezca y mantenga unas rutinas fijas a la hora de acostarse. Haga siempre lo mismo, ya que así avisará al cerebro de que se está preparando para dormir. Se trata de actividades tan cotidianas como limpiarse los dientes, ponerse el pijama y tomar una tisana relajante si se siente tenso. También comprobar que las puertas estén bien cerradas y verificar que el gas de la cocina esté apagado. Si puede hacerlo, coloque alarmas contra incendios.

■ A partir de las 11 de la noche, cuando le entre sueño, vaya a la cama. Utilice el dormitorio sólo para dormir; no mire allí la tele. Y recuerde: no debe permanecer en la cama si no está durmiendo. No importa lo cansado que esté. Si no tiene sueño, no se acueste.

■ Como explicamos en el capítulo 2, la habitación debe ser un lugar seguro y tranquilo, además de oscuro y silencioso. Ahora quisiéramos añadir unos cuantos ingredientes más a los que se citaron allí.

Retire todas las alfombras que estén sueltas en la habitación, o bien fíjelas al suelo de manera que no se muevan. Ponga un teléfono en la mesilla de noche o en la cabecera de la cama. Anote en una hoja el número de su familiar más cercano —o, si no los tiene, el de la ambulancia— con cifras bien grandes y legibles. También puede programarlo en su teléfono.

Asimismo, tenga cerca de la cama una lamparita de noche o un interruptor; así evitará caminar a oscuras. Si debe tomar medicación en ayunas, déjela preparada junto a un vaso de agua en su mesilla de noche.

La cama debe ser confortable y de fácil acceso: ni muy alta ni muy baja. Si es demasiado alta, puede desequilibrarse cuando intente ponerse de pie. Si es muy baja le costará incorporarse. Tal vez usted necesita más de una almohada para dormir, pero es preferible que eleve unos centímetros las patas de la cabecera.

Existen gran variedad de camas que pueden hacer más confortable su descanso, algunas con botones que levantan el respaldo o
los pies de manera independiente. También hay colchones an-
tiescaras para los que deben permanecer mucho tiempo inmovi-
lizados. Fumar en la cama es peligroso por muchas razones, principalmente por el riesgo de quedarse dormido con el cigarrillo
encendido y provocar un incendio.

- Si se despierta en medio de la noche, no mire la hora. Eso
sólo aumenta la ansiedad y, además, no necesita saber la hora; es
de noche, y eso significa que es hora de dormir. Si se ha desvelado, encienda la lamparita de noche —o la luz de su cabecera— y
siéntese en el borde de la cama durante unos minutos antes de
ponerse de pie. Nunca haga movimientos bruscos. Evite deambular por la casa, porque esto lo despertará aún más. Si, pasados
quince minutos, no logra conciliar el sueño de nuevo, salga de la
cama. Cuando le vuelva el sueño, inténtelo otra vez. Trate de no
preocuparse por dormir. Puede hacer algún ejercicio mental de
relajación o respiración. Las tisanas sedantes como la manzanilla,
valeriana, melisa, pasionaria, tilo y lúpulo pueden ser de ayuda.

Los chefs recomiendan:

- Vigile que no haya objetos ni muebles en el paso entre su
dormitorio y el baño o la cocina. Deje estos lugares libres de obstáculos. Por la noche se levantará dormido y a oscuras, de modo
que existe el riesgo de que se lastime al golpearse contra un mueble
o algún objeto. Los golpes y caídas pueden terminar en fracturas
dolorosas, que le tendrán inmovilizado incómodamente. Recuerde que el 90 por ciento de las fracturas de fémur están causa-
das por una caída.

# 9
# La cara más oscura del sueño: las parasomnias

Las parasomnias son una serie de fenómenos que tienen lugar durante la noche y perturban el sueño tanto de niños como de adultos. Suele tratarse de conductas motoras (movimientos) y/o vegetativas (palidez, sudoración), mezcla de estados de sueño y vigilia parcial, lo que confunde a las personas que las observan, sean los padres, los hermanos o la pareja.

Pueden presentarse bajo distintas formas, siendo las más frecuentes la *somniloquia* (cuando se habla dormido), el *bruxismo* (rechinar de dientes), los *terrores nocturnos* (que se traducen en gritos), las *pesadillas* (sueños terroríficos) o el *sonambulismo* (caminar dormido).

Aunque son más frecuentes en la infancia, también pueden darse en adolescentes y adultos. Tienen un componente hereditario y son más frecuentes entre miembros de una misma familia.

Las parasomnias no suelen ser graves y tampoco representan un peligro para la salud. Sin embargo son aparatosas, ya que quienes las sufren no son conscientes de lo que hacen durante los episodios nocturnos, y los que están a su alrededor no entienden por qué lo hacen. Lo normal durante estos episodios es que quien los padece se sorprenda cuando los demás le despiertan y le piden explicaciones. El diálogo típico es: «¡Despierta, despierta!». «¿Qué pasa? ¿De qué me hablas? ¿¡Por qué me has despertado!?» «Estabas hablando en sueños / gritando / parecía que tenías una pesadilla…»

Aunque las parasomnias pueden resultar alarmantes, sobre todo si no se dispone de información adecuada, la mayoría de ellas *cesan por sí solas* o pueden tratarse en una Unidad de Trastornos del Sueño.

## EL BRUXISMO Y LA SOMNILOQUIA

Los dos son fenómenos inocuos, como vimos en el capítulo 1 (pp. 31 y 32). El bruxismo es el típico rechinar de dientes y es frecuente en los niños. Aparece en cualquier momento del sueño y ni siquiera les despierta. Aunque a veces preocupe a los padres, no es perjudicial. Sus mayores consecuencias, en el peor de los casos, es que la excesiva contractura del maxilar y la mandíbula provoque un desgaste de los dientes. Este efecto se puede minimizar utilizando prótesis dentales que prescribirá el médico.

La somniloquia es el nombre científico de lo que popularmente se conoce como «hablar en sueños». No es perjudicial ni requiere ningún tratamiento. Como mucho, puede despertar a quien se tenga al lado.

## LOS TERRORES NOCTURNOS

A diferencia de las pesadillas, los terrores nocturnos no son producto de la actividad onírica. Se cree que reflejan etapas inmaduras del sueño, en las que el niño tiene dificultades para pasar del sueño profundo a una etapa más superficial.

Los terrores nocturnos —también conocidos como pavor nocturno— suelen aparecer en la infancia, aunque pueden darse a cualquier edad. Se calcula que los padecen entre un 1 y un 5 por ciento de los niños en edad escolar. Probablemente se trate del trastorno del despertar más dramático. La edad típica son los 3 o 4 años, aunque a veces estos episodios se reproducen a los 5 o 6 años. También pueden aparecer en la edad adulta.

Estos episodios suelen manifestarse —siempre del mismo modo— en la primera mitad de la noche. La persona que dormía apaciblemente se agita bruscamente, se sienta en la cama, grita, parece aterrorizada y desorientada, y no reconoce a los que le rodean.

Si se despierta, no puede explicar lo que le pasa debido a su confusión. Aunque quien padece terrores nocturnos no los recuerde, estos episodios pueden ser sumamente preocupantes para la pareja o los padres. Muchas veces la persona solloza o grita, se agita o corre por toda la casa con los ojos abiertos. No ve a las personas que le atienden y sus oídos parecen no percibir las palabras tranquilizadoras.

Estos episodios suelen ir acompañados de rubor facial, taquicardia, respiración acelerada, sudoración excesiva y dilatación de las pupilas. Una vez pasada la crisis, la persona se duerme tranquilamente y a la mañana siguiente ha olvidado totalmente el episodio. El sueño nocturno se ve perturbado en su cantidad y calidad, lo que tiene trascendencia clínica si los terrores se repiten con cierta frecuencia.

El 75 por ciento de los adultos reconocen haber sufrido algún episodio de terror nocturno en su vida. Un 6 por ciento refiere al menos un episodio por semana y algunos hasta dos o tres. Los varones son más propensos a padecerlos. Estas alteraciones pueden hacer su aparición entre los dos y los treinta años.

Los terrores nocturnos no están relacionados con trastornos psiquiátricos ni con ningún tipo de personalidad especial. Sin embargo, pueden estar desencadenados por la fatiga y el estrés. Tres cuartas partes de los adultos que los sufren dicen que empezaron tras alguna situación traumática. También pueden desatarse por diversos estímulos: ruidos, cambio forzado de postura en la cama, un proceso febril, alcohol y ciertos fármacos (hipnóticos, neurolépticos, estimulantes, antihistamínicos).

# Receta para combatir
## los terrores nocturnos de niños y adultos

Ingredientes:
- Sensación de seguridad
- Mucho afecto y tranquilidad
- Sueño suficiente
- Consulta profesional

Cómo se cocinan, paso a paso:
- Los terrores nocturnos provocan mayor angustia en quien los observa que en quien los padece. Poco se puede hacer para ayudar a alguien durante un episodio de este tipo. Como mucho, podemos quedarnos a su lado, esperar a que cese y ofrecerle toda la seguridad posible. Lo más probable es que no tenga efectos traumáticos ni duraderos. Sólo debemos asegurarnos de que no haya objetos o muebles con aristas duras o afiladas cerca de la cama que puedan lastimarle.
- Si la persona se muestra muy agitada, está ruborizada y sudada, puede intentar abrazarle para que se calme, además de pasarle una toalla refrescante por la cara. No es necesario, pero así sentirá que está haciendo algo útil y tranquilizará a quien padece el terror cuando vuelva a la realidad. Entonces no converse ni le pregunte sobre su sueño, ya que esto lo confundiría aún más. Simplemente dele un beso de buenas noches y cada uno a seguir durmiendo, ¡que aquí no ha pasado nada!
- Puede ser efectivo que la persona duerma más. Si la persona aumenta las horas de descanso, disminuirá la cantidad de sueño delta (profundo), que es cuando hacen su aparición los terrores nocturnos. Intente hacer siestas después de comer con el mismo objetivo.

■ A pesar de que los terrores nocturnos no son graves ni peligrosos, cabe sin embargo la posibilidad de que sean síntomas de alteraciones neurológicas, o efectos secundarios de alguna medicación. Si los terrores se producen con mucha frecuencia (más de dos veces por semana), el especialista puede sugerir un tratamiento con una medicación cuidadosamente controlada. Si los episodios se producen en adultos, es aconsejable en todos los casos consultar con un especialista.

## LAS PESADILLAS

Las pesadillas, al contrario que los terrores nocturnos, suelen presentarse en la segunda mitad de la noche —cerca del amanecer—, que es cuando predomina el sueño REM. Pueden ser aterradoras para quien las padece, sea niño o adulto, y también para los padres y/o la pareja.

En los niños son fruto de sentimientos de inseguridad, ansiedad, miedos o preocupación. También pueden estar inducidas por enfermedades, dolores, sobreexcitación, los programas violentos de televisión o amenazas por parte de los compañeros de clase o de adultos. Cualquiera que sea su origen, los niños y los adultos inseguros, los que se preocupan fácilmente o padecen ansiedad, tienen más probabilidades de sufrir pesadillas.

Estos sueños desagradables se inician normalmente a los tres años de edad, alcanzando su punto álgido a las edades de cuatro y seis años. Las niñas suelen padecerlas más tarde que los niños. Un 28 por ciento de los niños de entre 6 y 12 años tienen pesadillas. Alrededor de los 10 años, la frecuencia de estos sueños desagradables se incrementa otra vez para remitir más tarde.

Las pesadillas difieren de los terrores nocturnos en otros aspectos: cuando el niño grita, suda y respira agitadamente al pasar por una pesadilla, puede ser despertado rápidamente y recordará el sueño o al menos partes de él. De todos modos, hay que hacer una advertencia a los padres: si el niño deja de llorar y está despierto cuando entra en su habitación, es posible que no se trate de un terror nocturno ni de una pesadilla. Tal vez sólo quiera llamar su atención.

Entre los adultos, las pesadillas son más frecuentes en las mujeres. Al igual que el resto de las parasomnias, su aparición y frecuencia está íntimamente ligada a situaciones de estrés, ansiedad o crisis vitales. La fiebre alta, la privación de sueño, los somníferos y la abstinencia alcohólica o de drogas pueden promover la aparición de pesadillas.

### Receta para combatir las pesadillas de los niños

Ingredientes:
- Sensación de seguridad
- Mucho afecto y tranquilidad
- Diálogo
- Más diálogo
- Lápiz y papel

Cómo se cocinan, paso a paso:
- Lo que los padres pueden hacer por un niño que sufre pesadillas es despertarle, tranquilizarle y darle seguridad. El pequeño necesita que le digamos que todo va bien, que no sucede nada. Asimismo, podemos acariciarle y mecerle, pero sin dar demasiada importancia a la pesadilla, puesto que de lo contrario aprendería a utilizarla como mecanismo para atraer nuestra atención. No es importante, en este momento, comentar el contenido del sueño.

- Para prevenir las pesadillas, evite todo aquello que pueda excitarles. Los niños deben pasar por un periodo de calma y relajación antes de acostarse. Por lo tanto, no hay que permitirles que vean programas de televisión violentos o de terror. Tampoco debemos contarles historias de miedo, ni permitir que realicen actividades físicas violentas. Las experiencias de muchos padres sugieren que es de gran ayuda limitar la televisión.

- Utilice la conversación y los sueños como datos reveladores de cualquier problema que esté sufriendo el niño. Comente con él durante el día sus pesadillas e intente aliviar sus miedos e inquietudes. Sea previsor y prepare al niño con antelación para acontecimientos que sean susceptibles de causarle tensión, como la vuelta a la escuela después de las vacaciones o bien un viaje. Muchos miedos que padecen los niños son causados por una falta de información. Hable con él.

- Tome medidas en caso de pesadillas repetitivas. Si el niño tiene el mismo sueño una y otra vez, puede estar seguro de que siente ansiedad por algo. Siga dialogando con él. Anímele a que le hable de su sueño y lo represente despierto, pero con un final feliz.

- Prepare una estrategia nocturna. En casos extremos, permita que tenga una lucecita encendida a modo de defensa contra la pesadilla. También puede proponerle que dibuje al «monstruo» con lápiz y papel. Luego lo romperá en mil trozos y... ¡adiós, monstruo!

## Receta para combatir las pesadillas de los adultos

Ingredientes:
- Sueño suficiente
- Pensamientos positivos
- Lápiz y papel
- Consulta médica

Cómo se cocinan, paso a paso:

■ Duerma un número adecuado de horas. Si está falto de sueño, aumentará la posibilidad de padecer pesadillas. Rebaje el estrés con técnicas de relajación como respirar profundamente o meditar antes de acostarse. Recuerde: no consuma cafeína ni alcohol por la noche.

■ Cuando se vaya a la cama, antes de dormir practique este ejercicio a modo de recordatorio. Dígase: «Los personajes del sueño, aunque parezcan muy reales, no pueden hacerme daño. Sólo habitan en mi mente y no pueden salir de ella para atacarme».

■ Si se despierta durante la noche con taquicardia, sudores y miedo, encienda una luz suave y repita: «No puede hacerme daño, era sólo una pesadilla». Tome el papel y lápiz que habrá dejado preparado previamente en su mesilla de noche y dibuje o escriba lo que ha soñado. Una vez terminado, rómpalo en pedacitos y deshágase de él. La pesadilla habrá desaparecido. Este ejercicio puede realizarlo a solas, sin necesidad de despertar a nadie.

■ Acuda al especialista si sufre de pesadillas más de dos veces por semana y no logra controlarlas con las indicaciones que le hemos dado.

## OTRAS EXPERIENCIAS NOCTURNAS DESAGRADABLES

Dentro del ámbito de las experiencias nocturnas desagradables, existen dos situaciones especiales que merecen atención médica:

● *Estrés postraumático.* Tras haber sufrido un trauma —una guerra, agresiones sexuales, asaltos, robos, atentados terroristas, un accidente— suele aparecer lo que denominamos estrés postraumático. La sintomatología incluye pesadillas, terrores nocturnos y ataques de ansiedad. Este cuadro debe ser tratado por un psiquiatra, ya que puede llevar a una depresión.

• *Ataques de pánico nocturno.* Estas crisis no están relacionadas con las pesadillas o los terrores nocturnos. La persona se despierta súbitamente con sensación de ahogo, taquicardia, sudor en las palmas, terror y a veces desorientacion. Debe incorporarse o caminar durante algunos minutos para mitigar estos síntomas. Asimismo, se deben descartar las apneas del sueño, que muchas veces se manifiestan como episodios nocturnos de despertares con sensación de ahogo.

### ¡El abuelo representa sus sueños!

Una de las características de los sueños es que no podemos representarlos físicamente, ya que durante la fase REM (cuando soñamos) se produce una pérdida de fuerza muscular que nos mantiene inmóviles. Es decir: cuando estamos soñando, aparte de mover los globos oculares, el cuerpo esta flácido y paralizado.

Entre las parasomnias de algunos adultos, particularmente los hombres ancianos, están los denominados «trastornos del comportamiento durante la fase REM». Se caracterizan por conductas agresivas y violentas, habitualmente durante la segunda mitad de la noche. Normalmente reproducen situaciones que la persona vive en sus sueños, lo que conlleva que los episodios sean aparatosos. En algunos casos pueden derivar en autolesiones o en daño hacia las personas de su entorno.

Se sabe que estos pacientes, en lugar de sufrir una pérdida de tono muscular durante la fase REM, como sería normal, conservan una fuerza que les permite representar físicamente el contenido de sus ensoñaciones.

La ejecución por parte del durmiente de sus episodios oníricos entraña un claro peligro, ya que el que sufre este trastorno suele tener sueños violentos. Se trata normalmente de personas mayores con evidentes riesgos de sufrir accidentes o infligirlos a los que están a su alrededor.

Estos trastornos son frecuentes en personas ingresadas en centros geriátricos, y en el 60 por ciento de los casos no se halla una causa concreta. El restante 40 por ciento obedece a pacientes con problemas neurológicos graves, como demencias, alteraciones vasculares cerebrales, esclerosis múltiple o tumores del tronco cerebral. Pueden producirse de forma puntual y esporádica o varias veces durante la misma noche.

Es imprescindible llevar a cabo un estudio de sueño nocturno (polisomnografía) para confirmar el diagnóstico. El tratamiento debe estar en manos de un especialista que conozca la problemática y pueda tratarla de manera adecuada con fármacos.

No hay receta para esto, sólo algunos consejos:

• Consulte urgentemente con el especialista.
• Proteja a la persona para que no se lesione.
• Proteja a las personas de su entorno para que no pueda lastimarlas.
• Que nadie comparta la cama con esta persona.

## EL SONAMBULISMO

Éste es probablemente el trastorno de sueño más frecuente en la infancia. Se da aproximadamente en un 15 por ciento de los niños entre los 5 y los 15 años. Puede persistir en la adolescencia e incluso en la edad adulta.

Un 2,5 por ciento de los adultos son sonámbulos habituales. Si bien en los niños no es considerado síntoma de enfermedad, en los adultos merece una consulta con el especialista para descartar alteraciones psicológicas, epilepsias o efectos secundarios de una medicación.

Los episodios de sonambulismo suelen ser conflictivos no sólo para quien los protagoniza, sino también para su pareja o padres.

Esta alteración del sueño suele ir asociada a conductas inapropiadas que no son recordadas al día siguiente. Los episodios se desarrollan habitualmente en la primera parte de la noche y tienen una duración variable. El comportamiento del sonámbulo puede implicar desde algunos movimientos simples y perseverantes, como sentarse en la cama, hasta conductas más complejas como deambular por la habitación y la casa con los ojos abiertos y las pupilas dilatadas, evitando o no los objetos que encuentra en su camino. En estos casos, muchas veces se lastiman al golpearse contra un mueble o, incluso, al intentar atravesar una ventana. Otras veces la persona logra culminar la acción emprendida —aseo personal, vestirse o salir de casa— de forma adecuada. En casos muy excepcionales, puede llegar a salir del domicilio caminando y hasta intentar conducir un coche.

Por lo general, el sonámbulo no reacciona cuando le hablan, aunque a veces si intentamos despertarlo puede responder de manera violenta. Si logramos despertarle, no sabrá dónde está ni cómo llegó a ese lugar. Si por el contrario vuelve a dormirse, el episodio concluye con un sueño tranquilo. A la mañana siguiente no tendrá ningún recuerdo de lo acontecido.

En casos leves sólo tomaremos algunas medidas de protección. En casos más peligrosos se sumarán algunos fármacos que reducen el sueño profundo.

### Alguien camina de noche por la casa (sonambulismo benigno)

Carlos (42 años) es odontólogo, está felizmente casado y tiene un hijo de 10 años. Acude a la consulta porque ya no sabe a quién recurrir. Dice que somos su última esperanza. Sus padres le han contado que de niño era sonámbulo, pero del tipo tranquilo. Desde hace años —ya no recuerda cuántos—, se despierta dos o tres veces por semana en la cocina, sin tener ni idea de cómo ha llegado hasta allí. A veces ni siquiera se despierta y se entera a la mañana siguiente, cuando encuentra restos de comida que dan cuenta de los atracones y mezclas extrañas que ha realizado por la noche.

Ha ganado peso por esta causa. A pesar de estar a dieta en la vigilia, por la noche ingiere más calorías que en todo el día. Los kilos de más no sólo han potenciado sus ronquidos, sino que ahora se acompañan de jadeos y en algunos momentos deja de respirar. Hay noches en las que devora una torta entera untada con mayonesa. Se siente culpable pero no puede evitarlo. Su mujer nos cuenta que lo ha intentado todo para ayudarle, incluso cerrar la puerta de la cocina con llave. El resultado han sido llantos y ruegos a mitad de la noche para que abra la puerta, y ella acaba cediendo para poder dormir tranquila.

Pero últimamente la cosa ha empeorado, ya que Carlos ha agregado a sus atracones otras actividades nocturnas: pone una lavadora llena de papeles de diario, o mezcla en la licuadora harina, mermelada de frambuesa y pimienta. El estruendo hace que su esposa y su hijo corran a la cocina para ver qué está pasando a las 3 de la mañana. Él los mira confuso y no sabe de qué le hablan. Los vecinos del edificio han empezado a comentar los ruidos extraños que se oyen de noche.

En la Unidad de Trastornos del Sueño grabamos una noche de Carlos mediante vídeo polisomnografía para estudiarlo. Comprobamos que sus ronquidos iban acompañados de apneas del sueño y pudimos filmar un episodio de sonambulismo. Los pacientes no tienen uno u otro trastorno del sueño, sino que suelen coexistir varios. Las apneas provocan disminución del oxígeno en sangre y fragmentación del sueño, lo que podría exacerbar cualquier parasomnia.

Comenzamos con el tratamiento de las apneas del sueño y, tras unos meses, los episodios de sonambulismo desaparecieron totalmente. Carlos y su familia duermen hoy en día tranquilos y sin sobresaltos.

Los casos más leves de sonambulismo suelen pasar inadvertidos, ya que son poco aparatosos y no dejan señales de la situación acontecida la noche anterior, a excepción de una cama revuelta o la ropa cambiada de sitio.

Normalmente el sonámbulo no suele recordar estos episodios, aunque en ocasiones puede relatar de forma vaga la historia que cree haber soñado la noche anterior.

El sonambulismo suele estar relacionado con alguna situación de estrés vivida, aunque también puede surgir sin ningún desencadenante concreto. No suele estar ligado a problemas psiquiátricos o del estado de ánimo. Aunque ocasionalmente puede ser así, lo común es que se presente en pacientes totalmente sanos psicológicamente.

Es más frecuente en la primera mitad de la noche, aunque en algunos pacientes se presenta en cualquier momento del sueño.

Una variante del sonambulismo son los episodios de ingesta de alimentos durante el sueño. Los pacientes presentan signos evidentes de haber comido durante la noche, aunque no tienen conciencia de haberlo hecho. A consecuencia de ello, se produce un aumento de peso constatable.

## Receta para dar seguridad al sonámbulo y a su familia

Ingredientes:
- Cámara de vídeo
- Siesta
- Medidas de seguridad
- Normas de actuación
- Charla familiar

*Aclaración importante*: esta receta está indicada para el sonambulismo que denominamos «benigno» o «tranquilo». En casos de sonambulismo agresivo (véase el siguiente apartado) esta receta se deberá complementar con la consulta al especialista en medicina del sueño.

Cómo se cocinan, paso a paso:

■ Ya que en la actualidad muchas familias tienen acceso a una cámara de vídeo, la mejor ayuda que puede recibir el médico es la filmación de uno de estos episodios. Esto facilita mucho la tarea del especialista, sobre todo en casos de sonambulismo agresivo.

■ El déficit de descanso hace que, al acostarse, la persona entre directamente en el sueño profundo y tenga un mayor porcentaje de sueño delta. Dormir una siesta por la tarde ayudará a disminuir el sueño profundo por la noche. Evite el cansancio excesivo y reduzca el estrés.

■ El único peligro que corre el sonámbulo del tipo tranquilo o benigno es el de lastimarse cuando deambula por la casa. Por consiguiente, lo mejor que podemos hacer por él es darle seguridad. A ser posible, que no duerma en la planta superior de una casa ni en la cama de arriba de las literas. Si no se puede evitar, bloquearemos la escalera con alguna barrera para evitar que suba o baje dormido. También debemos cerrar bien las puertas y ventanas que den a la calle. Guarde todos los objetos con los que pueda tropezar y despeje el dormitorio. Esconda los objetos peligrosos como cuchillos o tijeras. Nunca debe encerrar al sonámbulo en su habitación. También podemos poner alarmas que despierten tanto al sonámbulo como a sus familiares. Por ejemplo: un objeto que cuelgue de la puerta y suene cuando el caminante sale de la habitación. En los establecimientos de seguridad venden detectores de movimiento muy efectivos.

■ Si descubre por la noche un sonámbulo silencioso y tranquilo, no lo despierte a menos que esté en peligro. Recuerde que está profundamente dormido. Simplemente acompáñelo en silencio hasta la cama y acuéstelo con suavidad.

- Tengan una charla familiar. Elijan un momento tranquilo del día para hablar del tema, pero evitando culpar al sonámbulo. Recuerde que mientras dormimos no podemos controlar nuestros actos. Preparen, la familia y el sonámbulo, una estrategia conjunta para hacerle sentir que están trabajando en equipo. Se trata de brindarle seguridad, no de castigarlo. Los niños mayores pueden contribuir a preparar sus propias medidas de seguridad.

Decidan si es necesario acudir a la consulta del especialista.

## «TENGO MIEDO DE HACER DAÑO A ALGUIEN SIN QUERER» (SONAMBULISMO AGRESIVO)

María (33 años) está casada con Pedro y tienen un hijo de 2 años. De niña, ella se levantaba de noche para deambular por la casa. En su momento, el pediatra le explicó a sus padres que no debían preocuparse demasiado, ya que se trataba de un sonambulismo que cesaría con la llegada de la adolescencia, y así fue.

Después de casarse y tener el niño, el sonambulismo volvió a aparecer, aunque de otra manera. Cada noche, tras dos o tres horas de sueño, comienza a gritar asustada, o bien sale disparada de la cama y corre para proteger a su marido o al niño de un peligro imaginario que sólo ella ve. En sus maratones nocturnas, con un deambular torpe y descontrolado, se golpea con los muebles hasta que Pedro logra calmarla y hacerla regresar a la cama. De todo esto, María sólo conserva algún vago recuerdo y los moratones que le han quedado.

Acude con su marido a nuestra consulta porque, una semana atrás, en una de sus correrías nocturnas, tomó al niño en brazos y salió corriendo y gritando, como si lo protegiera de algún supuesto

atacante. Por suerte, el niño comenzó a llorar y esto logró despertar-
la. Se asustó mucho cuando se percató de la situación. Este episodio
fue la gota que colmó el vaso y decidieron pedir visita.

En la consulta, María se muestra jovial, saludable y sin antecedentes significativos. Sólo nos dice que a su abuelo le sucedía lo
mismo que a ella.

El resultado de la exploración psicológica fue totalmente normal.
Decidimos, por lo tanto, filmar su sueño con cámara de vídeo para
descartar una epilepsia y entender mejor sus crisis nocturnas. Durante la vídeo polisomnografía observamos que, en un momento de
la noche, María se levantaba bruscamente, gritaba «¡Que se llevan al
niño!», corría hasta la puerta del dormitorio y tropezaba con la mesilla de noche. Esto la despertó y volvió a acostarse. Tuvo dos episodios más esa misma noche: en uno se sentó en la cama y comenzó a
decir cosas incoherentes y en el otro sólo gritó. A la mañana siguiente no recordaba nada, pero sospechaba que algo le había ocurrido porque se sentía muy cansada y la cama estaba revuelta.

Las pruebas que realizamos con María confirmaron el diagnóstico de sonambulismo agresivo. Iniciamos un tratamiento farmacológico y de higiene del sueño. A las tres semanas supimos que ya
no se levantaba. Desde entonces se despierta de buen humor y descansada.

---

Cuando el sonambulismo agresivo se da en parejas jóvenes, lógicamente el que comparte el lecho con el sonámbulo se preocupa o incluso tiene miedo. En ocasiones evita incluso compartir la cama.

Aunque es raro que el sonámbulo se muestre violento, en algunos
casos puede amenazar a las personas de su alrededor y agredirlas.
Son episodios de falsos despertares —en realidad, la persona está

SONAMBULISMO AGRESIVO | 253

profundamente dormida— que tienen lugar durante la primera mitad de la noche.

En los casos más leves sólo se observan pequeñas incorporaciones en la cama. La persona se sienta y vuelve a acostarse. En los más violentos, el sonámbulo puede refugiarse en el lavabo u otra habitación, e incluso se puede quedar dormido en un lugar diferente de la casa. Estos episodios a veces son tan aparatosos que pueden implicar el traslado de muebles, arrastrar el colchón hasta otra habitación, o pegar a la persona que está a su lado y que intenta calmarle. Esto último es bastante excepcional, pero se ha dado en alguno de nuestros pacientes.

Los episodios más espectaculares pueden ir acompañados de somniloquia, es decir: hablan con frases descoordinadas o bien se expresan en función de lo que están soñando. A veces pueden proferir gritos o amenazas.

El sonámbulo suele mostrarse pálido y sudoroso y puede sufrir taquicardia, ya que en estos trastornos siempre subyace un componente de ansiedad. Habitualmente, los que están a su alrededor logran reconducir la persona a la cama, pero muchas veces el sonámbulo se resiste violentamente y puede llegar a agredir a quien intente calmarlo.

Los pacientes que viven estos episodios pueden sufrir lesiones que se hacen evidentes al día siguiente, en forma de rasguños o inflamaciones por golpes contra la pared, muebles u otros objetos.

Tampoco los sonámbulos agresivos recuerdan estos episodios nocturnos. A lo mejor a la mañana siguiente, cuando se les pregunta, recuerdan un sueño vago. A menudo explican que huían de algo o que un extraño se había introducido en la casa.

Si se trata de un sonámbulo violento, extreme las precauciones. Estas personas suelen tener mucha fuerza durante los episodios nocturnos y a veces agreden sin darse cuenta. Si el sonámbulo está en peligro, no forcejee con él, simplemente llámelo suavemente por su nombre varias veces hasta que logre despertarlo. Si su pareja sufre estos episodios, duerma por seguridad en otra habitación hasta que el especialista resuelva su problema. Proteja a los niños sin por ello asustarlos.

Hay casos extremos de pacientes que, por su propia seguridad o para no hacer daño a los que tienen a su alrededor, se atan la muñeca a la cama con una cuerda. Cuando van a iniciar el episodio, al verse limitados en sus movimientos por la cuerda se despiertan levemente y el episodio de sonambulismo no puede tener lugar.

Esta alteración del sueño suele afectar a ambos sexos, aunque algo más a los varones de una edad comprendida entre los 18 y los 35 años. La frecuencia varía mucho de un individuo a otro, aunque los episodios pueden llegar a ser diarios o incluso presentarse varias veces por noche.

En los casos de sonambulismo agresivo es imprescindible acudir a la consulta del especialista en medicina del sueño. Conocer todos los fenómenos que tienen lugar durante el episodio de sonambulismo es básico para realizar un diagnóstico fiable. Por eso, es importante que el paciente vaya acompañado de un familiar cercano que haya presenciado varias veces estos episodios. Como hemos comentado en la receta anterior, la mejor ayuda que puede recibir el especialista es la filmación de uno de estos episodios.

En la Unidad de Trastornos del Sueño se realizarán las pruebas necesarias —vídeo polisomnografía— y luego se emprenderá el tratamiento farmacológico y de hábitos de higiene del sueño más adecuado al paciente.

# 10

# Dormir en situaciones especiales

Nuestro reloj biológico está programado para dormir por la noche. ¿Qué hacemos entonces cuando nos vemos obligados a «desprogramarlo»? ¿Cómo nos afecta, por ejemplo, tener que trabajar de noche o el desfase horario de un vuelo transoceánico? ¿Cómo podemos minimizar sus efectos? Y cuando, por diferentes causas, hemos «retrasado» o «adelantado» el reloj de nuestro sueño, ¿de qué manera podemos darle cuerda para volver a ponerlo en su hora? Éstas son las cuestiones que responderemos en este capítulo.

## LOS TURNOS DE NOCHE

Alrededor del 20 por ciento de la población de los países industrializados trabaja en turnos fuera del horario diurno de 9 de la mañana a 6 de la tarde. Sólo en España, más de dos millones de trabajadores realizan turnos rotatorios o nocturnos: desde el personal sanitario a los taxistas, pasando por camareros, policías, operarios de fábricas y tantísimos otros oficios.

Estas personas viven luchando contra sus relojes biológicos, lo cual suele tener consecuencias para la salud en general y el sueño en particular, además de afectar a las relaciones familiares y sociales.

La mayoría de los accidentes laborales y de tráfico tienen un denominador común: suceden de noche, un horario que desencadena la fatiga y dispara la siniestralidad. Por otra parte, trabajar de noche es obligado en determinadas profesiones y es imposible evitarlo. Pero el hombre es diurno por naturaleza y, al mantenerse despierto de noche, sus dos «relojes» entran en conflicto: uno lleva el horario biológico con su programación natural y el otro marca la programación laboral.

Según la Organización Internacional del Trabajo, por cada quince años de actividad laboral nocturna se envejece prematuramente unos cinco años. El cuerpo humano nunca llega a adaptarse del todo a trabajar de noche. Por eso, tras cinco o diez años de trabajar por turnos comienzan a aparecer una fatiga constante que no cede con el descanso, dolores de cabeza, vértigos, angustia, depresión, irritabilidad y alteraciones oculares. Asimismo, son muy frecuentes los trastornos digestivos y el abuso de excitantes como el alcohol, el tabaco y la cafeína.

Entre este tipo de trabajadores existe mayor riesgo de padecer enfermedades cardiovasculares o diabetes, así como trastornos de origen nervioso. También los divorcios son tres veces más frecuentes, lo que es debido al desajuste horario respecto a su vida familiar y social.

Numerosas investigaciones realizadas en Europa y Estados Unidos concluyen que los trabajadores nocturnos duermen de cinco a siete horas menos por semana que el resto de la población activa. Esta pérdida de sueño a veces se recupera en los días de descanso, pero aun así es un estado de privación crónica de sueño que afecta indiscutiblemente al rendimiento y las capacidades del trabajador.

En Alemania se hizo un experimento con voluntarios sobre la conducción de vehículos por autopista. La *Autobahn* es una vía rápida, sin distracciones, paradas ni entorpecimientos. Para conocer la actividad cerebral de los conductores, durante el trayecto se colocaron electrodos en el cuero cabelludo para registrar los estados de vigilia y sueño. Los investigadores se sorprendieron al encontrar segmentos de hasta veinte minutos en los que la actividad cerebral era claramente indicativa de sueño. Sin embargo, al no haberse producido una parada del vehículo ni un accidente, hubo que admitir que los voluntarios habían conducido su automóvil dormidos pero con los ojos abiertos.

Ese estado entre la vigilia y el sueño se denomina «comportamiento automático» y en los conductores es conocido como «hipnosis de la carretera». También se ha observado en pilotos de avión, trabajadores en turno de noche, enfermeras, vigilantes, maquinistas de tren y, en general, en personas que realizan una actividad monótona a unas horas en las que deberían estar durmiendo. Durante el comportamiento automático, la velocidad de reacción hacia estímulos externos es mucho más lenta y el individuo corre serio peligro de sufrir un accidente.

En Estados Unidos se demostró que los accidentes de circulación de los camioneros aumentaban un 700 por ciento entre las 3 y las 6 de la mañana, que son las horas de vigilancia mínima en la mayoría de los humanos. Puesto que, además, el tráfico en la carretera es más escaso, cabe suponer que la somnolencia intervino en la causalidad de los siniestros.

## ¿Qué experimentan los trabajadores de turnos nocturnos o rotativos?

En las personas que trabajan en estos horarios, el reloj biológico interno sufre alteraciones porque el cerebro recibe una información alterada.

El trabajador pasa la noche levantado con una luz mortecina. Cuando sale a la calle para volver a su casa, se expone a la luz radiante de la mañana, lo que disminuye su capacidad para iniciar el sueño. Si a esto añadimos que el dormitorio durante el día tiene poca oscuridad y llegan ruidos de la calle, se podrá comprender que el cerebro nunca llegue a adaptarse completamente. Además, los ritmos circadianos se resisten a la inversión, con lo que el individuo lucha contra una marea interna de ritmos hormonales y de estímulos nerviosos.

Es muy frecuente el insomnio y la somnolencia excesiva en las personas que deben trabajar de noche o cambiar constantemente de turno.

Como hemos visto a lo largo de todo el libro, para adquirir un buen hábito de sueño hay que seguir rutinas y horarios regulares. Sin embargo, para los trabajadores que deben cambiar su horario de trabajo cada semana, eso se convierte en una misión casi imposible. Por lo tanto, su sueño nunca es suficientemente reparador y se sienten fatigados y soñolientos durante el día. Eso le ocurre al 60 o 70 por ciento de las personas que hacen turnos.

Aunque puedan dormir en condiciones óptimas de aislamiento sin ruidos, la calidad del sueño diurno es muy baja. Dormir durante el día disminuye el tiempo total de sueño y aumenta los despertares.

A las personas que trabajan bajo constantes cambios de turno les cuesta adaptarse para conciliar el sueño. Además, como hemos dicho antes, suelen padecer problemas gastrointestinales, y su vida social y familiar se ve empobrecida por la somnolencia y fatiga persistentes. Son más susceptibles de sufrir trastornos cardiovasculares y problemas psicológicos como cambios del estado de ánimo e irritabilidad, abuso del alcohol, cafeína o hipnóticos.

Este tipo de rutinas laborales siempre son una fuente de estrés personal y familiar, aunque la capacidad individual para tolerar los turnos rotatorios depende de varios factores que interaccionan:

• *Características individuales.* No todo el mundo es igual de sensible. De entrada, las personas jóvenes se adaptan más fácilmente. Los que pueden presentar más problemas para adaptarse a los turnos de trabajo son: personas mayores de cincuenta años, las que tienen cargas domésticas, las que poseen un historial de alteraciones del sueño, problemas gástricos, abuso de alcohol, cafeína o hipnóticos, o bien las que padecen trastornos cardiacos, epilépticos o sufren diabetes.

• *Sistema de trabajo.* Se debe estudiar bien cuáles son los turnos más rentables según las necesidades de la empresa y lo que pueden suponer para la salud de los trabajadores, lo que afectará directamente a su rendimiento y a la productividad.

• *Ritmo circadiano.* Para los trabajadores con turnos rotativos, los problemas en el reajuste circadiano son:

– Los cambios en las rutinas de descanso causan una privación parcial de sueño.

– El horario en el que deben estar despiertos coincide con un descenso de la temperatura corporal.

– El reloj biológico y el laboral marcan horas diferentes y nunca acaban de sincronizarse del todo.

Los trabajadores de noche casi nunca logran una adaptación completa a su horario, incluso tras muchos años de actividad laboral nocturna. Esto se debe, en parte, a la tendencia de romper el ritmo adquirido durante los fines de semana, los festivos y las vacaciones, lo que aún desconcierta más al reloj que establece las horas de descanso y las de vigilia.

Por todo esto, las personas sometidas a este tipo de rutina laboral padecen los siguientes síntomas:

– Insomnio o somnolencia excesiva.

– Incapacidad para mantener un sueño continuo durante el día.

Sufren un déficit del tiempo total de sueño, que puede llegar a reducirse cuatro horas por día.

– Sensación de sueño poco satisfactorio.

– Disminución de la atención y precisión en el trabajo, lo que aumenta el riesgo de accidentes laborales.

– Intento de recuperar el sueño atrasado durante las horas libres, lo que va en detrimento de la vida familiar y social.

– Irritabilidad.

### ¿Por qué es tan importante la luz?

La luz es un sincronizador de los ritmos biológicos. La mayor parte de las neuronas del reloj biológico del núcleo supraquiasmático (NSQ) varían su actividad espontánea como consecuencia de la entrada de luz en la retina.

Muchos ritmos biológicos humanos están regulados por la claridad diurna. Por ejemplo, los que marcan el sueño y la actividad, así como la secreción de hormonas como la melatonina y el cortisol.

Terapéuticamente, la luz puede emplearse para tratar la depresión, los trastornos del sueño y otras enfermedades estacionales relacionadas con los ritmos circadianos.

### ¿Para qué sirve la melatonina?

La melatonina es una hormona segregada por la glándula pineal, que está alojada en el cerebro. Los especialistas la denominamos «la hormona de la oscuridad», porque en cuanto empieza a anochecer entra en el torrente circulatorio. La secreción de melatonina remite por efecto de la luz.

Administrada por vía oral, inicia su efecto a los treinta minutos y dura unas tres horas. Entre otras cosas, sirve para disminuir la temperatura corporal, lo que incrementa la duración del sueño y disminuye las fases 3 y 4. Tomada durante la vigilia produce fatiga y disminuye la memoria y el rendimiento.

## «TRABAJO MIENTRAS TODOS DUERMEN Y ME ACUESTO CUANDO TODOS SE LEVANTAN»

Fernando hace turno de noche: entra a trabajar a medianoche y sale a las 8 de la mañana. Cuando vuelve a casa, los hijos ya se han ido al colegio. Prefiere aguantar levantado hasta el mediodía para almorzar, y acostarse después hasta las 9 o las 10 de la noche. Mientras él duerme, Laura, su esposa, intenta mantener a los niños en silencio, aunque la mayoría de las veces debe salir con ellos fuera de casa. Cuando Fernando se despierta, cenan todos juntos y luego él se va. Éste es el único momento del día en que ve a su familia.

Cuando llega el fin de semana todo se complica: por un lado espera con ansia este momento para recuperar sueño; por el otro, también desea disfrutar de la familia. Sin embargo, no logra hacer bien ni una cosa ni la otra, porque el mal humor que arrastra a consecuencia de la deuda de sueño le impide aguantar las exigencias normales de dos niños de seis y ocho años. También se pelea a menudo con Laura, con quien tiene además pocas relaciones sexuales porque su libido ha disminuido notablemente. Resultado: el fin de semana termina con un montón de caras largas.

———◆———

Le presentamos ahora dos recetas que pueden serle útiles si trabaja en un turno rotatorio o nocturno.

# Receta
## para dormir de día si trabaja de noche

Ingredientes:
- Apoyo de familiares y amigos
- Atención durante el trayecto a casa
- Dormir por la mañana
- Oscuridad y silencio
- Horas suficientes

Cómo se cocinan, paso a paso:
- Para sobrellevar mejor el duro horario nocturno es muy importante que el entorno familiar colabore. Hay que enseñar tanto al trabajador como a la familia la importancia del sueño y planificar las estrategias conjuntas que se emplearán. Una familia comprensiva es el mejor aliado de un trabajador en estas circunstancias. Acuerden que su sueño no será interrumpido bajo ninguna circunstancia, sólo si existiese un peligro real (lo mismo que se haría si durmiese de noche). Para lograr un poco de intimidad en la pareja, de vez en cuando pueden organizar un fin de semana en el que los niños permanezcan con sus abuelos o tíos.
- En el trayecto del trabajo a casa, intente mantenerse despierto y a ser posible evite conducir su vehículo. Viaje en transporte público. No tome café, porque esto lo despejará y lo que se trata es de llegar a casa y dormir bien. Póngase gafas de sol para que la exposición a la claridad diurna no lo desvele aún más. No se distraiga por el camino; vaya directamente a descansar. Recuerde que usted debe dormir de día, porque de noche trabaja.
- Cuando llegue a casa tras haber trabajado toda la noche, no pretenda dormirse de inmediato como si apretara un interruptor. Nuestro organismo no es una máquina. Necesita unos momentos

para relajarse. Actúe como lo haría si en vez de ser las 7 de la mañana fueran las 7 de la tarde. Deje las cosas, descanse un momento, coma algo ligero aunque sin consumir alcohol ni cafeína. Después realice sus rutinas presueño, como lo haría si fuese de noche. Y acto seguido acuéstese sin más demora.

■ Elija la habitación más silenciosa de la casa. Cierre puertas y ventanas, y ponga cortinas gruesas o baje las persianas para lograr una oscuridad total. Desconecte los teléfonos, radios o relojes y pida que nadie le despierte. Si cualquier persona llama a la puerta, no la atienda.

■ Debe procurar dormir las mismas horas que una persona por la noche. Está comprobado que los trabajadores en turno de noche, al alterar el ritmo de sueño y vigilia —y a causa de la dificultad que entraña dormir de día—, duermen menos horas. También se observa una reducción del sueño profundo, con lo que se dificulta una recuperación de la fatiga física.

### Receta para trabajar de noche (y mantenerse alerta y despierto)

Ingredientes:
■ Atención alta
■ Luz intensa y ruido de compañía
■ Frío moderado
■ Actividad física moderada
■ Alimentación ligera
■ Melatonina

Cómo se cocinan, paso a paso:
■ Si bien la comodidad y el confort son tentadores, es preferible mantenerse algo incómodos para asegurarse estar bien aten-

tos y evitar así quedarse dormidos. Recuerde que está luchando contra su reloj natural.

■ La luz brillante es fundamental para mantener el estado de alerta. Donde se trabaja de noche debería haber una iluminación de por lo menos 1.000 lux. Sin embargo, existe la mala costumbre generalizada de atenuar las luces por la noche. Si la actividad que realiza es muy monótona y la luz es tenue, será presa fácil del sueño. Vigile especialmente entre las 3 y las 6 de la mañana, que es el periodo de máxima somnolencia. Escuche la radio para mantenerse despierto.

■ La temperatura ideal es el frío moderado —mejor aún si el fresco le da en la cara—, ya que mantiene al trabajador despierto. La calefacción alta provoca la somnolencia durante el turno de noche; por lo tanto, hay que evitarla.

■ No permanezca mucho tiempo sentado ni en la misma posición. Una actividad física moderada —como caminar, estirarse ¡o incluso masticar un chicle!— le ayudará a mantenerse despierto.

■ Las comidas pesadas desencadenan automáticamente el sueño. Por el contrario, una dieta ligera aumenta el estado de alerta. Los refrescos con cola y el café sólo son recomendables al inicio del turno de noche. Luego deben evitarse, ya que perjudicarán la posterior llegada del sueño, además de provocar malestar estomacal. Los medicamentos que producen somnolencia no deben tomarse ni antes ni durante el horario de trabajo. Explíqueselo a su médico para que reordene las tomas de manera que no perjudique su atención en el trabajo.

■ La melatonina es un «cronobiótico», es decir, indica al cerebro cuándo es la hora de dormir. Es de gran utilidad para los trabajadores nocturnos que se ven obligados a dormir de día. Para que surta efecto se debe tomar unas tres horas antes de acostarse. No se conocen efectos secundarios y con una dosis de tres miligramos suele ser suficiente. Aunque se vende sin receta en las farmacias, es conveniente consultar con su médico antes de empezar a tomar melatonina.

## PONERSE EN HORA: CONTROLAR EL «JET-LAG»

Antonio (40 años) es ingeniero y se ha especializado en la construcción de autovías. Los convenios entre Europa y América del Sur han hecho que, en los últimos años, deba sobrevolar frecuentemente el Atlántico. Cada mes Antonio realiza un mínimo de dos viajes transoceánicos. No le gusta el trayecto: apenas duerme y le desagrada la comida del avión. Al llegar a su destino, durante los primeros días se despierta varias veces durante la noche y de día funciona «a medio gas». También lo perturba el brusco cambio de temperatura. En España ha dejado el frío del invierno de días cortos; pero llega a Argentina en pleno verano, con un calor sofocante y no anochece hasta las 9 de la noche.

Lo peor de todo es que, cuando ya se ha adaptado al nuevo horario, debe regresar a España. El viaje de ida —hacia el oeste— no es tan problemático, porque sólo se alarga el día. La dificultad se presenta con el viaje de regreso, porque al viajar hacia el este se esfuman en el aire cuatro o cinco horas de su día.

◆

Veamos cómo podemos ayudarle a minimizar la alteración de los ritmos circadianos que se produce cuando atravesamos más de cuatro usos horarios: el temido *jet-lag*. El reloj interno sigue marcando la hora local mientras que los relojes externos señalan una hora diferente.

# Receta
## para minimizar los efectos del «jet-lag»

Ingredientes:

*Antes del vuelo*:
- Información y planificación
- Hidratación

*Durante el vuelo*:
- Ropa cómoda
- Poner el reloj de pulsera a la hora del destino
- Dormir
- Levantarse y estiramientos

*Al llegar a destino*:
- Adaptación al nuevo horario

Cómo se cocinan, paso a paso:

- *Antes del viaje*. Averigüe cuál es la diferencia horaria entre su país y el de destino, y en qué estación del año se encuentra. A ser posible, elija un vuelo nocturno de modo que llegue por la mañana. Si se trata de un viaje de negocios o debe acudir a un congreso, es recomendable llegar por lo menos dos días antes. Mientras prepara el viaje, puede ser de gran ayuda ir retrasando un poco la hora de acostarse cada noche.

También es aconsejable realizar ejercicio y beber mucho líquido —agua y zumos de fruta, nada de alcohol, café, té o mate— varios días antes de volar. La noche anterior al viaje intente relajarse para asegurar un buen descanso nocturno.

- *Durante el viaje*. Lleve ropa holgada y cómoda. Sólo subir al avión, ponga en su reloj de pulsera la hora del país hacia el que se dirige. A partir de este momento, olvídese de la hora local que deja atrás y empiece a mentalizarse de su «nuevo horario». Sáquese los zapatos y relájese.

Intente no comer todo lo que le ofrecen a bordo —aunque cada vez ofrecen menos—; comer demasiado salado o condimentado promueve los edemas en las piernas. Es preferible elegir el pescado, la verdura y las frutas, si entran en el menú de a bordo. Evite el alcohol; como máximo, un vasito de vino o una cerveza le ayudará a conciliar el sueño. En cambio, beba mucha agua durante el vuelo y evite los refrescos con gas, que revolucionarán su aparato digestivo.

Si usted es de los que no pegan ojo en el avión, pida a su médico que le recete un hipnótico de nueva generación, ya que le ayudará a descansar sin dejarle sensación de resaca. Duerma cuanto pueda mientras viaja.

Cuando esté despierto, levántese, camine y haga estiramientos cada hora para que no se le entumezcan los músculos.

■ *Al llegar a destino.* Al programar las actividades en su destino, aproveche las horas en las que esté más despierto. Si viaja hacia el oeste, por ejemplo, elija las citas de trabajo por la mañana, que se corresponderá con la tarde en su lugar de origen. También puede tomar melatonina la noche de llegada para adaptarse más rápidamente al nuevo horario, aunque sólo si va a permanecer más de diez días en el país. Almuerce y cene de acuerdo con el nuevo horario. No duerma siestas —aunque se lo pida el cuerpo— y manténgase despierto hasta la llegada de la noche.

Adáptese lo antes posible a los nuevos horarios de comidas, sueño y ejercicio físico. En personas mayores de cincuenta años, esta adaptación llevará más tiempo.

Los chefs recomiendan:

■ Un truco sencillo: expóngase al sol cuando sienta sueño y sea hora de estar despierto.

■ Si la estancia en el país de destino va a ser corta, no es necesario resincronizar los ritmos. Si vuela frecuentemente, acuda a un especialista en medicina del sueño para que le ayude.

## «No logro levantarme antes del mediodía»

Javier (24 años) estudia derecho y se define a sí mismo como un «ave nocturna». Siempre ha preferido la noche a la mañana. Por eso sus padres le permitieron escoger el turno de tarde para sus estudios. Suele preparar los exámenes con un grupo de compañeros que, al igual que él, rinden más de noche. El resultado es que, en los últimos años, ha cambiado su reloj vital: estudia de 11 de la noche a 6 de la mañana y duerme de 7 a 3 de la tarde.

Sin embargo, hace poco consiguió un empleo de pasante en un prestigioso bufete de abogados, y debe entrar a trabajar a las 9 de la mañana. Es un verdadero martirio para él, ya que por las mañanas se arrastra y nunca consigue llegar a la hora. Ya no sabe qué excusa poner para justificarse y sus jefes están con la mosca detrás de la oreja. «¿Has estado nuevamente de parranda?», le preguntan cada mañana. Las primeras horas se comporta como un autómata y no entiende nada de lo que le dicen. Consume cantidades industriales de café y refrescos de cola para intentar despejarse, pero no sirve de mucho. Le han advertido que si no cambia de actitud tendrán que prescindir de él.

Cuando Javier sale del trabajo se va a directo a la facultad, donde la mayoría de las veces se queda dormido. Sólo piensa en llegar a su casa y meterse en la cama. Se acuesta mucho más temprano que antes, pero no logra conciliar el sueño hasta las 4 o las 5, con lo que sólo logra dormir tres o cuatro horas antes de que su día vuelva a empezar.

En la consulta le colocamos un actímetro —una especie de reloj de pulsera—, que llevó durante una semana para registrar su ritmo de sueño y vigilia. Asimismo, se le entregó un diario de sueño donde tenía que anotar cuándo se acostaba y cuándo se levantaba para saber el número de horas que había dormido cada día. También debía apuntar el número de cafés y refrescos con cola que consumía diariamente. Con los datos obtenidos en la actigrafía, los tests psicológicos y el diario de sueño, le diagnosticamos un «síndrome de fase retrasada de sueño». Inició un tratamiento y, en dos semanas, Javier lograba un ritmo normal de vigilia y sueño. Ahora trabaja y estudia de día, y utiliza la noche para dormir.

———— ◆ ————

Las personas que padecen este síndrome tienen dificultades para dormirse temprano por la noche. Por consiguiente, les cuesta levantarse por la mañana. Esto se debe a un desajuste en su reloj biológico.

Este trastorno puede haber comenzado hace mucho tiempo, a veces ya en la adolescencia. El problema es que una vez que el cuerpo —y el cerebro— se acostumbra a dormir tarde, el hábito queda grabado y el ritmo circadiano se desplaza.

Si usted padece este problema y le crea dificultades laborales, o le impide hacer una vida familiar normal, ¡llegó el momento de poner el reloj a su hora! Para empezar, debe tener claro que no padece de insomnio, porque si le dejan dormir en «su horario» puede hacerlo sin problemas.

Los especialistas utilizamos distintas técnicas y tratamientos para poner el reloj en hora, normalmente con buen resultado. Si considera que su problema no es tan grave para acudir a nuestra consulta, la receta que sigue puede ayudarle.

# Receta
## para adelantar la hora de acostarse

Ingredientes:
- Apoyo familiar
- Cronoterapia
- Luminoterapia
- Melatonina
- Horarios regulares

Cómo se cocinan, paso a paso:

- Durante el periodo de «ajuste» deberá contar con el apoyo de su entorno familiar, ya que necesitará silencio a unas horas en las que la casa suele estar en movimiento. Es absolutamente imposible lograrlo sin la colaboración de las personas con las que convive. Pero vale la pena intentarlo, ya que sólo necesitará unas semanas hasta lograr el horario deseado, lo que beneficiará su salud y el buen humor de todos.

- La cronoterapia consiste en retrasar paulatinamente el momento de acostarse entre dos y tres horas cada día, hasta alcanzar el horario de sueño deseado, por ejemplo, irse a dormir a las 11.30 para levantarse a las 7.30 de la mañana.

Si el objetivo es que su hora de irse a dormir sea las 11.30 y ahora se está acostando a las 6 de la mañana, éstos son los pasos a seguir: durante dos o tres días seguidos, retrase su hora de dormir de las 6 a las 9 de la mañana; luego, retrásela nuevamente dos o tres días más de las 9 a las 11 de la mañana, y así hasta poner el reloj de la vigilia y el del sueño a la hora deseada.

Cuando haya sincronizado ambos relojes, deberá mantener unos horarios regulares de manera muy rigurosa para no volver a retrasar la fase del sueño.

- La luminoterapia consiste en estar expuesto a una luz brillante por lo menos durante una o dos horas después de levantarse. Esto le ayudará a regular el ritmo circadiano. La intensidad dela luz debe ser de 2.500 lux. En tiendas especializadas venden estos aparatos de fototerapia, pero puede construir uno casero con ocho fluorescentes de 1,2 m de largo, que cubrirá con un difusor de plástico para que no le deslumbre. Pueden colocarse en el techo o bien montar los fluorescentes sobre un caballete. Debe permanecer bajo la luz brillante las primeras dos horas después de levantarse, mientras desayuna, lee o realiza cualquier otra actividad, hasta que logre ajustar el reloj de la vigilia y el sueño.

También es recomendable exponerse a la luz de la mañana tanto como pueda y evitar el sol de la tarde.

■ Debe tomar melatonina, la hormona que sirve para sincronizar los ritmos de vigilia y sueño, una vez haya culminado con éxito la cronoterapia. Durante un mes, se recomienda tomar cada día una pastilla entre tres y cuatro horas antes de iniciar el sueño. La melatonina por sí sola no logrará poner el reloj en hora, sino que es parte del conjunto de medidas del tratamiento.

■ A partir del momento en que haya alcanzado su objetivo y su nuevo horario, deberá ajustarse a horarios y rutinas regulares. Es igual que cuando se lleva a cabo una dieta para perder peso. No basta con adelgazar, luego hay que mantener el peso. Con el sueño sucede lo mismo: si no es estricto en los horarios de acostarse y levantarse durante algunos meses, volverá a retrasar el horario y todo el sacrificio habrá sido en vano. Cuando transcurra un tiempo, podrá volver a salir los fines de semana y acostarse más tarde, siempre que mantenga la regularidad durante la semana.

Evite el consumo de cafeína durante las ocho horas previas a acostarse. Aunque piense que no le afecta, la cafeína permanece en la sangre muchas horas después de consumida y es un gran enemigo del sueño.

Los chefs recomiendan:

■ Si el retraso es de muchas horas, es aconsejable que realice el reajuste bajo la supervisión de un especialista en medicina del sueño.

■ La mejor manera de prevenir este problema es impedir que aparezca. Por eso conviene enseñar a los hijos desde pequeños, y especialmente en la adolescencia, la importancia de seguir unos horarios regulares.

## «ME DUERMO DEMASIADO TEMPRANO»

Mario (38 años) es médico y desde hace años tiene la costumbre de acostarse a las 8.30 de la tarde y levantarse a las 4 de la mañana. Antes le daba buenos resultados, porque aprovechaba la tranquilidad de las primeras horas de la mañana para estudiar y ponerse al día. Pero esta rutina tempranera le ha comenzado a traer problemas con su esposa y sus hijos, que tienen 7 y 9 años. La familia cena a las 7 de la tarde —un horario muy europeo— y a las 8 Mario pretende que nadie haga un solo ruido en la casa, lo que desata constantes discusiones.

Mario ha acudido a nuestra consulta. Su esposa dice que la convivencia se ha vuelto casi imposible, ya que el resto de la familia quiere tener horarios más normales. Por su parte, él está muy irritable y poco tolerante por una excesiva presión laboral.

Realizamos tests psicológicos para descartar una depresión enmascarada (despertarse muy temprano es un síntoma muy habitual). También estudiamos su sueño durante toda una noche, porque su mujer dijo que últimamente roncaba bastante fuerte. Le pedimos que completara un diario de sueño y vigilia por espacio de una semana. El estudio puso en evidencia un descanso nocturno superficial con escaso porcentaje de sueño profundo, posiblemente a causa del estrés. No se registraron apneas del sueño. El diario confirmó el diagnostico de «síndrome de fase adelantada del sueño».

---

El síndrome de fase adelantada del sueño se puede sobrellevar siempre y cuando la persona viva sola. Pero es causa de serios problemas si convive con familiares con un horario más común.

Este trastorno es similar a lo que ocurre a las personas de edad avanzada. A veces se confunde con insomnio y el médico de cabecera puede recetar erróneamente hipnóticos, cuando en realidad duermen un número adecuado de horas, sólo que más temprano.

Cuando el deseo de dormir temprano sea reciente y se acompañe de tristeza y falta de apetito, no debe descartarse una depresión.

## Receta
### para retrasar la hora de acostarse

Ingredientes:
- Apoyo familiar
- Cronoterapia
- Luminoterapia
- Horarios regulares

Cómo se cocinan, paso a paso:
- Para resolver este problema, necesitará que su familia le ayude a llevar a cabo el tratamiento. Los ingredientes son casi los mismos que veíamos en la receta anterior —cuando el problema es justo el contrario: se va a acostar tardísimo—, pero varía la preparación. Sin embargo, es algo más sencillo retrasar la hora de irse a dormir que adelantarla.

■ También aquí se recurre a la cronoterapia. Esta vez se trata de ir postergando la hora de acostarse entre media y una hora cada día hasta alcanzar el objetivo deseado, las 11 de la noche como mínimo.

Para ayudarse a mantenerse despierto, no cene antes de las 8 de la tarde. Evite quedarse quieto o sentado, porque se dormirá. Aproveche el intervalo entre la cena y la hora de acostarse para conversar con sus hijos y su pareja, o ver algún programa de televisión entretenido. Si el sueño le vence, salga a tomar el aire un rato o mójese la cara. En sólo unos días logrará dormir en el horario deseado. Deberá mantener por un tiempo estos horarios de manera rigurosa para no volver a adelantar la fase.

■ Expóngase a la luz natural tanto como pueda durante el día, y no use gafas de sol excepto cuando la luz sea demasiado fuerte. Si su trabajo le impide salir al exterior, siéntese frente a una ventana por la que entre claridad. Si trabaja con luz artificial, consiga un aparato de fototerapia o construya uno casero (véase la receta anterior). Siéntese a 90 cm de distancia durante una hora al llegar a su casa.

■ Mantenga un horario regular para acostarse y levantarse, incluso los fines de semana, para fijar bien la nueva rutina. Evite consumir café, té, mate o refrescos de cola a partir de las 6 de la tarde.

Los chefs recomiendan:

■ Como en la receta anterior, la mejor manera de evitar este trastorno es impedir que aparezca. Para ello hay que seguir unos horarios regulares, especialmente las personas mayores.

■ Si cree que puede estar deprimido o se lo insinúan las personas de su entorno, consulte sin más demora con su médico.

# 11

# Trastornos graves del sueño: cuándo consultar al especialista

En este capítulo no encontrará recetas caseras para los trastornos del sueño más graves, porque no las hay. Sí existen, en cambio, estudios y tratamientos efectivos que conocemos bien los especialistas en medicina del sueño.

Vayamos por partes. Usted necesita ayuda ya si...

«Ronca y detiene la respiración mientras duerme.» Si se encuentra en esta situación, es probable que padezca:

## SÍNDROME DE APNEA DEL SUEÑO

La presencia de un ronquido intenso y entrecortado es frecuentemente motivo de comentarios burlones entre los familiares del roncador, que suelen desconocer la gravedad del problema.

De forma similar, la persona que se duerme durante el día puede ser tachada de apática, despistada o incluso perezosa. Normalmente, los afectados se defienden alegando excusas como: «Estoy muy cansado», «Trabajo mucho» o «Paso por una temporada de estrés». Nada de esto es cierto.

Las personas que roncan fuerte, seguido de paradas respiratorias durante el sueño y somnolencia diurna, padecen el denominado *síndrome de apnea obstructiva del sueño.* El término apnea significa «ausencia de respiración». Médicamente se emplea para definir la falta de entrada o salida de aire de los pulmones durante diez o más segundos. Los episodios apneicos van seguidos frecuentemente por un despertar violento.

A consecuencia de este síndrome, muchas de estas personas tienen problemas sociales y laborales. Rinden poco en su trabajo, se olvidan de las cosas y les cuesta concentrarse. En las reuniones sufren ataques de sueño, y pueden llegar a dormirse conduciendo.

En el hogar, se duermen en el sofá antes de comer o cenar, prestan escasa atención a lo que les rodea y muestran poco deseo sexual.

Esta enfermedad se caracteriza por tres síntomas muy evidentes:

– ronquido intenso,
– apneas que interrumpen el ronquido, y
– sueño acusado durante el día.

Antiguamente se creía que esta enfermedad sólo era propia de personas muy obesas, pero en la actualidad se ha demostrado que puede darse en personas sin problemas de sobrepeso o incluso delgadas.

Los investigadores coinciden en que la apnea está causada por una disfunción neurológica que afecta al control motor de la musculatura del cuello, pero el mecanismo exacto por el cual se produce es aún desconocido. En todo caso, hay una clara predisposición genética, ya que todos los pacientes tienen familiares roncadores importantes.

## Factores agravantes

Existen una serie de circunstancias que agravan la intensidad del síndrome de apnea obstructiva del sueño:

- *De tipo mecánico.* Cualquier dificultad que encuentre el aire en su paso por las vías respiratorias altas aumentará los síntomas. Por consiguiente, una desviación del tabique nasal, la presencia de pólipos, una úvula grande o el paladar blando incrementarán la frecuencia e intensidad de las apneas.
- *Obesidad.* El sobrepeso, sobre todo en las personas que no han sido obesos de niños, se manifiesta en la musculatura abdominal y del cuello. Por esto, al ganar unos kilos, la grasa se deposita sobre todo en nuestra faringe y dificulta el paso del aire. La obesidad acusada puede incluso ser la causa de la enfermedad.
- *Alteraciones craneofaciales o esqueléticas.* La forma de la cara, sobre todo el maxilar inferior y la longitud del cuello, puede influir en el proceso. Una mandíbula inferior retraída o un cuello grueso y corto serán con toda seguridad causa de un síndrome de apnea obstructiva del sueño.
- *Alteraciones metabólicas.* Se han descrito casos de este trastorno del sueño en pacientes que sufren afecciones como hipertiroidismo, acromegalia, amiloidosis o síndrome de Prader Willy.
- *Sustancias relajantes.* También son factores agravantes todas las sustancias de acción relajante que podamos consumir. El alcohol es una de ellas, ya que produce entre otras cosas relajación muscular. Por eso los roncadores habituales lo hacen más fuerte después de una comida copiosa en la que han ingerido alcohol. De la misma forma, todos los fármacos que producen relajación muscular —sobre todo los ansiolíticos y los hipnóticos— darán lugar a un aumento de las apneas.

## Frecuencia, síntomas y diagnóstico

Se ha comprobado que esta alteración es más frecuente en los varones y en aquellas personas con antecedentes familiares de roncadores importantes. Se calcula que afecta a entre un 4 y un 6 por ciento de la población. Los pacientes diagnosticados de esta enfermedad representan el 22 por ciento de las personas que acuden a visitarse en las Unidades de Trastornos del Sueño.

Los síntomas son el cese de la respiración tras un ronquido ruidoso y entrecortado, que puede variar en intensidad según la posición en que se esté durmiendo. Al final de cada apnea, la falta de oxígeno da lugar a un despertar que permite superar el episodio.

Estos despertares provocan dificultades para gozar de un sueño profundo, con la consiguiente somnolencia diurna. La necesidad de dormir durante el día varía de un paciente a otro y va íntimamente ligada al número de apneas.

Esta enfermedad puede llegar a ser muy incapacitante, aunque al principio el paciente la atribuya al exceso de trabajo o al estrés. La somnolencia suele empezar inmediatamente después de levantarse.

La confirmación del diagnóstico se realiza a través de una polisomnografía, que es el estudio de un sueño nocturno completo, y se lleva a cabo en la Unidad de Trastornos del Sueño. Allí se observa el comportamiento del paciente durante toda la noche: manera de respirar, intensidad de los ronquidos, número de paradas respiratorias, alteraciones del ritmo cardiaco, profundidad del sueño, número de despertares, etcétera. Sólo así es posible determinar la gravedad de la enfermedad y registrar las alteraciones del organismo que tienen lugar durante el sueño y la vigilia.

## Tratamiento

Muchas muertes nocturnas inexplicadas tienen lugar durante una de estas apneas. Por consiguiente, es una enfermedad que merece una inmediata consulta con el especialista.

Cuando se comprueba que la obstrucción en el paso de aire obedece a causas estrictamente físicas, caso de las grandes hipertrofias amigdalares, será precisa una intervención quirúrgica. Desafortunadamente, en los adultos esta causa es muy poco común y la cirugía sólo mejora los síntomas en un 50 o 60 por ciento de los casos. De la misma forma, en las anomalías faciales muy acusadas, el cirujano maxilofacial puede operar si lo considera oportuno.

Si la causa es una enfermedad neurológica, metabólica o muscular tratable, hay que atajar primero la enfermedad. Sólo después, si persisten los síntomas, aplicaremos un tratamiento médico.

### Tratamiento con CPAP

En casos muy graves de apnea obstructiva del sueño se utiliza un equipo denominado CPAP (del inglés, *Continuous Positive Airway Pressure*). Es un mecanismo que introduce aire por la nariz a mayor presión que la ambiental, es decir, a una presión positiva continua. Para ello se utiliza un pequeño compresor que envía el aire a través de un tubo que desemboca en una mascarilla.

El tratamiento con CPAP no cura en ningún caso la enfermedad, pero sí la corrige, igual que unas gafas a una miopía. El paciente debe asumir que deberá utilizarlo siempre si quiere sentirse bien a la mañana siguiente.

En los casos leves de apnea obstructiva del sueño, los especialistas proponemos las siguientes recomendaciones:

1. Bajar peso.
2. Suprimir la ingesta de alcohol.
3. No utilizar depresores del sistema nervioso central como sedantes, ansiolíticos o hipnóticos.

4. Dormir un mínimo de ocho horas diarias y mantener unos horarios regulares.

5. Evitar la posición supina (boca arriba) durante el sueño.

6. Tomar con precaución y bajo estricto control médico los betabloqueantes y diuréticos.

Se desaconsejan todos los artilugios diseñados para abrir las fosas nasales que se comercializan para mitigar los ronquidos. Son totalmente inútiles, ya que el origen de la disfunción que origina el ronquido no está en el nivel de las fosas nasales, sino más retrasado: en el nivel de la faringe.

Algunos mecanismos consisten en prótesis que intentan evitar la caída de la lengua durante el sueño y mantener libres las vías aéreas. Sin embargo, no han recibido un apoyo general de los especialistas debido a su elevado precio, a la incomodidad que producen y a su ineficacia en los casos de apnea moderados o graves.

«Donde se sienta, se queda dormido.» Si éste es su síntoma, además de lo explicado en el capítulo 4 debe conocer la siguiente enfermedad:

## NARCOLEPSIA

El término proviene de los vocablos griegos *narco*, que significa «somnolencia», y *lepsia*, que se traduce por «ataque» o «crisis».

La narcolepsia es un síndrome de origen desconocido que forzosamente implica una disfunción del sueño REM. En los que la padecen, esta importante fase del sueño aparece en un momento inapropiado, ya sea al inicio del sueño o tras un despertar nocturno. Esto explica el hecho de que estos pacientes suelen recordar mucho los sueños.

## Frecuencia, causas y síntomas

La narcolepsia se observa en una persona de cada diez mil. El 88 por ciento de los pacientes desarrollan los primeros síntomas antes de los 35 años.

Es una patología crónica que, una vez instaurada, perdura toda la vida y su causa es aún desconocida. Los estudios más recientes han evidenciado que tiene una base neuroquímica.

Aproximadamente en la mitad de los casos, una circunstancia estresante o un cambio en los horarios con déficit de sueño actúa como desencadenante de los síntomas. Pero lo habitual es que no exista ningún condicionante que se pueda relacionar con el inicio de la enfermedad.

Sus síntomas básicos son la somnolencia excesiva diurna y la cataplejia. Los síntomas auxiliares son las parálisis del sueño y las alucinaciones hipnagógicas. Nos detendremos en todas estas afecciones a continuación.

## Somnolencia excesiva diurna

De forma inesperada e incontrolable, los que sufren esta alteración sienten la necesidad imperiosa de dormir por un breve espacio de tiempo. Esto sucede, sobre todo, en circunstancias ambientales monótonas que permiten relajarse.

En los preadolescentes se manifiesta en forma de retraso escolar, falta de atención y escaso interés por lo que les rodea; es frecuente incluso que se duerman en la discoteca. Lo único que sucede a estos chicos es que tienen sueño.

En los adultos, este trastorno provoca que se duerman en reuniones familiares, en el trabajo o incluso cuando están conduciendo. Más de la mitad de los pacientes narcolépticos que acuden a nuestra consulta han sufrido un accidente de coche.

Los que rodean a estas personas no entienden por qué tienen tanto sueño y suelen reprocharles su actitud. Al principio de su enfermedad, los afectados tampoco saben lo que les sucede. No entienden a santo de qué tantas ganas de dormir y tratan de disimular la situación para que los demás no piensen que están aburridos o faltos de interés. Las excusas se suceden unas tras otras, pero lo único que consiguen es angustiarse más, porque por mucho que lo intenten no logran dominar el sueño que les invade.

Los episodios pueden durar desde unos minutos a una hora, dependiendo de la posición en la que se encuentre la persona. Si está tumbada o con posibilidad de hacerlo, se dormirá rápidamente. Si, por el contrario, intenta no dormirse porque se halla en una situación comprometida, la sensación de somnolencia persistirá hasta que pueda dormir algunos minutos. Después del sueño experimentará una sensación reconfortante, con los sentidos despiertos y ganas de realizar sus tareas.

## Cataplejia

Es la pérdida brusca del tono muscular durante la vigilia, desencadenada por una emoción súbita de alegría, miedo o sorpresa, entre otras. Puede afectar sólo a algunos grupos musculares o a todo el cuerpo. La duración de estos síntomas puede oscilar entre breves segundos y treinta minutos.

Cuando la cataplejia es parcial, suele afectar a los músculos cervicales y a menudo a los de la cara; se observa también una respiración irregular. Es muy habitual ver que la cara de los narcolépticos «se descompone», como si todos sus músculos faciales perdieran fuerza. Esto les impide hablar durante breves segundos, aunque muchas veces este fenómeno puede pasar inadvertido a las personas de su alrededor.

La cataplejia también puede afectar a los músculos del tronco y los brazos, lo que impide realizar un movimiento con precisión. Una situación típica es la del joven jugador de baloncesto que pierde la fuerza de sus brazos justo cuando intenta encestar. La emoción de marcar el punto le ha provocado el ataque de cataplejia.

Cuando se ve afectada toda la musculatura del cuerpo, la persona puede caer al suelo de forma brusca. Esto es causa de fracturas y golpes que en ocasiones se confunden con ataques epilépticos.

El factor desencadenante es siempre una causa emocional, que puede variar de unos individuos a otros. La alegría o la risa después de un chiste puede provocar cataplejia. En otras ocasiones puede ser la emoción de realizar un movimiento concreto —lo que sucede a menudo en los deportes—, o incluso un sentimiento de ira o miedo. Los ataques también pueden estar causados por una situación de ansiedad, como hablar con un desconocido, preguntar por una dirección o pedir ayuda ante un peligro. Tras la crisis, los pacientes intentan evitar las situaciones que han provocado la cataplejia.

Este síntoma asociado a la narcolepsia suele presentarse tres o cuatro años después de los primeros ataques de sueño.

**Parálisis del sueño**

Éste es un fenómeno desagradable que tiene lugar cuando se inicia el sueño o bien cuando termina. Consiste en la imposibilidad de mover el cuerpo, hablar o incluso respirar profundamente cuando se está totalmente despierto. La sensación de inmovilidad es total, pese a que la persona intente con todas sus fuerzas moverse.

Es típico que desaparezca bruscamente al cabo de varios minutos. Si esto sucede mientras la persona trata de moverse, puede incluso caerse de la cama, ya que la fuerza reaparece de forma brusca e incontrolada. Los episodios asustan al paciente, sobre todo si los desconoce, y le crean ansiedad y miedo. Su duración suele ser inferior a un minuto aunque en casos excepcionales pueden llegar a diez minutos. Siempre ceden espontáneamente.

Cuando se observa al paciente durante estos episodios, parece como si estuviera dormido. Si se le toca levemente o se le habla, la atonía (falta de fuerza) cede bruscamente. El problema es que no puede avisarnos de ninguna manera para que le ayudemos a cesar esta situación.

Al estudiar el sueño durante la aparición de este fenómeno, vemos que el paciente se desvela desde una fase REM y su cerebro está completamente despierto, pero la musculatura permanece adormecida como si aún estuviera en la fase REM. Es como si el cerebro se despertara unos minutos antes que los músculos.

La parálisis del sueño suele ir acompañada de alucinaciones visuales, sensitivas y auditivas que dan un carácter aún más terrorífico al episodio.

## Alucinaciones hipnagógicas

Son las ensoñaciones que se experimentan en el momento justo de dormirnos. También pueden producirse al despertar, aunque son más raras y reciben entonces el nombre de «hipnapómpicas».

Suele tratarse de sueños con componentes visuales intensos y desproporcionados con respecto a la realidad. Por esto más que sueños, se consideran alucinaciones. Puede ser una sola imagen que se distorsiona, o bien múltiples imágenes de carácter fantasmagórico.

En ocasiones la alucinación tiene visos de realidad. Algunos pacientes aseguran que «se ven desde fuera» y que pueden incorporar a la alucinación sensaciones táctiles, olfatorias y auditivas.

Entre las alucinaciones hipnagógicas son comunes las imágenes de animales o personas que aparecen y desaparecen bruscamente. Aunque menos frecuente, también se han descrito melodías repetitivas que acompañan estos ensueños.

## Tratamiento de la narcolepsia

Consistirá, antes de nada, en informar al paciente sobre la naturaleza de sus síntomas. Haremos especial hincapié en que no se trata de ninguna patología psicológica o psiquiátrica. Por analogía fonética, cuando oyen por primera vez la palabra narcolepsia, los pacientes tienden a pensar que se trata de un tipo de epilepsia.

El especialista le ayudará a regular sus hábitos de sueño y puede recomendar siestas frecuentes —cada tres o cuatro horas— de una duración que no excederá los diez o quince minutos. Éste es el método más eficaz para combatir la somnolencia excesiva diurna.

Lógicamente, el paciente deberá adecuar su actividad laboral o escolar a la práctica de estas breves siestas. Si las siestas son insuficientes o no pueden realizarse, el especialista puede intentar un tratamiento farmacológico.

«Hace meses que no puede dormir bien.» Si usted padece este problema, preste atención a todo lo que comentaremos a continuación:

### INSOMNIO EN EL ADULTO

Éste es uno de los problemas médicos más extendidos, ya que se calcula que lo padece casi un tercio de la población.

Entre éstos, el 50 por ciento sufre un insomnio crónico; son aquellas personas que duermen menos de cinco horas diarias durante dos meses seguidos. Sólo un 10 por ciento de los que padecen este tipo de insomnio reciben un tratamiento adecuado.

Según los últimos estudios realizados, sabemos que cada vez hay más personas que sufren insomnio, especialmente entre los trabajadores nocturnos o con turnos rotativos. Sólo en Estados Unidos, setenta millones de personas están afectadas de insomnio crónico.

Es más frecuente encontrar trastornos del sueño en mujeres a partir de los cuarenta años. Entre los jóvenes se observan dificultades para conciliar el sueño. Por su parte, los mayores de cuarenta y cinco años tienen más dificultades para mantener un sueño continuado, porque sufren despertares nocturnos frecuentes.

Por término general, las personas que presentan un grado de ansiedad importante o sufren un episodio depresivo suelen padecer insomnio.

Hay una serie de factores asociados que pueden incrementar el insomnio, como un estatus socioeconómico bajo, una enfermedad crónica, estrés excesivo o abuso en el consumo de bebidas alcohólicas.

## Diagnóstico

¿Qué hacer ante un caso de insomnio? Lo primero que debemos determinar es el tipo de insomnio y la causa que lo provoca. *El insomnio no es más que un síntoma y para realizar un tratamiento correcto es necesario tratar la causa.*

Para hacer un buen diagnóstico del insomnio y proporcionar el tratamiento más adecuado, el paciente debe explicar cuándo aparecieron los primeros síntomas, cómo se encuentra, qué medidas ha tomado al respecto, así como las terapias que ha llevado a cabo hasta el momento. Es importante que también acuda la persona con la que comparte cama, ya que aportará datos que el propio paciente puede desconocer.

En el historial médico que recogerá el especialista se considerarán los siguientes aspectos:

1. Síntomas durante el sueño y durante la vigilia.
2. Hábitos y rutinas relacionados con el sueño.
3. Consumo de fármacos y/o remedios caseros.
4. Antecedentes médicos personales.
5. Antecedentes familiares.

---

### Diario del sueño

Estos diarios los realiza el propio paciente en su casa para que el especialista pueda conocer más a fondo sus hábitos de sueño. Durante quince días seguidos, el paciente anotará cada mañana el número de horas que ha dormido, el tiempo que ha tardado en dormirse y el número de despertares nocturnos, si los hubiera. Apuntará, además, los medicamentos que toma y en qué dosis.

---

## Causas internas del insomnio

### SENSACIÓN DE SUEÑO INSUFICIENTE

Es el trastorno en el que el paciente se queja de insomnio o somnolencia excesiva durante el día, sin hallarse evidencia objetiva de alteraciones del sueño.

### INSOMNIO IDIOPÁTICO

Este tipo de insomnio se caracteriza por dificultades para dormir ya desde los primeros meses de vida de la persona. El paciente es incapaz de dormir seguido durante la noche, ya que pasa por múltiples despertares.

Suele ser consecuencia de unos malos hábitos de sueño durante el primer año de vida. Al no haber aprendido a dormir correctamente, la persona arrastra una inseguridad sobre esta actividad durante toda la vida. Al llegar a la edad adulta, estas personas son propensas a automedicarse.

### INSOMNIO POR ENFERMEDADES ORGÁNICAS

• *Enfermedades reumáticas.* Hay un grupo de pacientes que tienen un sueño ligero, fragmentado y de mala calidad a causa de enfermedades reumáticas como la fibromialgia o la fibromiositis. Se quejan de dolores musculares y articulares, así como de fatiga crónica. El dolor es más acusado por la mañana, al levantarse; por este motivo suelen relacionarlo con un problema del sueño.

• *Enfermedades cardíacas.* La causa más común en este apartado es la angina nocturna. Se caracteriza por una opresión en el pecho que aparece durante el sueño e irradia el hombro, el cuello y el pecho. Son las manifestaciones típicas de la isquemia miocárdica durante el sueño. Estos síntomas son más frecuentes durante el sueño REM debido a los cambios en el ritmo cardiaco que sufrimos durante esta fase.

• *Enfermedades endocrinas y metabólicas.* La causa más frecuente es el insomnio secundario debido al hipertiroidismo. Los pacientes tienen dificultades para conciliar el sueño por culpa de un mal funcionamiento de la glándula tiroides.

• *Enfermedades infecciosas.* La picadura de la mosca tse-tsé inocula el protozoo denominado trypanosoma brucei, responsable de la enfermedad del sueño. Esta afección fatal se caracteriza por el insomnio durante la noche y la hipersomnia durante el día, por lo que también se conoce como «enfermedad del sueño».

• *Enfermedades neurológicas.* Dentro de este apartado hay un gran número de enfermedades que causan trastornos del sueño, como los accidentes vasculares cerebrales, la enfermedad de Parkinson, el Alzheimer o los traumatismos craneales.

• *Enfermedades respiratorias.* El asma y la insuficiencia respiratoria obstructiva crónica también provocan alteraciones del sueño. La mayoría de asmáticos sufren ataques durante el sueño, lo que provoca despertares con fatiga respiratoria, disnea, tos, sudoración y taquicardia.

• *Enfermedades digestivas.* La esofagitis —inflamación aguda del esófago— da lugar a despertares bruscos, con sensación de ardor intenso, que pueden llegar a ser muy dolorosos. La obesidad y el embarazo son dos factores que pueden desatar esta afección. Estos ataques pueden despertar a la persona, sobre todo al inicio del sueño, o impedir que se duerma. Se manifiestan a menudo después de una comida copiosa o fuerte.

• *Enfermedades psicológicas.* La ansiedad diurna, junto con unos hábitos de sueño erróneos, es la causa del insomnio crónico de origen psicofisiológico. Los pacientes con esta patología tienen grandes dificultades para conciliar el sueño, con frecuentes despertares nocturnos. Esto llega a provocarles aprehensión al momento de acostarse. A consecuencia de un descanso deficiente, se levantan con una sensación de malestar general, «cabeza espesa» y tensión, aunque no suele ir acompañado de somnolencia diurna. Muchas personas con este problema se convierten en consumidores crónicos de hipnóticos, los cuales al cabo de un tiempo dejan de ser efectivos. El tratamiento eficaz del insomnio psicofisiológico debe buscar la eliminación de la causa que produce el trastorno.

## Causas externas del insomnio

### HIGIENE INADECUADA DEL SUEÑO

A partir de la década de los noventa se empezó a dar importancia a lo que llamamos «higiene del sueño», que es fundamental para una buena calidad de vida. La falta de orden y la disminución de horas de sueño provoca una fatiga que merma la capacidad física y mental de las personas.

Cuando hablamos de una higiene inadecuada nos referimos a una alteración constante de las rutinas diarias que influyen en nuestro sueño. Algunos ejemplos: no acostarse cada día a la misma hora, cenas copiosas, ingesta de alcohol o ejercicio intenso pocas horas antes de dormir. Estos hábitos erróneos contribuyen a que tengamos una mala noche. Repetir constantemente unas rutinas inductoras del sueño antes de acostarnos nos ayudará, en cambio, a gozar de una noche de buen descanso.

## ALTERACIÓN DEL SUEÑO POR CAUSAS AMBIENTALES

Existen muchos factores que pueden dificultar el inicio del sueño o provocar frecuentes despertares. Nos referimos al ruido, la luz, el calor y el frío. Es por este motivo que las noches calurosas de verano nos cuesta más dormir. O que, en el caso contrario, un frío intenso nos provoca un sueño más superficial con numerosos despertares.

También el ruido puede entorpecer el buen sueño. Existen multitud de ruidos que el cerebro puede tolerar mientras duerme, aunque es selectivo en este sentido. Es natural que una madre oiga a su hijo recién nacido al más mínimo quejido y, en cambio, no se despierte durante una tormenta nocturna. Cuando el ruido es fuerte pero se mantiene en una misma intensidad se tolera mejor que cuando es intermitente. Por eso los ronquidos, que suelen ser intermitentes, dificultan el inicio del sueño a las personas que comparten la cama con el roncador.

La luz natural también puede alterar el sueño. Algunas personas no soportan la claridad cuando amanece, porque les despierta aproximadamente una hora antes del momento de levantarse y ya no logran volverse a dormir. Por eso es aconsejable dormir a oscuras —para no provocar un adelanto en la hora de levantarse—, así como también es aconsejable dormir sin ruido y a una temperatura de entre 18 y 22 ºC.

Otras situaciones que alteran de forma importante el sueño son los ingresos hospitalarios. Los controles médicos que tienen lugar cada cuatro o seis horas rompen la continuidad del sueño.

La incomodidad de la cama o el lugar donde dormimos —el asiento, en caso de viajes en avión, tren o barco— también merma la calidad del sueño. Se sabe que cuanto más erguida está la persona, más superficial es su sueño y mayor es el número de despertares.

También los movimientos de la persona que comparte la cama, si son intensos y persistentes, alteran el sueño. En los estudios de sueño realizados en personas con un compañero de cama inquieto se observa que responden a los diferentes estímulos con un pequeño despertar. Suelen pasar de una fase de sueño profundo a otra más superficial. Estos cambios en la estructura del sueño no son percibidos por el afectado, pero pueden causar a la mañana siguiente la sensación de no haber descansado suficiente.

## Insomnio por la altitud

Se trata de un insomnio agudo, y suele estar acompañado de jaquecas, pérdida de apetito y fatiga. Como su nombre indica, aparece en altitudes importantes, especialmente si la ascensión ha sido brusca. Habitualmente se produce cuando se supera la cota de los 4.000 metros, aunque se puede observar en algunos pacientes a partir de los 2.000 metros.

Recientemente se han publicado estudios sobre el sueño de los alpinistas, en particular sobre un grupo que escaló el Everest. Se demostró que, a medida que ascendían, su sueño se fraccionaba y dormían periodos más cortos.

## Insomnio por consumo de sustancias tóxicas

Puede producirse una reducción de la somnolencia —o incluso una supresión del sueño— debido al consumo de sustancias que afectan al sistema nervioso central.

Existen múltiples tóxicos dentro de este grupo; el consumo de heroína, cocaína, LSD, anfetaminas, crack o éxtasis, por citar sólo algunas drogas, produce graves alteraciones del sueño. El insomnio por heroína se observa sobre todo durante el síndrome de abstinencia, mientras que en otras sustancias el insomnio se manifiesta durante su consumo.

Hay un grupo de sustancias toleradas socialmente que denominamos xantinas (café, té, mate, cacao, colas) y que también producen alteraciones del sueño. El consumo excesivo de cualquiera de ellas —o incluso un consumo moderado en personas sensibles— puede dificultar el inicio del sueño. Son especialmente desaconsejables en los niños, que tienden a abusar de los refrescos de cola.

Otros agentes tóxicos que modifican el sueño son la nicotina y el alcohol. La nicotina suele dificultar el inicio del sueño. Los fumadores empedernidos, además, pueden sufrir despertares nocturnos a consecuencia de un síndrome de abstinencia; es decir, el organismo del fumador reclama su dosis de droga —nicotina— durante la noche.

Desde la antigüedad, el alcohol ha sido una de las sustancias más empleadas por el hombre como inductor del sueño. Sin embargo, pese a que posee una leve acción relajante —y, por lo tanto, facilita la aparición del sueño—, hoy sabemos que el alcohol impide llegar a las fases profundas del sueño. Por lo tanto, lo que se consigue es provocar un sueño más corto y mucho menos reparador.

## INSOMNIO POR USO DE MEDICAMENTOS

Los especialistas siempre preguntamos al paciente si consume algún tipo de medicamento, ya que algunos de ellos pueden causar o agravar el insomnio.

Entre estos fármacos estarían los corticoides, las teofilinas, los preparados tiroideos y los agentes anticancerígenos.

Los antihipertensivos y algunos antidepresivos, en cambio, pueden dar lugar a somnolencia. Los diuréticos pueden ser causa del fraccionamiento del sueño, ya que propician los despertares nocturnos para ir al baño.

## Tratamiento del insomnio con métodos no farmacológicos

La medicina del sueño contempla dos tipos de tratamiento para el insomnio: los farmacológicos —con medicamentos sintéticos— y los denominados «no farmacológicos», donde se emplean terapias psicológicas, medidas de higiene del sueño, yoga, plantas medicinales, etcétera.

Según la gravedad y características de cada caso, utilizaremos un método u otro, y hay ocasiones en las que es recomendable la combinación de ambos.

Puesto que detrás de muchos casos de insomnio están el estrés y la ansiedad, hay que procurar atajarlos antes de recurrir a fármacos sedantes.

---

### Consejos para combatir el estrés y la ansiedad

**Para un mejor día:**

1. Mantenga horarios y rutinas regulares.
2. Realice ejercicios suaves al mediodía o por la tarde.
3. Aprenda a no estar siempre disponible.
4. Busque espacios para «desconectar» y reflexionar sobre su vida actual.
5. Acepte que la vida se compone de tareas por acabar que requieren un proceso.

6. Organice su tiempo y haga listas de prioridades.

7. Reserve pequeños periodos de tiempo (2 veces al día durante 5 minutos) para respirar y relajarse.

### Para una mejor noche:

1. Levántese cada día a la misma hora, pero acuéstese sólo cuando tenga sueño.

2. Tome un baño caliente antes de acostarse.

3. Evite los estimulantes (café, té, mate, cacao o refrescos de cola).

4. No beba alcohol al menos 6 horas antes de acostarse.

5. Deje pasar al menos 2 horas después de la cena antes de acostarse.

6. Mantenga una temperatura constante en la habitación (18-22 °C).

7. Evite el ruido y la luz excesiva.

8. Lea un poco antes de dormir o escuche música suave.

9. No utilice la cama para actividades ajenas al sueño como trabajar, estudiar, comer o ver la tele.

### Recomendaciones higiénicas para la vida cotidiana:

1. Levántese cada día a la misma hora.

2. Realice siempre las mismas rutinas después de levantarse: higiene personal, desayuno, vestirse...

3. Haga ejercicio suave al menos 3 días por semana. Por ejemplo, puede caminar durante 45 minutos 4 horas antes de acostarse.

4. Corte su trepidante ritmo de vida con pequeñas interrupciones de 5 minutos de duración para relajarse, respirar profundamente y pensar en otras cosas.

5. Dedique al menos 30 minutos diarios a algo que realmente le guste: leer, escuchar música, asistir a tertulias, jugar a cartas, estudiar un idioma, cuidar las plantas, hacer un curso de cocina, pintar, etcétera.

## Tratamiento de la ansiedad con sedantes naturales

Las terapias naturales están indicadas para el tratamiento de las alteraciones ocasionadas por la ansiedad.

Algunas hierbas tienen un poder tranquilizante y se han utilizado durante siglos. Son los célebres «remedios de la abuela». Algunas de las más utilizadas son la manzanilla, la tila, el hinojo, la mejorana, el espino en flor, la semilla de amapola, el romero y la valeriana.

No obstante, no existen estudios clínicos concluyentes sobre la eficacia de la mayoría de las hierbas descritas. Sólo son fiables los estudios realizados con la valeriana, que ha demostrado mejorar la calidad del sueño.

Es recomendable la toma de infusiones escalonadas durante el día. Así propiciaremos un estado de tranquilidad que permita afrontar las situaciones de estrés de forma correcta. El uso exclusivo de estas hierbas antes de acostarse puede ser insuficiente para ayudar a conciliar el sueño.

## Medicamentos antihistamínicos

Se trata de fármacos cuya indicación principal es el tratamiento de procesos alérgicos. Dos de los efectos secundarios que presentan son la somnolencia y el aumento de apetito. Por eso también se han utilizado como estimulantes en niños con falta de apetito.

La somnolencia que producen estos fármacos es bien conocida, y los mismos laboratorios que los fabrican sugieren conducir con precaución cuando se tomen durante el día.

Estos medicamentos se venden en la farmacia sin receta, lo que hace suponer a muchas personas que son «más flojos» que el resto. Eso no siempre es verdad. Hay fármacos de venta libre que pueden ser mucho más peligrosos que otros que precisan receta. Esto sucede con los medicamentos contra el insomnio que se dispensan en las farmacias sin receta.

Siempre hay que consultar al farmacéutico o, mejor aún, pedir consejo al médico. Ya hemos visto que existen muchas causas del insomnio, con tratamientos distintos para cada caso. Nunca hay que automedicarse.

«Se duerme sin problemas, pero se despierta a las 3 de la mañana y ya no logra volver a conciliar el sueño.» El despertar precoz es uno de los síntomas de enfermedades psiquiátricas, por esto es importante saber lo que sigue a continuación:

### INSOMNIO POR ENFERMEDADES PSIQUIÁTRICAS

Al igual que las enfermedades neurológicas, un gran número de enfermedades psiquiátricas tienen el insomnio entre sus síntomas. Suele ser el primer signo que puede llevar al diagnóstico.

Los pacientes con trastornos depresivos suelen quejarse de que se duermen con facilidad pero se despiertan muy pronto, tras dos o tres horas de sueño. Al ser el primer síntoma de la enfermedad, muchos pacientes piensan que están decaídos porque duermen mal, y les cuesta aceptar que padecen un trastorno depresivo. Argumentan que si durmieran bien, mejoraría su estado de ánimo. Menos frecuentemente refieren dificultades para conciliar el sueño.

Los pacientes con trastornos por ansiedad también presentan una alta incidencia del insomnio, sobre todo a la hora de conciliar el sueño. Suele tratarse de insomnios complejos con largas evoluciones, ya que muchas veces no son diagnosticados correctamente y arrastran los síntomas muchos años.

Los trastornos somatiformes (hipocondría y dolores psicógenos) también dan lugar al insomnio. Los pacientes suelen referir dificultades para conciliar el sueño y, con más frecuencia, sueño insuficiente o poco reparador.

En los trastornos de personalidad es menos habitual la aparición del insomnio, pero sí se registra en estos pacientes alteraciones en los hábitos de sueño, como parte de unas rutinas irregulares con horarios caóticos.

En los trastornos esquizofrénicos suelen observarse largos periodos de vigilia con escasas horas de sueño. Los enfermos están muy activos y parece que no necesiten dormir. Esta actitud ocasiona graves alteraciones en su entorno, porque están activos cuando los demás descansan. Suelen dormir de dos a cuatro horas en las fases agudas de enfermedad. La duración del sueño aumenta al ceder el periodo agudo.

«Hace más de un año que toma pastillas para dormir. Sigue sin poder dormir, pero no las puede dejar.» Si usted se encuentra en este caso, debe conocer lo siguiente:

## TRATAMIENTO FARMACOLÓGICO DEL INSOMNIO

### Medicamentos hipnóticos

Llamamos hipnóticos a todos aquellos fármacos que nos ayudan a iniciar y mantener el sueño. Ya desde la antigüedad, el hombre ha buscado sustancias que le proporcionen un sueño agradable. Uno de los primeros utilizados fue el alcohol. Se utilizaba como «preparador» del sueño desde la época de los romanos, aunque ya hemos visto que propicia un sueño de mala calidad con múltiples despertares, además de aturdimiento y posible dolor de cabeza a la mañana siguiente.

Los primeros medicamentos usados con eficacia para combatir el insomnio fueron los llamados barbitúricos. Tenían una excelente capacidad para «hacer dormir», pero el paciente solía despertarse con la «cabeza espesa». Además, si se pasaba con la dosis, había serias posibilidades de sufrir una intoxicación que en casos extremos acarreaba la muerte.

La mayoría de los médicos que tratan a pacientes insomnes consideran que la eficacia es un factor de vital importancia a la hora de elegir un hipnótico. Por consiguiente, necesitan un fármaco que no actúe súbitamente después de haberlo tomado, y que sus efectos se mantengan durante el tiempo necesario para mantener el sueño nocturno. También procuran que al día siguiente el paciente se despierte fresco y sin resaca.

La ciencia médica actual considera que los hipnóticos más seguros y efectivos son las antiguas benzodiacepinas y las recientemente descubiertas ciclopirrolonas. Estas últimas presentan menores efectos secundarios y se caracterizan por su rápida absorción y eliminación por parte del organismo. Además, a diferencia de los barbitúricos, en caso de sobredosis existe un compuesto que anula sus efectos. Son muy eficaces si son recetadas y controladas por un médico.

No existen pastillas buenas o malas, sólo medicamentos bien o mal empleados. Es decir, las pastillas que ayudan a dormir adecuadamente a una persona no tienen por qué producir el mismo efecto en otra. De hecho, el uso crónico y sin control médico de esta clase de medicamentos puede llevar a un abuso o dependencia, con lo que la persona tendrá que aumentar la dosis para lograr el mismo efecto y multiplicará los efectos secundarios.

Los efectos secundarios suelen estar relacionados con dosis excesivas, retiradas bruscas, asociación con otros fármacos —por no hablar del cóctel explosivo: «sedantes + alcohol»—, o mal uso por parte del paciente. Es por este motivo que nunca nos podemos automedicar; siempre hay que tomar estos fármacos bajo estricto control médico.

En ocasiones, el insomnio puede estar relacionado con un cuadro de ansiedad. En esos casos, el especialista recetará una medicación con ansiolíticos, distribuidos en varias tomas a lo largo de la jornada. Si el paciente esta relajado durante el día tendrá un mejor descanso nocturno.

«Siente "un no sé qué en las piernas" cuando intenta dormir.» Lo más probable es que tenga la siguiente patología:

## INSOMNIO POR EL SÍNDROME DE PIERNAS INQUIETAS

Este tipo de alteración se caracteriza por una desagradable sensación de incomodidad en las piernas durante los periodos de reposo. Se presenta generalmente antes del inicio del sueño. Estas molestias suelen disminuir o desaparecer con el movimiento de las extremidades inferiores, lo que ocasiona dificultades para conciliar el sueño.

Es importante entender que no son rampas, ni dolor, ni problemas en la circulación, sino una sensación real de inquietud. Los pacientes necesitan de verdad mover las piernas a fin de mitigar esta desagradable sensación.

La intensidad y frecuencia varía según los casos. Puede aparecer de forma ocasional o tener una incidencia tan grave que produzca incapacitación en el paciente por déficit crónico de sueño.

Suele darse en distintos miembros de una familia y ocasionalmente también se manifiesta durante el día, aunque es más llamativo durante la noche. Durante el día es mucho más llevadero porque la sensación de inquietud no modifica los hábitos de la vigilia. La persona simplemente se levanta y da unos cuantos pasos, lo que hace ceder la sensación desagradable.

«Mueve las piernas durante toda la noche de manera rítmica.» Lo más probable es que presente la siguiente patología:

## INSOMNIO POR MOVIMIENTOS PERIÓDICOS DE LAS EXTREMIDADES

Este tipo de agitación durante el sueño, también conocido como «mioclonus nocturno», provoca insomnio. Es una alteración que consiste en sacudidas bruscas de las extremidades de uno a cinco segundos de duración, que aparecen cada veinte o cuarenta segundos en forma de brotes. Dado que se reproducen durante toda la noche, provocan en el paciente despertares y cambios de fase de sueño. Como consecuencia, a la mañana siguiente tiene la sensación de haber descansado mal. Estas sacudidas pueden producirse en ambas extremidades o en una sola pierna.

El movimiento más característico es la flexión del pie, combinado con una flexión parcial de rodilla y pierna. Este despertar no es siempre completo, sino que puede llevar simplemente a un cambio en la fase de sueño —de más profundo a más superficial—, con el consiguiente fraccionamiento del mismo.

Esta patología es más frecuente entre las personas mayores. Los ancianos que la padecen dicen tener un sueño fraccionado y superficial; cualquier ruido los despierta y les cuesta mantener el sueño durante toda la noche. Por consiguiente, durante el día se sienten muy cansados, como si hubieran dormido pocas horas.

Para un diagnóstico correcto es necesario realizar un estudio del sueño o polisomnografía, que nos indicará la duración de estas sacudidas, su frecuencia y la estructura del sueño a lo largo de la noche.

Cuando un paciente nos explica que su sueño está plagado de múltiples despertares, siempre debemos pensar —como primera posibilidad— en esta patología. Hay que preguntar a la pareja, en caso de tenerla, si el paciente cuando duerme «da patadas», ya que muchas veces es justamente el compañero de cama quien advierte primero este trastorno.

# Antes de terminar…
## la antirreceta

Si a pesar de todo el esfuerzo, experiencia y dedicación que hemos puesto en este libro para lograr que duerma bien, usted prefiere no hacerlo —es más, insiste en ello—, aquí le damos las claves para asegurarse no una, sino muchas malas noches de sueño:

- Convierta el dormitorio en la habitación principal de la casa, y hágalo todo desde la cama: trabajar, estudiar, ver la televisión…
- Levántese y váyase a dormir cada día a una hora diferente.
- Consuma café, té, mate y refrescos de cola a todas horas del día, y especialmente a partir de las 6 de la tarde.
- Practique un deporte de competición a última hora de la noche.
- Cene copiosamente, con muchas frituras y condimentos. Riéguelo todo con un par de copas de vino y un licor de postre.
- Llévese trabajo a la cama y preocúpese por las cosas, en lugar de «ocuparse» de resolverlas. También es un buen momento para discutir con su pareja.
- Si no está para discusiones, engánchese a un programa que terminará después de la 1 de la mañana o chatee con otros internautas desde el portátil.
- Antes de apagar la luz, ponga varios despertadores en la mesilla de noche: elija uno con la esfera luminosa de cara a usted para ver cómo pasan las horas.

Ni a usted ni a nadie le desearíamos una noche de mal sueño. Así que piénselo dos veces antes de poner en práctica cualquiera de estos hábitos. Su sueño se lo agradecerá y sus días ganarán en lucidez, energía y optimismo.

# Sobre los autores

«Conocí a la doctora Mirta Averbuch en 1992; ella es neuróloga y asistía al Congreso de la Sociedad Latinoamericana de Sueño que se celebraba en la ciudad de México. Por aquel entonces la Medicina del Sueño estaba intentando abrirse camino en nuestros países, siguiendo el referente de lo que venía haciéndose en Estados Unidos. Coincidimos en varias ponencias y la doctora Averbuch rápidamente mostró su interés por el tema.

Estuvo un tiempo formándose en el Sleep Medicine and Neuroscience Institut [Instituto de Neurociencias y Medicina del Sueño] de Palo Alto, California (Estados Unidos), que dirigía el doctor G. Nino Murcia (ya fallecido). Luego yo tuve la oportunidad de compartir conocimientos con ella a raíz de su estancia en la Clínica del Sueño Dr. Estivill del USP Instituto Universitario Dexeus, de Barcelona, que dirijo. Al volver a su país, Argentina, la doctora Averbuch puso en marcha una Unidad del Sueño en el Hospital Italiano de Buenos Aires, donde estuvo trabajando hasta 1997.

Su progresión ha sido espectacular. Ha llegado a presidir la Sociedad Argentina de Medicina del Sueño, y en la actualidad dirige el Centro Integrativo de Medicina del Sueño de Buenos Aires (CIMS), donde se realizan más de mil visitas al año y se practican estudios de sueño (polisomnografías) cada noche, tanto en su laboratorio como en otros ambulatorios.

Además de ser una figura de reconocido prestigio mundial en este campo, la doctora Averbuch sigue dedicándose a la investigación y complementa su trabajo con una gran labor de difusión. Muestra de esto último es *Recetas para dormir bien*, que hemos escrito conjuntamente.

Ha sido un honor para mí poder trabajar con la doctora Averbuch, pluma con pluma, en este libro que ahora tiene usted en sus manos y que, espero, le resolverá las múltiples dudas que le surjan sobre las alteraciones del sueño.»

DR. EDUARD ESTIVILL

«Conocí al doctor Eduard Estivill en 1992; él es pediatra y neurofisiólogo y la casualidad hizo que nuestros caminos se cruzaran en aquel Congreso de la Sociedad Latinoamericana de Sueño en México. Abrir paso a una nueva especialidad médica es una tarea ardua y a veces desalentadora, pero con su ejemplo, entusiasmo y camaradería me alentó a continuar en ese camino.

A lo largo de estos años, el doctor Estivill me ha enseñado una de las cosas más importantes para quienes trabajamos en la salud: la capacidad de transmitir a la gente, con nivel científico pero en términos sencillos, lo que les ocurre, cómo prevenirlo y afrontarlo. Ejemplo de ello son los numerosos libros que ha escrito y que son leídos y sirven de guía a millones de personas.

Ampliamente reconocido por sus trabajos científicos y de investigación, su crecimiento profesional no se ha detenido ni por un momento, sus aportes siguen nutriendo a la Medicina del Sueño de todo el mundo, y la Clínica del Sueño Dr. Estivill, en Barcelona, es un ejemplo a imitar. Debo destacar y agradecerle especialmente el apoyo incondicional, la colaboración desinteresada y la enorme generosidad hacia Latinoamérica que ha brindado durante todos estos años.

Había pasado más de una década de trabajo arduo cuando nuevamente la casualidad volvió a reunirnos en Buenos Aires, en el 2004. Fue entonces cuando surgió la idea de escribir *Recetas para dormir bien*. Para mí ha sido un honor inmenso y un gusto el compartir la escritura de este libro con el doctor Estivill, y espero que estas recetas le sean de ayuda a usted tanto como lo son para nuestros pacientes.»

DRA. MIRTA AVERBUCH

# Método Estivill
## GUÍA RÁPIDA

En un tono ameno y coloquial, el doctor Estivill explica personalmente a los padres las normas que deben seguir para acabar con el trastorno de sueño de sus hijos y sus principales consecuencias: irritabilidad, somnolencia, inseguridad y problemas para relacionarse.

El Método Estivill es un tratamiento científico sencillo y riguroso que ha funcionado en el 96% de los casos en que se ha aplicado y ha enseñado a dormir a más de un millón de niños en España y América Latina.

# ¡A comer!

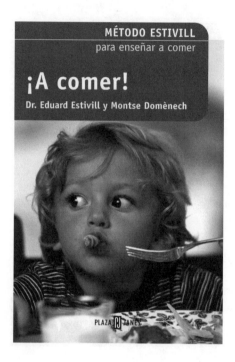

«Ya lo he probado todo y no hay manera de que coma.»
Para muchos padres la hora de la comida de sus hijos se
convierte en un infierno. Esa boca cerrada —que no se
abre ni siquiera cuando sacamos todos los juguetes,
encendemos el televisor o disfrazamos los platos con su
salsa preferida— es nuestra peor pesadilla.

En este ameno manual, el doctor Eduard Estivill y la pedagoga
Montse Domènech presentan un método sencillo, práctico,
con unas sólidas bases científicas, para enseñar a comer bien,
y de todo, a los niños.

*Hábitos: ¿Qué es eso?*
*El **Dr. Eduard Estivill, Montse Domènech** y Lila te lo explican...*

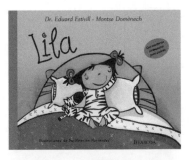
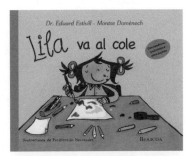

*¿Quieres conocer a Lila?*
*Con sus cuentos, padres y niños descubrirán*
*que aprender las tareas diarias puede ser divertido*